"十二五"普通高等教育车辆工程专业规划教材

Qiche Neishi Sheji Gailun
汽车内饰设计概论

（第二版）

泛亚内饰教材编写组　主编
刘启明　主审

人民交通出版社

内 容 提 要

本书结合实例，较系统地介绍了内饰系统的结构、工艺和材料，人机工程学、CAE分析和造型设计对内饰工程设计的作用。内容立足国情，兼顾国内外内饰设计新趋势，简明扼要、术语规范、深入浅出，使学生或年轻技术人员能全面了解内饰系统的设计基本要求。

本书适合作为普通高等院校汽车相关专业教材，还可供从事汽车内饰设计的相关技术人员参考使用。

图书在版编目(CIP)数据

汽车内饰设计概论／泛亚内饰教材编写组主编．— 2版．— 北京：人民交通出版社，2012.1
 ISBN 978-7-114-09555-9

Ⅰ．①汽⋯ Ⅱ．①泛⋯ Ⅲ．①汽车－内部装饰－装饰设计 Ⅳ．①U472

中国版本图书馆CIP数据核字(2011)第268845号

"十二五"普通高等教育车辆工程专业规划教材

书　　名：	汽车内饰设计概论（第二版）
著　作　者：	泛亚内饰教材编写组
责任编辑：	夏　犇
出版发行：	人民交通出版社
地　　址：	(100011)北京市朝阳区安定门外外馆斜街3号
网　　址：	http://www.ccpress.com.cn
销售电话：	(010)59757973
总 经 销：	人民交通出版社发行部
经　　销：	各地新华书店
印　　刷：	北京市密东印刷有限公司
开　　本：	787×1092　1/16
印　　张：	14.25
字　　数：	336千
版　　次：	2008年11月　第1版 2012年2月　第2版
印　　次：	2018年5月　第3次印刷
书　　号：	ISBN 978-7-114-09555-9
定　　价：	29.00元

(有印刷、装订质量问题的图书由本社负责调换)

"十二五"普通高等教育车辆工程专业规划教材

编委会名单

编委会主任

龚金科(湖南大学)

编委会副主任(按姓名拼音顺序)

陈　南(东南大学)	方锡邦(合肥工业大学)	过学迅(武汉理工大学)
刘晶郁(长安大学)	吴光强(同济大学)	于多年(吉林大学)

编委会委员(按姓名拼音顺序)

蔡红民(长安大学)	陈全世(清华大学)	陈　鑫(吉林大学)
杜爱民(同济大学)	冯崇毅(东南大学)	冯晋祥(山东交通学院)
郭应时(长安大学)	韩英淳(吉林大学)	何耀华(武汉理工大学)
胡　骅(武汉理工大学)	胡兴军(吉林大学)	黄韶炯(中国农业大学)
兰　巍(吉林大学)	宋　慧(武汉科技大学)	谭继锦(合肥工业大学)
王增才(山东大学)	阎　岩(青岛理工大学)	张德鹏(长安大学)
张志沛(长沙理工大学)	钟诗清(武汉理工大学)	周淑渊(泛亚汽车技术中心)

前言

《汽车内饰设计概论》自出版以来深受大家关注，有的公司把该书作为基础读物，有些学校把该书作为选修课教材，还有很多读者给出了非常中肯的修改建议，在泛亚汽车技术中心内饰部工程师的使用过程中，还发现书中有不少错漏和不完善的地方。经调查发现，"绿色轻量化解决方案""整车开发流程"及"计算机辅助设计"部分，是读者希望增加篇幅、丰富内容的部分，同时增加"习题与思考"也是在校师生共同的呼声。

本次修订，充分考虑了调查的结果和读者的反馈：为了使读者了解汽车内饰的开发过程，第一章改为"汽车内饰设计和开发流程"，增加了"内饰原型件技术""内饰项目开发流程""内饰工程质量"三节，使读者对汽车内饰设计有一个全局和全过程的了解；现在环境和气味问题备受关注，我们在第二章增加了"轿车内饰散发性能"一节，对当前热门的气味问题及相关法规和检测方法作了介绍，以供设计参考；第八章增加了"内饰金属材料"一节，并增加了真木、油漆等内容；随着计算机技术的日益发展，虚拟计算能力越来越强，由于仿真程度越来越高，在很多领域甚至可以替代物理试验，大大减少耐久性试验数量和时间，最终降低整车开发成本、缩短整车开发周期，所以我们优化了第九章第二节的内容，增加了第三节"装配性评估"，使计算机辅助分析技术这部分内容更加丰满。其他章节也根据需要作了相应修改和补充。

本书第一章由高琼主导，吴朝辉、何华珍、姬雷雷联合修订；第二章由吴坚主导，黄晓翰和贺一辉参与修订；第三章～第七章分别由倪康庭、董明、向良明、贺一辉、曾宪菁修订；第八章由吴坚主导，苏晨参与修订；第九章由王聪昌主导，姬雷雷参与修订。在修订过程中，泛亚汽车技术中心内饰部、车身部、整车集成部、工程质量部各位同仁也给予了有力的支持。

感谢支持本书出版的同行们！

泛亚内饰教材编写组

2011 年 10 月

目　录

第一章　汽车内饰设计和开发流程 … 1
- 第一节　内饰设计概述 … 1
- 第二节　内饰原型件开发 … 9
- 第三节　内饰项目开发流程 … 12
- 第四节　内饰工程质量 … 17

第二章　汽车内饰系统要求 … 23
- 第一节　人机工程 … 23
- 第二节　法规标准和安全性能 … 39
- 第三节　尺寸配合 … 47
- 第四节　噪声控制 … 51
- 第五节　轿车内饰散发性能 … 60

第三章　座舱系统设计 … 64
- 第一节　座舱系统概述 … 64
- 第二节　座舱系统各部件的典型结构 … 64
- 第三节　座舱系统的空间布置及安装基本要求 … 77
- 第四节　座舱系统的主要技术要求 … 78
- 第五节　座舱系统的主要试验 … 81

第四章　座椅系统 … 87
- 第一节　座椅系统概述 … 87
- 第二节　座椅系统的典型结构、工艺和材料 … 87
- 第三节　座椅系统与周边零件的典型界面 … 96
- 第四节　座椅系统主要性能和试验及设备要求 … 98
- 第五节　座椅系统的设计要求 … 100

第五章　侧围饰件系统 … 106
- 第一节　门饰板系统 … 106
- 第二节　立柱饰板系统 … 120

第六章　顶饰与声学饰件系统 … 127
- 第一节　顶衬 … 127
- 第二节　遮阳板 … 131
- 第三节　辅助拉手 … 134
- 第四节　地板地毯 … 135
- 第五节　脚垫 … 138
- 第六节　声学饰件 … 139
- 第七节　行李舱饰件 … 141

第八节　衣帽架饰板 …………………………………………………… 142
　　第九节　后窗遮阳帘 …………………………………………………… 146
　　第十节　车内照明系统 ………………………………………………… 148
第七章　乘员约束系统 ……………………………………………………… 156
　　第一节　安全带 ………………………………………………………… 157
　　第二节　转向盘 ………………………………………………………… 165
　　第三节　安全气囊 ……………………………………………………… 174
第八章　内饰零件常用材料和工艺 ………………………………………… 180
　　第一节　内饰材料 ……………………………………………………… 180
　　第二节　内饰零件常用工艺 …………………………………………… 189
第九章　计算机辅助工程在内饰设计中的应用 …………………………… 200
　　第一节　计算机辅助工程和虚拟评估概述 …………………………… 200
　　第二节　性能虚拟仿真 ………………………………………………… 201
　　第三节　装配性评估 …………………………………………………… 211
　　第四节　塑料件的注塑分析 …………………………………………… 212
附录 A　内饰常用名词术语表 ……………………………………………… 216
参考文献 ……………………………………………………………………… 219

第一章 汽车内饰设计和开发流程

第一节 内饰设计概述

汽车内饰是指安装在汽车内部、客户能直接感知、接触及使用到的各种系统及零件。不同的汽车厂家有不同的分法,一般说来,它包括仪表板、副仪表板、转向盘、安全带、安全气囊、座椅、门饰板、立柱饰板、顶饰系统、地毯、行李舱饰件、后衣帽架饰板以及一些声学饰件。

内饰作为整车的重要组成部分,为客户提供了大部分的人车交流和操作界面。客户对于整车的各种最直观的感受,比如空间感、外观、触感、舒适性、静音性、安全性、功能性、操作便利性、可靠性、耐久性等都与内饰设计息息相关。内饰带给客户的这些直观感受会直接影响到客户对于整车的评价。

一、内饰系统简介

汽车内饰系统主要包括座舱系统、侧围系统、座椅系统、乘员约束系统、顶饰系统和声学饰件系统等。

(1)座舱系统包括仪表板、仪表板横梁和副仪表板。仪表板是汽车最主要的内饰件之一,它是用于安装各种驾驶仪表、控制开关、空调控制面板、音响娱乐系统、储物盒、安全气囊等各种部件的载体。由于仪表板直接面对驾驶员和乘客,因此对造型、质感、舒适性以及乘员保护等方面都有较高的要求。仪表板横梁是仪表板系统的支撑结构件,它主要用来为仪表板、转向管柱、乘员安全气囊、踏板、线束空调箱等部件提供安装结构和支撑。副仪表板一般位于前排左、右座椅之间的中央通道上。变速杆、驻车制动手柄以及杯托、扶手、点烟器、后排出风口等部件,通常都安装在副仪表板总成上。

(2)侧围系统是指分布在汽车内饰侧面起装饰和功能作用的零件系统,通常可分为门饰板系统和立柱饰件系统。门饰板系统包括左前门饰板、右前门饰板、左后门饰板、右后门饰板等。在有些中高档车上还可能包括门框饰条。门饰板的主要功能是包覆金属门板,提供优美外观,并满足人机工程、舒适性、功能性和方便性等要求。立柱饰板系统,包括A柱饰板、B柱饰板、C柱饰板、D柱饰板、后风窗顶饰条、内门槛板、尾门门槛板以及其他侧围装饰件。

(3)座椅系统是用来在车内给驾乘者提供支撑,在保证方便进出和驾驶操作的前提下给驾乘者提供有效的约束,并在事故发生过程中给乘员提供安全保护。座椅系统还提供驾乘者预期的可调节性和长途驾驶的舒适感。

(4)乘员约束系统主要包括安全带、安全气囊和转向盘。安全带是重要的乘员约束系统之一,在减轻碰撞事故中乘员的伤害起着最重要的作用。转向盘首先是实现转向的操作机构,同时转向盘是重要的安全件。一是因为转向盘位于驾驶员的正前方,是碰撞时最可能伤害到驾驶员的部件;二是转向盘是主气囊的载体,与主气囊的配合,对整车的安全起到重要的作用。安全气囊是避免碰撞事故中成员与车内零件发生碰撞的有效手段。

(5)顶饰系统包括顶衬以及安装在顶衬上的车顶控制台、遮阳板、辅助拉手、头部吸能块以及一些吸声和隔声的零件。

(6)声学饰件系统是指主要功能为声学处理的内饰零件的总称,主要包括地毯、隔声隔热垫、减振垫、衣帽架、行李舱饰件等。

内饰系统主要零部件如图1-1所示。

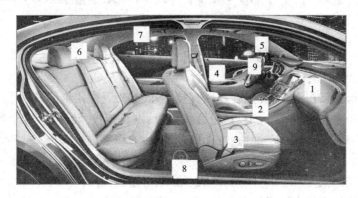

图1-1　内饰系统主要零部件图

1-仪表板；2-副仪表板；3-座椅；4-门内饰板；5-立柱饰板；6-衣帽架；7-顶饰；8-地毯；9-转向盘

二、内饰造型设计

内饰造型与外饰造型有很大的不同,应更多地体现以人为本的原则。内饰设计必须以适应人的多种需求为出发点,充分考虑人机工程学、车内功能和内饰材料及工艺,以提供一个美观、舒适、安全、便利的驾驶和乘坐环境。

1. 内饰造型设计过程

内饰造型设计的主要过程如图1-2所示。

首先是确定设计边界条件,包括配置、法规要求、主要尺寸、各总成相对位置、乘客位置和内部空间尺寸等工程设计要求。

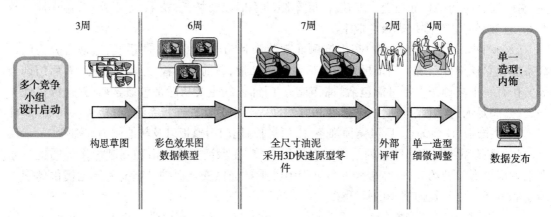

图1-2　内饰造型设计过程简图

然后设计师依据整车总布置定出的基本尺寸和位置制作并发布构思草图、彩色效果图(图1-3、图1-4和图1-5)和展示性效果图(图1-6)、Alias三维数模图(图1-7)和1∶1胶带图,以准确表达设计意图和满足设计边界条件为基本要求。

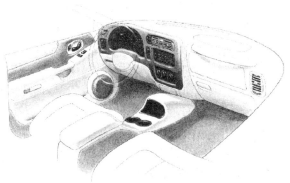

图1-3 内饰造型构思草图

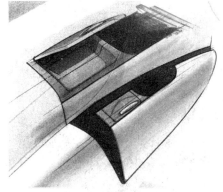

图1-4 门内饰板储物盒构思草图

图1-5 前照灯组合开关构思草图

图1-6 内饰展示性效果图

图1-7 内饰Alias三维数模图

构思草图是将自己的想法由抽象变为具体的一个十分重要的创作过程,通常采用铅笔绘制,马克笔、色粉和水溶性彩色铅笔等结合上色。展示性效果图是对选定的构思草图的放大和细节完善,一般用马克笔、喷笔加手绘的方法绘制,随着计算机的大量运用,效果图的绘制更多的是在Alias Studio Tools、UG、CATIA等软件中采用三维建模、渲染的方式得到。胶带图是指用不同宽度和颜色的胶带在标有坐标网格的白色图板上,粘贴出模型轮廓的曲线和线条,将汽车整个轮廓曲线(主要是侧视图)、开缝线、内部布置尺寸、座椅投影、操纵机构布置轮廓及人体样板显示出来。由于零件多而且胶带不易贴准,内饰通常用Alias等三维设计软件来进行内饰相关轮廓线和配合空间尺寸的初步验证。

开始时,内饰展示性效果图为数套风格迥异的方案,要求具有统一的比例、透视角度以防

图1-8 内饰前排油泥模型

止误导评审人员。经评审筛选后保留两套方案，内饰产品工程师根据筛选后的展示性效果图以及胶带图进行分析并提供工程要求和约束给设计师，设计师随之修改造型并制作两套方案的油泥模型(通常为1:1，也有用1:3的，如图1-8所示)，最终经项目内部评审后确定唯一的设计即单一造型(Single Theme)。

必要时，在确定单一造型之前还要进行外部顾客评审(Clinic)，即由专业的市场调查公司在主要城市对潜在用户以及经销商代表进行调查，他们对数种不同风格的效果图或油泥模型的反馈也作为选定内饰造型的重要参考。

单一造型选定后，设计部门还会根据造型方案制作实体油泥模型，以获得最为直观的效果和感受。从单一造型展示性效果图到油泥模型的实体对应如图1-9和图1-10所示。

图1-9 单一造型展示性效果图

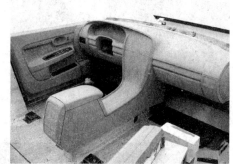

图1-10 单一造型油泥模型

在单一造型油泥模型基础上，根据工程、设计和管理层要求，经过反复修改并在最终确认前进行外观的装饰，最终制成内饰乘坐模型。此内饰模型(seating buck，图1-11)可以供评估人员乘坐以全面地评估内部空间、操作人机要求、造型和外观等。

内饰主要的设计区域集中在仪表板、副仪表板、门饰板以及座椅上，其他零部件的设计还包括转向盘和中央面板等。由于牵涉很多装饰面料和其他外观要求，座椅的造型可以与仪表板和副仪表板、门饰板分开进行。座椅造型设计的主要工作是决定座椅的形状、尺寸以及面料的材料、质地、颜色和花纹等。座椅的设计流程如图1-12所示。关于硬质模型座椅(Icon)的介绍，请见第四章。

2. 装饰和色彩设计

装饰和色彩设计是汽车内饰设计的重要内

图1-11 内饰乘坐模型

容。造型设计体现的是整体风格，而装饰和色彩设计体现的是细节和品位并烘托出内饰的格调。即便是在同一个内饰设计中，色彩材质的不同往往就能营造出完全不同的空间气场。例如：豪华轿车如凯迪拉克等车型追求的是豪华大气，其内饰零件没有人造革、水转印（hydrographic），取而代之的是真皮和真木；相对于中高级车庄重而单一的内饰颜色，经济型小车则强调以丰富多变的明快色彩和外观变化来体现年轻和活力。

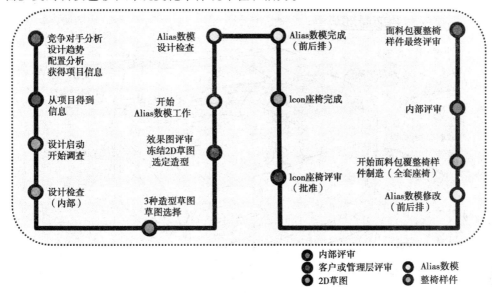

图1-12　内饰的座椅设计流程

装饰和色彩设计的主要内容是内饰零件的颜色、光泽、面料、皮纹和外观装饰等。按照内饰零件表面装饰的特点装饰设计可分为硬装饰和软装饰两部分。硬装饰包括皮纹、木纹、电镀和涂装等，软装饰则包括面料、人造革、真皮、地毯、织带和网兜等。

装饰和色彩设计的流程是：项目立项时启动外观、色彩和面料的设计工作，在获得造型设计内容并经工程可行性分析后，提交初步设计方案及装饰和色彩设计效果图（图1-13）；进行第一轮设计评审后，开始确定初步的内饰设计外观标准，完善设计方案制造1/4模型（Quarter Buck，图1-14），涂装后，再进行第二轮评审；第二轮评审合格后，将方案实施在模型上，经认可后，开始确定装饰的具体设计。

图1-13　装饰和色彩效果图

最后是重要的细节评审，评审是在全尺寸内饰最终模型上进行。全尺寸内饰最终模型的评审是对内饰设计全面性的评审，通常由市场、规划、制造、工程等重要部门领导组成的成员参

5

加,评审实物模型以使设计方案得到最终的确认。全尺寸模型上的装饰和色彩评审,其内容包括颜色及分布、皮纹(粗细及分布)、表面装饰、座椅和顶饰面料、人造革或真皮、光泽高低分布等。

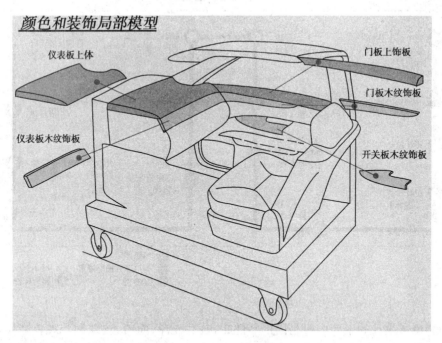

图1-14 1/4 颜色和装饰局部模型

随着科技的进步,出现了新的评审技术即虚拟现实评审,如图1-15所示。利用虚拟现实技术提供的语音识别和手势等输入设备,以及立体视觉、声音、触觉等反馈系统,可以实现设计者和设计对象的多感知交互,极大地节省了用于形状描述和尺寸精确定义的时间,为各类工程的大规模数据可视化提供了新的描述方法,从而缩短了产品开发时间,降低了开发费用,有利于实现汽车车型的快速设计与开发。评审时,设计评审委员会成员带上专用的3D眼镜,可以形象、逼真地看到内饰的所有设计内容,包括造型、装饰和色彩等的立体效果。

图1-15 虚拟现实评审

为了能进行虚拟现实评审,需要确定内饰设计的主要工作已经完成,即:设计师按照设计条件绘制设计草图和效果图,同时装饰和颜色设计师定义汽车内外饰各个部件的色彩、材质和面料;提供色彩、材质和面料的样本和文字描述。A表面(外表面)造型设计师根据设计师提供的设计效果图,建立三维曲面数模。虚拟模型设计师在以上工作的基础上将 Alias 三维数模导入虚拟软件,并将色彩、材质和面料的样本进行数字化处理,最终按照设计师的要求建立虚拟模型。

内饰造型设计应美观、简洁和工整,并且与外饰设计统一,如运动版车型的设计就应同时考虑内饰零件和外饰零件以达到内外和谐。此外,任何产品都有其产生的文化背景和时代特征,汽车内饰也不例外,应当融入不同国度、地域、文化中特有的内涵,使产品更具表现力和生命力。我们往往能从雷诺、标致的车系中看出法兰西特有的柔情与浪漫,从法拉利、蓝旗亚上体验出意大利的热情奔放,从大众、宝马上看到德国的严谨,从凯迪拉克、克莱斯勒中感受美国的豪放,从雅阁、雷克萨斯上品味日本的精致细腻,从沃尔沃、萨博中体会瑞典的简洁与流畅。

随着中国汽车业的发展,中国元素被越来越多应用在汽车内饰设计中。设计要为现实需求服务,中国元素的应用也要符合时代发展的趋势,结合不好就容易符号化和表面化。此外,追求高档精致注重细节的内饰,也符合中国客户的心态,跟西方的消费者不太一样,中国人的心理更偏向"内",也就是空间。因此,中国消费者对空间的追求不亚于世界上任何一个国家,自然而然,内饰设计在中国的发展空间还很大,还有很长的路要走。

三、内饰工程设计

内饰设计是整车设计开发的重要部分。良好的内饰设计不但会提高整车性能,提高终端产品的竞争力,而且,作为产品升级换代的一种手段,在汽车产品竞争日趋激烈、各厂商不断推陈出新的今天,其开发速度及开发质量对汽车厂商制定灵活的市场策略,维持品牌的竞争性等都有非常重要的作用。

怎样在控制成本、重量、空间和开发时间等有限资源的基础上,为客户提供一个客户所能感知到的、美观、舒适、安全、功能强大、操作方便、经久耐用和超值的内饰空间及系统是内饰工程设计的挑战,也是内饰工程设计的主要任务。内饰工程设计的过程,就是对各种限制条件和各种要求进行反复权衡、为客户寻找最佳价值组合的过程。

内饰工程设计的过程大致可分为设计目标制定、概念设计、产品设计、设计验证、设计发布等几个阶段,设计验证贯穿整个设计开发过程。对于同一系统而言,这些过程在时间上有时是相互交叉的,不能独立区分开来。

1. 设计目标制定

在每辆车的开发初期,项目团队都会对整车提出很多比较宏观的目标,这里面也包含了对内饰的要求,比如:整车档次、目标客户、使用环境、功能要求、空间要求、安全性能的要求、舒适性的要求、成本、重量等。这些都是内饰设计的最初输入,是内饰设计的依据。如整车档次不同,则意味着很有可能带来功能和配置上的改变。豪华车的座椅很可能采用感知质量上乘的真皮座椅,而经济型车,则可能采用价格适中、感知质量一般的布面料座椅。另外,不同的国家意味着不同的地理气候条件,如俄罗斯与中东海湾国家的气候条件完全不一样,我们所采用的设计方案也会有所不同。俄罗斯区域所使用的车辆应更多地考虑内饰系统在低温条件下的性能,而海湾地区应更多地考虑其在高温条件下的性能,这些极端气候对于材料的影响会非常大,因此针对海湾地区的设计与针对俄罗斯地区的设计所采用的材料可能会有所不同。如果该车需要在两个地区同时销售的话,可能还需要寻找一种能够在两个极端温度条件下满足设计要求的材料。

设计目标的制定是一个动态的过程,它最初可能只是一个非常宏观的要求。随着项目的深入,设计目标会不断地细化,从最初宏观的目标细化到具体的目标,比如功能配置、性能、成本、重量、尺寸等。

设计目标的制定不是随意的,一般来说,厂家都会选择设计参照物。参照物一般是该车型的上一代车型,以及某些现有或潜在的竞争车型。在综合考虑设计参照物的现有产品状态、市场反映、目标客户需求、市场最新动态、市场新的技术水平、产品发展趋势等因素的基础上,设定一个可以实现的合理的设计目标。

2. 概念设计

在设计目标制定之后,需要寻找或开发合适的设计概念以实现设计目标。对于内饰设计而言,概念设计这一阶段的工作非常重要,因为它决定了设计的方向。

由于开发新的设计概念需要许多设计投入,一般情况下,只要原有的设计能满足设计目标,设计厂商都会尽量沿用原有的设计,甚至原有的产品。从整车开发及项目管理的角度,沿用或者共用有很多好处,它可以节省设计开发时间、人力资源、验证费用、减少风险等。

当然,如果原有的产品缺乏竞争力,比如说,客户对原有系统有抱怨,或者零件成本太高,或者零件太重,或者性能太差;布置空间有限,需要开发小尺寸零件;项目目标客户调整或者需求有变化。这时就可能需要开发新的设计概念来满足新的需求。

设计概念的开发是一个过程,它需要工程设计人员不但要对客户需求、设计目标及要求等有深入的理解,而且要对现有的各种设计概念在客户需求、项目目标及要求的满足所处的水平有深入的了解,从而能找到、改进或开发出新的设计概念。设计概念包含了潜在的可以满足设计目标及要求的各种解决方案组合。这个解决方案组合包含了零件的性能、成本、重量、质量水平、布置空间、与其他系统的配合关系等与设计目标相关内容的定义。

开发新的设计概念有许多途径,设计人员可以通过搜集了解自身现有的设计、外部市场已有的设计,从中优化选择或借鉴以开发更趋合理的设计概念。设计概念开发是一个系统工程,是对工程设计人员设计经验和能力的考验。

3. 产品设计

无论设计概念多么好,最终都必须将其转化为可以用于制造产品的设计输出物。在虚拟设计得到广泛应用的今天,设计输出物一般以3D实体数模和2D图纸的形式体现。产品设计对于内饰系统而言,包含两个过程:造型面开发,3D数模开发。

造型面是指在正常使用情况下所有能被客户看到的外表面。虽说造型面的开发是由造型师完成的,但是需要内饰工程设计人员的大力支持,这些支持包括对造型师的各种设计概念进行工程可行性分析,以及对影响造型面的各种工程要求进行精确定义。

工程可行性分析通常是指内饰工程设计人员按照政府法规要求、零件布置要求、零件结构要求、人机要求、工艺要求和装配要求等对设计效果图或Alias数模进行约束及检查的过程。通常内饰工程技术人员通过草图、断面、3D数模形式将工程要求传递给造型师以约束造型的设计,并对造型的修改不断检查直到设计满足工程要求。

另外,内饰工程设计人员还需要检查外观装饰方案的可行性,包括零件的材料、皮纹、光泽、颜色的定义等。例如:仪表板上体一般应定义为深色、低光泽以防止反光;对于ABS材料的零件光泽度不能设定太低,若定义为低光泽则需要对其表面采用喷漆处理,因而会增加零件成本。

在造型过程中,造型师更多考虑的是造型的美观、与其他零件造型面的匹配等外观因素。

而内饰工程设计人员则要确保在造型师所开发的造型面下，所有与系统相关的设计目标及技术要求能够实现，这两者往往是矛盾的。因此造型师与内饰工程设计人员对造型方案的确认是不断沟通并且逐渐完善的过程。

在造型面确认后将开始3D实体数模开发。即内饰工程设计人员在所确认的造型面上进行零件的结构设计，形成可用于以后零件生产制造的3D实体数模。结构设计包括：零件的细部结构设计及优化，零件间界面结构设计，本系统与其他系统界面结构设计等。内饰工程设计人员在3D实体数模开发过程中要确保零件及整个系统能达到设计要求，比如强度、刚度、疲劳耐久、外观质量、制造性等要求。

在3D实体数模开发过程中，结构设计优化非常重要。一个好的结构设计有可能意味着更少的材料使用量、更轻的重量、更低的成本、更高的质量、更好的性能、更能满足客户的期望。

4. 设计验证

设计验证是指在设计过程中以及在设计结束后，通过采用各种验证手段，探知当前的设计状态，并与设计目标及要求相比较，确保当前的设计满足设计目标及要求的过程。设计验证对于车型开发来说非常重要，它能帮助我们在不同的设计阶段尽早发现设计当中存在的问题，从而尽早对当前设计做出调整，减少以后设计风险。目前的设计验证手段一般有：虚拟分析和实物验证。不同的汽车开发厂家，对不同阶段所进行的验证内容都会有所不同。

在设计前期，主要通过虚拟数模确认，对造型、空间等内容一般会采用虚拟装配方法确认，对结构强度、刚度等性能要求，一般采用虚拟分析方法确认。在设计后期，一般会采用试制件进行实物试验和实物装车等对产品进行一次全面的验证，保证所有零件满足子系统和整车的要求。

5. 设计发布

在完成3D实体数模设计后，经过数模检查和分析验证，能够确认该设计可以满足设计目标及要求，就可以发布数模，将数模用于模具开发，开始下一步制造过程，设计工作到此基本结束。

内饰设计开发趋势与整车设计开发趋势息息相关。我们可以看到，越来越多的车辆开始注重产品多样化、个性化，贴近客户需求；追求低成本下的高性能、多功能、高质量；追求绿色环保；追求产品轻量化；追求更短的产品设计开发周期，更强的虚拟设计和分析、预测能力。这些，也一直是内饰设计所追寻的。

第二节　内饰原型件开发

在汽车业竞争日益激烈的状况下，缩短产品开发周期、降低产品开发成本，是整车制造企业赖以生存的关键。内饰原型件（Prototype）开发技术就是基于汽车市场需求而发展起来的快速制模、快速制造技术，此技术已成为国内汽车企业提高竞争力的重要手段之一。

当汽车设计基本完成之后，一般整车厂要制作少量的样车，为了配合样车的制作，需要根据设计数据进行小批量的内饰零件制作，零件试制的主要目的有：①验证外形和匹配；②整车试验；③子系统和零件性能试验；④生产工艺验证；⑤样车展示。为了达到这些目的，样件需要满足试制周期短和成本低的要求，而目前国内样件试制存在周期长、成本高的问题。因此，如何提高内饰原型件技术并合理应用内饰各种关键原型件技术，已成为各大汽车厂的重要研究课题。

一、内饰主要原型件技术

1. 快速成型件（Rapid Production）技术

快速成型制造技术 RP（Rapid Production）将传统的"去除"加工法（由毛坯切去多余材料形成零件）改为"堆积"加工法（将材料逐层堆积形成零件），其工艺过程分为前处理、叠层制造及后处理。叠层制造的过程因各种成型工艺的不同而有较大的差异。典型的快速成型工艺有：激光烧结（SLS）、叠层实体制造、光固化成型（SLA）等。

为了使快速成型（RP）样件满足尺寸稳定性、表面质量或机械强度等要求，需要对其进行相应的后处理。对于具有功能性要求的 RP 样件，通常采取渗树脂的方法对其进行强化；而用作熔模铸造型芯的 RP 样件，则通过渗蜡来提高其表面粗糙度。另外，若 RP 样件表面不够光滑，通常可采用修整、打磨、抛光和表面涂覆等后处理工艺。

此技术在家电、手机行业中应用较多，目前在汽车内饰样件开发过程应用相对较少。

2. CNC 快速原型样件技术

在汽车产品设计过程中，通常需要制作 CNC 快速原型样件，目的是进行产品设计的尺寸匹配和装配验证。制作 CNC 样件的主要材料有类 ABS、PC（聚碳酸酯）、POM（聚甲醛）、PMMA（亚克力有机玻璃）、PP（聚丙烯）、PA（聚酰胺、尼龙）等。CNC 样件的特点是：加工材料广泛，加工材料具有高强度、耐高温、高韧性、透明；可展现产品的外观设计、可检测结构与功能的合理性、可作为模具设计的参照物，避免修模的风险；模型表面处理形式多样，如打磨、喷灰、喷漆、抛光、丝印、电镀等，其效果完全可以同模具生产出来的产品媲美。由于 CNC 样件在外观、装配、功能验证上都可以达到客户的最终设计意图，因此，CNC 样件在内饰中被广泛的应用，是汽车内饰开发过程当中的不可缺少的技术。

3. 快速原型模具（Prototype Tooling）技术

快速原型模具制造技术是基于快速原型件技术和新材料发展而产生的，它是快速原型件技术的自然延伸。国内称为快速模具 RT（Rapid Tooling）技术，又称软模技术，国外称为原型模具（Prototype Tooling）技术。RT 技术大都依据快速成形制作的实体模型即样模（母模），采用拷贝方式（如金属喷涂、电镀、复合材料浇注、精铸等）快速制造模具的主要工作零件（凸模、凹模），制造周期一般为传统的数控切削方法的 1/5 左右，而成本却仅为其 1/3 左右。

用 RP 技术制造的原型可用于设计评估、功能测试及装配试验，但毕竟不是最终出售的产品。通常只有通过模具才能架起原型与产品之间的桥梁。

汽车内饰快速模具有：硅橡胶模具、环氧树脂模具、中/低熔点合金模具（铝合金模具、锌合金模具）、简易钢模等，可从实际装车数量、成本角度、性能要求考虑应该选用何种模具。

环氧树脂模具或聚氨酯类模具，在汽车原型件开发过程中被大量的使用，但由于其原材料不可以重复利用，且零件材料与正式产品的材料在性能上还有一定的差异，所以此技术又受到一定的限制，只能用来装配验证，不能用作子系统的性能验证。

中/低熔点合金快速模具多使用熔点为 385℃ 的合金材料，如锌合金快速模（又称 ZAS 模具）。由于具有模具材料可重复利用、加工周期短、成本低等特点，此技术已被各大汽车公司广泛采用。同时软模零件材料与最终零件的材料一致，所以可以验证子系统的性能。锌合金快速模起源于日本，目前在日本、韩国的汽车工业中应用广泛、技术成熟。表 1-1 是国内外常用的锌合金模具配方。

国内外常用的锌合金模具配方　　　　　　　　　　　　表1-1

锌基合金牌号	化学成分（%）			
	锌（Zn）	铜（Cu）	铝（Al）	镁（Mg）
ZAS（日本）	其余	2.85~3.35	3.9~4.3	0.03~0.06
Kirksile（美国）	其余	3.09	3.95	0.049
北京农机学院	其余	2.96	3.96	0.034
南京机械研究所	其余	3~3.5	4~4.5	0.04~0.07
62-1（62所）	92.12	3.42	3.56	0.04
62-2（62所）	91.97	3.64	3.53	0.04
Aц13-1	87.4~84.9	11~13	1.5~2	0.1
Aц13-2	90.7~89.3	7~8	1.8~2.2	0.5

简易钢模的型腔、型芯材料一般采用45号钢材料，此类模具生产出来的产品材料、工艺和性能与最终零件一致，因而可用于验证装配、工艺和产品的结构与性能。相对于产品模具，简易钢模有模具结构简单的特点，通常在满足强度的前提下，采用能省则省、简易导向、手工取件的方式生产零件等方法简化模具。

二、原型样件技术及要求

根据需要原型样件可用于样车试制、验证外形和匹配、零件性能验证。根据原型样件的不同用途，其技术要求也不同，如用于验证外形和匹配的样件，其尺寸需要满足设计要求；用于验证零件性能的原型件，不仅要求样件的尺寸要满足设计要求，而且制作样件的材料和工艺也必须与将来的产品件一致。通常对原型件的外观没有特别要求，可以接受少量的外观缺陷，如分型线外露、常见的注塑缺陷，无外观皮纹要求等。

三、原型样件的内饰应用

原型样件在汽车内饰的设计开发中被广泛应用，通常，在项目前期工程师根据交样的数量和相关要求制定原型模具和原型件策略，供应商根据整车厂的要求制作原型样件。不同零件可制定不同的原型件开发策略：如仪表板门板大本体等大零件可采用锌基合金；非安全件饰件可使用硅胶模；非关键零件可直接开产品模。表1-2所示为常用的原型件模具及样件特点。

常用的原型件模具及样件特点　　　　　　　　　　　　表1-2

原型模具	成本	模具制作工艺	样件特点	制作周期（周）	模具寿命（件）
硅橡胶模	低	利用快速原型样件通过真空浇注硅橡胶制成模具	样件材料采用PP类或ABS类，样件尺寸基本符合要求，可用于验证尺寸	2	20~25
环氧树脂模	低	采用树脂材料，通过CNC加工成模具	样件材料采用PP类或ABS类，样件尺寸符合要求，可用于验证尺寸	3	50~500
锌合金模（ZAS）	中	采用锌铝合金，通过CNC加工成模具	样件材料和尺寸与产品一致，可用于验证尺寸和性能	4~5	500~5000
简易钢模	高	采用45钢或铝合金材料作为模具型腔、型芯材料，通过CNC加工成模具	样件材料和尺寸与产品一致，制造工艺和产品一致，可用于验证尺寸、工艺和性能	6~10	5000~10000

第三节 内饰项目开发流程

一、内饰项目类型

内饰开发项目是整车开发项目的一个有机组成部分，需要和整车开发协同进行，按照不同角度，内饰项目可以分成不同的类型。

从开发涉及的范围讲，也就是说需要更改或者重新设计的内饰零部件的多少以及重要程度，内饰项目可以大致分为小型项目、中型项目和全新项目。

(1) 小型项目：这类项目只是对于内饰系统的局部进行更改和开发，一般不涉及比较大的零部件或比较大的结构更改，只是对局部造型、外观颜色、装饰或者表面用材料做一些变化。如：中央控制台处的造型和外观改进，门内饰板和座椅的面料和花色的重新设计，全车颜色重新设计等。一般来说，小型项目可以单独进行内饰变更，历时也较短，通常历时在一年左右或者是更短的时间。

(2) 中型项目：这类项目往往涉及较多内饰零部件的更改和重新开发，从造型到材料选择、供应商筛选和定点、零部件试验、车辆试制和验证以及国家公告目录、型式认证等，都需要做大量工作。一般来说，内饰的中型项目也会伴随其他区域如外饰的更改，项目时间较长，通常历时 1~2 年。

(3) 全新项目：这是内饰开发项目里边最复杂的项目，意味着绝大部分内饰零部件的重新开发，造型全新、颜色和外观全新、零部件结构重新设计、材料和供应商重新选定、零部件试制、零部件实验室验证、整车试验、国家公告和型式认证等都要进行重新申请。全新项目一般历时 2 年以上。当然，全新项目也包括了车身、外饰、电子、底盘等系统的全新开发。

众所周知，汽车类研发是一个复杂的系统性的项目，往往会涉及不同区域的联合研发，开发的车型往往也不是仅仅针对于一个区域的市场，所以，从内饰开发的合作区域，或者从所开发产品的市场区域，内饰项目又可以分为以下几类：

(1) 本土项目：所开发车型只针对中国本土市场。

(2) 出口项目：所开发车型针对海外特定国家或地区。这种项目要求开发团队对市场所在国和地区的法规、客户需求及用车环境以及当地配套能力有清楚的理解。

(3) 全球项目：最具代表性的就是别克新君越(Lacross)，如图 1-16 所示，其全新内饰开发由泛亚汽车技术中心主导，GM 北美技术中心、GM 欧洲技术中心共同参与，产品也在北美、中

图 1-16　别克新君越内饰系统图

国和韩国同时销售。该项目的开发拟具复杂,对开发过程及各区域的协同提出了非常高的要求。由于各个国家对产品有不同的法规要求,审美情趣、使用习惯和需求也不尽相同,因此对产品开发的要求相对其他类别项目要高很多。

二、内饰项目开发流程

内饰项目不管是小改型、大改型还是全新项目,都可以分为项目前期、产品开发及验证、项目后期三个阶段。项目前期阶段主要是定义客户的需求并将其转换为产品要求;产品开发及验证阶段包括概念选择、产品设计开发、设计验证。项目后期阶段包括批量生产和经验总结,如图1-17所示。从某种意义上说,项目启动—结束—启动是一个闭环循环,唯有这样才能进步、提高。

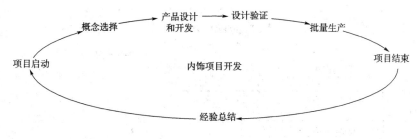

图1-17 内饰项目循环图

1. 内饰项目前期

内饰项目以项目管理为支点,需要充分平衡项目成本和市场/客户要求(图1-18)。内饰项目的关键在于控制客户要求带来的成本上升,并且通过一些手段实现项目成本的降低。

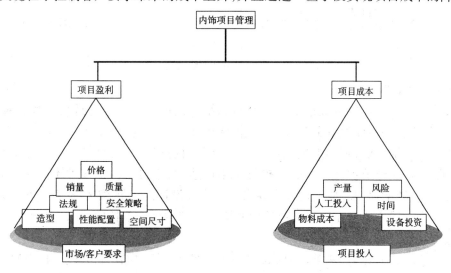

图1-18 内饰项目限制以及要求

每个车型都会有各自的目标市场、目标客户,由于市场/客户的不同,必然对相应的车型有特殊要求。从市场看,每个国家都有不同标准体系,车辆必须满足相关国家的法律/法规,如美国对头部有FMVSS 201U保护要求,则要求对内饰顶衬做相应处理,在中国就没有该要求。对于不同的客户,更是会有多种多样的要求,如成功人士要求高端品牌、豪华内饰、安全配置,个体户要求座椅可拆卸、车体空间大,便于载货。

基于不同的市场客户要求,就会体现在造型、空间尺寸、性能配置、安全策略、法规要求、质量、售后服务、价格等各个方面,其中价格是核心因素。内饰项目管理核心之一就是将客户的需要转化成产品设计,将有限的预算花在客户最为关心的需求上。只有通过市场调研,知道顾客具体的需要,才能迎合顾客的口味,最终转化成销量。

2. 内饰产品开发及验证

产品开发及验证阶段由概念选择、产品设计开发和产品验证三个阶段组成(图1-19)。在概念选择阶段明确项目要求、完成造型和设计概念方向的选择;进入到产品设计开发阶段其实也就是项目执行阶段,主要是细化、雕琢造型面并完成产品结构设计;产品验证一般完成两个验证,通过简易模具零件完成产品设计认证,发现问题,并通过结构优化解决问题,最终通过正式模具零件做产品认证。

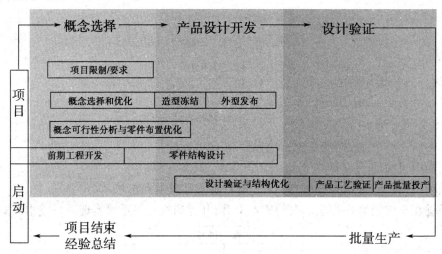

图1-19 内饰项目开发流程图

3. 内饰项目后期

内饰项目后期开发包括批量生产和经验总结。批量生产其实就是指工程开发实体交付阶段,该阶段主要验证项目工艺可行性、生产节拍、质量目标达标情况。项目工艺可行性从生产线线下验证开始,到小批量线生产,最终到大批量生产的过渡,验证装配时间、装配顺序、装配质量、生产节拍等。生产节拍就是生产速率,来自于内饰零件本身生产速率、零件的包装运输、装配速率。质量达标主要来自于零件设计的稳健、零件本身质量、零件系统集成等。这个阶段主要是在实现质量目标的情况下满足生产节拍的要求,最终按时交付给客户的过程。

经验总结是指在项目结束前需要从技术和管理两个方面总结项目开发过程中的经验和教训,为以后项目提供参考。

三、矩阵式项目管理体系

在汽车产品项目研发过程中,比较常见的组织管理结构是矩阵式管理结构。

1. 矩阵式管理

矩阵式管理又称系统式或多维式管理,是相对于那种传统的按照生产、财务、销售、工程等设置的一维式管理而言的。"矩阵"是借用数学上的概念。矩阵式管理主要是将管理部门分为两种:一种是传统的职能部门;另一种是为完成某一项专门任务而由各职能部门派人联合组成的专门小组,并指定专门负责人领导,任务完成后,该小组成员就各回原部门。

2. 项目开发中运用矩阵式管理

矩阵式项目管理组织在一定意义上弥补了单纯的职能制的弱点,加强了横向的协调。

图1-20所示是典型的矩阵式管理,纵横线的交点对应一个员工。可以很清楚地理解,每个员工在纵向上归属于各个功能块,接受功能块领导的领导。如果有项目需要,被分配到对应的项目,同时收到横向的项目经理的领导。

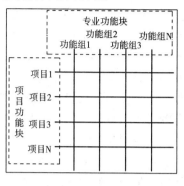

图1-20 典型的矩阵式组织机构图

3. 矩阵式管理的优缺点

矩阵结构正在受到越来越多的企业青睐,这主要是因为其自身的很多优点所决定的,尤其对于汽车研发这样子系统众多、界面复杂的大协作性项目来说,矩阵式组织机构便有了显而易见的优点:

(1)机动、灵活,可随项目的开始与结束进行组织或解散。

(2)由于这种结构是根据项目组织的,任务清楚,目的明确,各方面有专长的人都是有备而来。因此在新的工作小组里,项目成员间容易沟通和融合,能把自己的工作同整体工作联系在一起,为攻克难关、解决问题而献计献策,由于从各方面抽调来的人员有信任感、荣誉感,使他们增加了责任感,激发了工作热情,促进了项目的实现。

(3)加强了不同部门之间的配合和信息交流,克服了直线职能结构中各部门互相脱节的现象。

(4)能合理调配资源。

与此同时,矩阵式管理也有着自身的一些缺点,主要表现如下:

(1)项目负责人的责任大于权力,因为参加项目的人员都来自不同部门,隶属关系仍在原单位,只是为某一个特定的工作而来,所以项目负责人对他们管理困难,没有足够的激励手段与惩治手段,这种人员上的双重管理是矩阵结构的先天缺陷。

(2)由于项目组成人员来自各个职能部门,当任务完成以后,仍要回原单位,因而容易产生临时观念,对工作有一定影响。

四、内饰项目管理的关键要素

由于资金预算和资源有限,汽车企业必须在资源限制下,同时开展多个项目、多个新车型的开发,保证企业可持续的竞争力,这对汽车研发的项目管理要求就比较高。在项目开发过程中,需要关注的事项和考虑的纬度比较多,但是综合起来,项目管理的内容包含成本管理、时间与风险管理、质量管理三个方面。

1. 成本管理

成本管理是汽车研发类项目管理中的关键因素之一,一般分为两个维度,一个是项目研发过程的成本管理;另一个是开发出的产品所具有的成本竞争力。

项目研发过程中的成本管理包含项目投资规划、研发预算规划和过程成本控制等,由于内饰涉及的零部件和子系统众多,杰出的项目开发成本管理能力将对项目前期的规划提供良好的基础,为一个项目的决策提供可靠的依据,并将对后续的项目成功提供保证。反之,项目开发成本控制不力不仅影响到项目前期决策的可靠性和科学性,也对于项目后期的执行造成比较大的困难和障碍。

研发出的产品具有成本竞争力,是指在项目开发过程中,在项目管理的整体协调和综合领导下,通过合理的决策、科学的方案选择和有竞争力的工程措施等,使得最终研发出来的产品具有良好的成本竞争力,从而为产品的市场竞争力和公司的盈利能力奠定基础。产品的成本90%是依靠开发的过程来决定的,任何商业项目的实施都是以最终的盈利为出发点的,没有良好的项目协调和成本管理能力,没有科学合理的决策能力,没有详尽的方案分析和比较能力,没有竞争力的工程解决能力,开发出的产品终将没有市场生命力,所以项目开发过程中的成本管理对于项目成功起着关键性的作用。

2. 时间与风险管理

汽车生产企业所面临的经营环境迅速变化,消费习惯和设计趋势处在不断的变化过程中,如何用最短的时间推出能为市场认可的产品,是企业在竞争中制胜的关键,这对项目开发过程中的时间管理提出了较高的要求,包含项目前期的时间规划和制订、项目开发过程中的风险管理,以及项目后期的经验总结等。

项目前期的时间规划,是指在项目启动的前期,结合项目的更改难度、更改内容和复杂性,规划和制订出合理的项目主时间进度。通过项目的主时间进度,控制项目的各子系统和零部件按照项目的主时间进度进行开发,从而确保项目的成功。延长项目的主时间进度,项目各子系统具有相对较为宽裕的时间来进行产品开发,降低项目过程中的执行风险,但是会延后产品投向市场的时间,从另外的方面增加了产品的市场风险。缩短项目的开发时间,将会对项目的零部件和子系统的开发时间增加难度和挑战,从而增加项目执行过程中的风险,但是会缩短产品规划到上市的时间,增加产品的市场竞争力。这是一个需要以科学的分析为基础的决策和平衡过程。

项目开发过程中的风险管理,是指在项目主时间进度确定之后,管理和控制项目开发过程中出现的各种问题和风险,从而确保各项任务能够按照项目的主时间进度进行开发,这是项目能否按照要求健康有序执行的一个关键,为了管理控制项目风险,许多汽车研发类公司都开发了自己公司的项目管理流程,一般是将项目分成不同的阶段,每个阶段会有项目的相关递交物,通过控制每个阶段的递交物的质量状态,来控制项目的整体进度和进行风险管理。

3. 质量管理

项目有了合理的规划之后,在时间和风险控制与管理的同时,还有一个影响项目成功的关键因素,即项目质量管理,这是指开发出来的项目能够以良好的质量状态投放市场,这里面包含两个方面,即项目执行质量和产品质量。

项目执行的质量控制和上述的时间管理和风险控制是综合在一起考虑的,即是通过项目不同阶段的交付物状态来控制项目执行的整体质量状态,将项目的整体质量细分到了每个交付物和每个细节控制点,每个交付物和细节控制点的质量好了,项目的执行质量才会高。项目产品质量指的是开发出的产品具备良好的品质和质量,这个主要依靠工程技术能力和系统集成的水平,往往依靠整个团队的综合技能和相互协作。在项目开发过程中,要依据市场反馈和工程要求制定相关的技术标准和要求,通过自身的工程能力开发出有竞争力的零部件,并通过相应的分析和测试手段来确保产品满足最终的要求。

汽车项目的研发水平体现了一个团队的综合能力,以及费用、时间、风险和质量等项目控制因素,单独考虑起来不是非常有挑战性,但是,要综合起来一并考虑,达成一个综合的最优化的目标却是每个团队都面临的巨大挑战。

第四节　内饰工程质量

美国著名的质量管理专家朱兰博士认为可从两方面来理解质量的含义：

（1）质量意味着能够满足顾客的需要，从而使顾客满意的那些产品特征；

（2）质量意味着免于不良——没有那些需要重复工作（返工）或会导致现场失效、顾客不满、顾客投诉等差错。

对于内饰工程质量，可以理解为：内饰零件在工程设计上满足要求的程度。一方面针对顾客需求对内饰零件进行设计，使得内饰零件的设计符合顾客的需求，使顾客满意；另一方面采用适当的措施，使得内饰零件的设计比较稳健，减少差错，减少返修工作，从而降低成本。因而要得到工程质量高的产品，需要充分理解顾客的需求，充分掌握顾客对产品的使用方式和使用环境，并用比较合适的工程语言将其转化成工程设计标准和试验标准。

一、内饰常见质量问题

内饰零件完成结构设计后，经过制造生产出零件，再由总装车间装配到整车上，最后跟随整车一起到达用户手中。由于零件设计、制造、仓储、运输、装配工艺中的不良影响，会使得部分内饰件在整车上出现质量问题。较为常见的内饰质量问题有功能问题、外观问题和装配问题。

1. 功能问题

功能问题是指具有一定功能的零件在使用过程中无法实现预定的工程要求，如座椅调节失效，手套箱开关失效，座椅移动操作力大，零件变形、异响或脱出等。如图1-21所示的座椅旁侧板安装柱断裂失效以及图1-22所示的杯托弹性夹掉落失效都是功能问题。功能问题通常在客户拿到车并使用一段时间之后发生，大部分会直接影响到客户的使用，客户通常无法忍受该问题的发生，不仅会引发JDPower抱怨，还会进维修店要求免费维修。此类问题大多由设计缺陷引起，通过开发前期的有限元分析、开发中期的设计验证以及开发后期的零件验证，如零件CAE强度分析、零部件疲劳耐久试验、环境老化试验、整车耐久试验等手段，可以最大程度地避免缺陷零件流入客户手中。

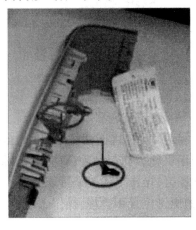
图1-21　座椅旁侧板安装柱断裂失效

图1-22　杯托弹性夹掉落失效

2. 外观问题

内饰外观问题包含单个零件的表面外观质量问题和两个或多个零件间的匹配间隙问题。

单个零件的表面外观质量问题指零件的表面外观与设计定义的颜色、光泽、皮纹等存在偏差,其中有些问题是在生产过程中出现的,如表面波纹、光泽度不良、色差、虎皮纹、飞边、熔接痕外露等,通过工艺参数调整或零件设计更改以及整车厂的出厂控制,可以避免该问题流到车主手中;有些问题是在车主使用一段时间之后出现的问题,如塑料件刮擦、塑料件磨损、内饰件脏、零件表面发黏、零件表面起泡、掉漆等,这类问题比较复杂,通常与零件皮纹的类型、零件表面颜色、零件工艺以及零件材料等有关。图1-23所示是某些车在使用一段时间之后出现问题的照片。

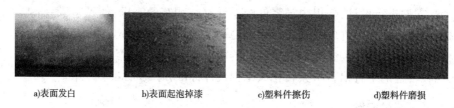

a)表面发白　　b)表面起泡掉漆　　c)塑料件擦伤　　d)塑料件磨损

图1-23　内饰零件外观问题示例

匹配问题是指两个零件或者多个有搭接关系的零件间,没有达到设计要求而产生的可见缺陷,如间隙过大或过小、间隙不均匀等。图1-24所示为某车型仪表板与门饰板左右间隙不一致的图片。匹配问题涉及零件多,影响因素多,产生的主要原因之一是由零部件制造质量或系统之间的公差累计造成,如零件间尺寸链过长,零件的公差累计导致后期难以达到要求;零部件本身制造质量缺陷,使零件不能满足设计的尺寸要求,导致零件在安装后无法达到预期的匹配要求。该类问题可能会成为JDPower(全球权威的专业消费者调研机构)的抱怨问题,该问题的解决需要提升生产制造工艺的稳定,加强日常的零件尺寸状态监控,提升设计的可靠性。

图1-24　仪表板与门饰板左右间隙不一致

3. 装配问题

装配问题是指由于零件的安装不符合人机工程或其他原因而被操作工抱怨的问题。如有些门饰板的安装,需要用很大的力拍装,操作工的手可能因此而红肿;有些顶衬,体积大,质量重,操作工要在费力地支撑住零件的同时,仰头拧螺钉,操作工的脖子可能因需仰头操作的时间太长而酸痛;有些仪表板总成安装到车身上的螺钉位置不合理,操作工不得不盲装,从而引发其抱怨。

装配问题不仅影响生产节拍和产品质量,增加制造成本,而且增加操作工的工作负荷,可能对工人的身体健康带来危害。

二、工程质量预防

为避免质量问题发生,必须在产品开发设计过程中贯彻"预防为主"的方针,在问题发生之前给予早期报警,采取措施。工程设计过程中,比较常见的预防保证方法有设计评审、失效预防分析(DFMEA)、六西格玛设计(DFSS)、零部件试验、整车试验。其中设计评审、失效预防分析、六西格玛设计对工程质量预防最为有效,灵活运用这几种方法可以较低的成本达到事半功倍的效果。

1. 设计评审

设计评审是保证工程设计质量的有效手段,目的是在项目重要节点前评审产品开发的状态,确认该阶段的交付物是否满足产品技术要求,查出需采取补救措施的缺陷,以保证产品设计的正确性,并在项目结束时作经验教训的总结和共享。针对不同产品的不同开发阶段,开展设计评审时企业通常会按照自己设置的设计评审检查清单逐一进行评审,评审人员通常由经验丰富的技术主管、制造工程师、质量工程师、材料工程师、外观工程师等相关专业人员参加。对于全新开发的产品,其主要的设计评审节点如图1-25所示,设计人员也可以根据实际情况增加评审次数。

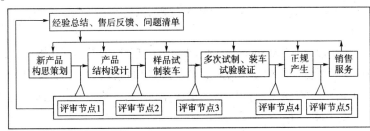

- 评审节点1:在进行具体设计前评审技术要求的输入是否完整;
- 评审节点2:评审设计方案是否稳健,是否能满足技术要求;
- 评审节点3:评审样品装车状态,评审分析结果和部分实物试验结果;
- 评审节点4:评审批量生产前的开发和试验是否按时完成,试验结果是否符合要求;
- 评审节点5:评审总结开发过程中的经验教训,进而决定哪些设计指导文件需要做相应的更新。

图1-25 设计评审节点示意图

2. 设计潜在失效模式分析和基于失效模式的设计评审(DFMEA/DRBFM)

FMEA全称Potential Failure Modes & Effects Analysis,是'潜在失效模式分析'的缩写。20世纪50年代,FMEA由美国军方创建并用于国防工业,之后陆续被全世界各行各业争相应用,包括航天航空、汽车、轮船等。在汽车工程设计中,常用的是设计潜在失效模式分析和基于失效模式的设计评审(以下简称DFMEA/DRBFM)。而过程潜在失效模式分析(PFMEA)也广泛应用于生产过程的失效预防。

DFMEA是一种由负责设计的工程师/小组在设计开发阶段完成的对于整个产品设计的系统分析,它记录了为降低潜在风险而进行的考虑和措施,它是一种识别降低风险和提高顾客满意度的必要工具;DRBFM是众多设计风险分析和评估方法中的一种,DRBFM关注更改对设计、认证以及制造带来的影响,通过严格评审来预防风险,是DFMEA的一种补充。

DFMEA主要针对有新设计、新技术及新过程的零部件,而DRBFM更关注对现有设计、技术及过程有更改的零部件或将现有的设计或过程应用于新的环境、场所。

如图 1-26 所示,产品设计开发是持续改进的过程,而 DFMEA 的编写过程是动态文档不断更新的过程。DFMEA 从产品概念设计开始编写,经过团队的充分识别及不断讨论逐步完善 DFMEA,在产品概念设计发布之前形成 DFMEA 雏形。然后在产品结构设计开发过程中实施 DFMEA,保证开发过程充分考虑 DFMEA,避免设计出现失效。之后经过产品验证,将已验证出的问题,更新到 DFMEA 文件的相关内容(遗漏什么补什么)中,以记录相关设计过程并积累工程经验;对于在产品设计之后提出的工程更改,将进行进一步的 DRBFM 分析,以确保失效彻底得到解决,而且预防其他方面的失效产生。

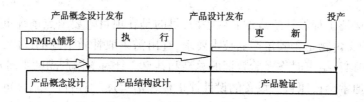

图 1-26 DFMEA 的过程示意图

DFMEA 的过程步骤包括:创建 DFMEA 团队、调研以往项目中的失效模式、创建 DFMEA 系统框图、创建项目功能关系矩阵、实施 DFMEA 分析、执行现行/建议措施。

3. 六西格玛设计

六西格玛设计(Design for Six Sigma,简称 DFSS)出现于 20 世纪 90 年代,首先在电子行业得到广泛应用。在 21 世纪初各大汽车制造商及零部件供应商开始全面推广。

简单地讲,六西格玛设计就是在低成本的情况下,满足客户对产品质量和性能的期望。它是致力于设计前期质量的一种工程开发过程。

六西格玛设计具有下面几个特点:

(1)关注客户需求。六西格玛设计必须以客户为中心,广泛收集市场信息,理解客户对产品的需求和期望。

(2)低成本。传统设计过程把对设计质量的关注推迟到产品投产前后,导致产品质量改进和优化成本很高。而六西格玛设计从初始就关注设计质量,强调第一时间得到正确的设计和产品,避免后期的反复改进造成的浪费。

(3)稳健性。所谓稳健性是在最低成本情况下,使技术、产品或过程对于造成变化的因素(制造环境或用户环境)的敏感度最小化的性能状态。六西格玛设计在设计初始就把稳健性作为优化目标,通过正交试验设计(DOE)得到最优产品。

完整的六西格玛设计项目分为 IDDOV 五个步骤,分别是识别机会、定义要求、开发概念、优化设计和验证实施。对于不同的实际问题,可以有针对性地关注中间阶段如 IDD 或者 OV。

(1)识别机会(Identify)。运用六西格玛设计方法从确定设计目标、研究范围开始,同时组成项目团队,编制开发计划。这一阶段的目的在于为将来的活动提供一个坚定、清晰的方向。

(2)定义要求(Define Requirement)。六西格玛设计的特点是以客户为中心,所以理解客户是项目成功的关键。一般要对客户进行分类和定义,运用质量功能展开方法(Quality Function Deployment,简称 QFD)来开发客户关注的关键质量特性(Critical to Quality,简称 CTQ)。这一过程经常使用的是质量屋工具(House of Quality,简称 HOQ)。这一阶段可以充分理解客户的呼声,将客户的需求转化为可以实现的工程指标。

（3）开发概念（Develop Concept）。在开发概念阶段需要开放性地创造思维和发明工程方法（Theory of Inventive Problem Solving，简称 TRIZ）来得到尽可能多的设计概念备选方案。在众多备选方案中，利用普氏分析工具评价各个方案并最终选择一个最好的设计概念。如果选择了"薄弱概念"，将影响后面的优化工作顺利开展，甚至可能导致项目不能成功。

（4）优化设计（Optimize Design）。这里的设计优化是基于稳健性的产品/过程参数设计和优化。六西格玛设计优化首先要确定范围并深入理解产品，并确定系统的输入和输出以及影响系统性能的不可控噪声。同时要理解和确认能够控制产品和系统性能的参数。接下来就是进行 DOE 试验或者 CAE 分析，得到数据。最后则要分析数据，按照工程指标的目标要求以及信噪比的最大化原则选择最优方案。

（5）验证实施（Verify & Implementation）。所选择的最优方案需要确认满足了工程指标和客户的需求，并在正式产品上实施。

三、售后质量问题的解决

虽然在生产及开发过程中采用了严密的预防措施和控制手段来避免质量问题，但所有车辆在使用一段时间之后都不可避免地会出现一些问题。其中，顾客关注较多的是售后保修问题和 JDPower 问题。

售后保修问题指的是在一定使用时间和里程数内，属于保修范围的零部件在客户正常使用的情况下出现的问题，可以到 4S 店进行免费维修或更换（索赔）。售后保修问题的衡量指标有千辆车故障率和单车索赔成本。

千辆车故障率（Incident Per Thousand Vehicles，简称 IPTV）：即对某段时间内（一般以月为单位，即一个制造月）所生产且已销售的车辆，在使用一定时间内，平均每千辆车发生的索赔数量。

单车索赔成本（Cost Per Vehicle，简称 CPU）：即对某段时间内（一般以月为单位）所生产且已销售的车辆，在使用一定时间内，平均每辆车发生的索赔成本。

JDPower 是 1968 年成立的全球性的市场资讯公司，主要就顾客满意度、产品质量和消费者行为等方面进行独立公正的调研，他们所发布的产品质量和客户满意度评估报告，以独立性和客观性著称，在全球工商界获得了较高认同。JDPower 公司最具影响力的报告，就是基于大量车主调查而发布的年度"新车质量和车辆耐久性"报告。该报告包括销售满意度、新车质量、售后服务满意度、汽车性能、运行和设计等四个重要指标。其中新车质量调研（Initial Quality Survey，简称 IQS）问题对公司品牌形象有较大的影响，是主机厂工程师常说的 JDPower 问题。

新车质量调研衡量的是新车车主购车后 2~6 个月内遇到的问题，其评分标准以每百辆车所出现的问题数（PPH）来衡量，分数越低，表明发生故障的频率越小，质量也越高。此项调研的时间在每年 4 月至 8 月，调研的客户是在大街上随机抽取的前一年 10 月至当年 6 月购车的车主，调研的信息从车主根据标准化问卷回答中整理得出，调研的有效样本量不小于 100，调研报告在 10 月底发布。

对于售后质量问题，除了需要做好客户服务，解决客户手中的问题外，还需总结经验教训，并将经验输入到 DFMEA/PFMEA 或其他设计指导文件中，以避免后续产品发生相同或相似的问题。

习题与思考

1. 汽车内饰包含哪几个主要系统?
2. 内饰工程设计可分为哪几个阶段?
3. 简述常用的原型件模具及样件特点。
4. 什么是矩阵式项目管理？矩阵式项目管理有什么优点和缺点?
5. 简述什么是售后保修问题和JDPower问题。

第二章　汽车内饰系统要求

汽车内饰系统的要求概括来说主要有以下几个方面：

(1) 人机要求，主要指人机工程所定义的乘坐舒适性、操作舒适性以及安装和维修的便利性等。

(2) 安全和环保性能要求，包含国家或地区的强制性法规要求以及避免可能对成员造成伤害的其他要求，如散发性能要求等。

(3) 可靠性要求，包含系统或零件的强度、刚度以及零件在其生命周期内的抗疲劳耐久性能要求等。

(4) 感知质量和外观要求，包含尺寸和公差、颜色、光泽、触感、协调性等。

这几方面的要求既是内饰系统的基本要求，缺一不可，也是汽车质量和品质的衡量指标。

第一节　人机工程

一、人机工程概述

人机工程学是一门新兴的边缘科学，是把人—机—环境系统作为研究的基本对象，运用生理学、心理学和其他有关学科知识，根据人和机器的条件和特点，合理分配人和机器承担的操作职能，并使之相互适应，从而为人创造出舒适和安全的工作环境，使工效达到最优的一门综合性学科。它起源于欧洲，形成和发展于美国。

人机工程学的基本理念就是"产品设计要适合人的生理、心理因素"，把产品使用者作为产品设计的出发点，要求产品的外形、色彩和性能等都要围绕人的生理、心理特点来设计，其知识基础来源于工程心理学、预防医学、技术美学和人体测量学等；其研究方法是通过自然观察、访谈、问卷调查、现场或实验室的对照比较和测试以及有关的统计分析等获得数据，经整理形成的设计技术，包括设计准则、标准和计算机辅助设计软件等。这些设计技术再和其他领域的设计技术及制造技术相结合，就形成符合人机工程学的产品，这些产品让使用者更健康、高效、愉快地工作和生活。

二、人机工程在汽车设计中的应用及开发流程

人机工程在汽车设计中的应用主要有操作舒适性、触觉、外观、内饰照明和颜色的协调性，有效储物空间和储物盒的多功能性，舒适的乘坐空间，驾驶员的工作负荷以及座椅动态舒适性六个方面的校核。这六个方面的设计、验证和校核是与整车系统开发同步的，并在整车开发过程中及时提供校核输出物和改进方案，以提高舒适度。

一个完整的人机工程开发过程应当包括前期的目标制定，中期的规范提交、校核造型和工程结构设计，后期的试制车验证。人机工程师将依据整车开发的重要时间节点，对这六大领域做全面检查，并将检查结果输出到相应的部门。对于整车开发而言，最重要的项目节点可能

有确定单一造型、第一辆全功能样车试制、产品零件生产认证。依据这些重要节点,人机工程师可以制定如图 2-1 所示的工作流程图。

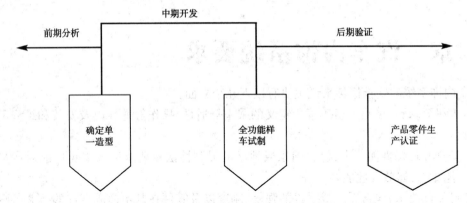

图 2-1　人机工程工作流程图

确定单一造型之前,是整车开发的前期分析阶段。人机工程在此阶段的工作主要包括:对同级别竞争车型从上述六方面进行分析,并从这六个方面为项目定出量化的目标值;收集以往项目的经验教训以及潜在的客户抱怨问题等。

从确定单一造型后到第一辆全功能样车生产出来之前,是整车开发的中期阶段。人机工程在此阶段的工作主要包括:使用人机规范和标准来约束造型面和工程的设计;对不同阶段的油泥模型进行现场评估,列出问题清单并同步跟踪,以保证设定的目标值能够被顺利执行。

从第一辆全功能样车到产品零件生产认可,是整车开发的后期阶段,车辆即将投产。人机工程在此阶段的工作主要包括:运用各种评估工具,从六个方面对样车进行评估,并且与项目初期设定的目标值进行比较,判断是否达到预期目标。

所以人机工程的开发流程实际上就是将计划、执行、检查执行结果和改进过程循环运用于产品开发具体工作中的过程,其最终目的就是为了实现既定舒适度目标值。

三、车辆人机工程中的总布置参数概述

汽车设计以总体布置为核心。为此要利用假人(能表述人体形状的标准模型)作为准绳来安排驾驶舱各个部件位置。

目前的汽车设计都采用计算机辅助设计,用专门软件来测定轿车的设计是否符合人体工程学。不管是传统方式还是用计算机,最基本的数据都要通过对广泛的目标人群的身材测量才能得出。由于设计师对人体标准模型的取舍不同,就出现了欧美车空间比较大,日韩车空间比较狭小的现象。东亚人的平均身高和手臂长度都要逊于欧美人,但由于市场全球化,汽车设计也趋向于大空间。通过加大座椅、转向盘角度的多级调整来平衡各地区的人种身材的差异。

表 2-1 所示是一些 SAE 的人机工程标准及简介。

SAE 中的人机工程相关标准　　　　　　　表 2-1

标准号	标准名称	内容简述
SAE J182a	车辆三维 参考坐标系和基准标记	此标准叙述了建立及确定整车三维参考坐标系的步骤及方法
SAE J287	驾驶员手控制及伸及范围	此标准叙述了轿车、多用途车和轻中型载货汽车进行驾驶员布置时,针对不同男/女比率其不同的手操作控制伸及范围和位置

续上表

标准号	标准名称	内容简述
SAEJ383	车辆座椅安全带的固定位置	此标准叙述了安全带的固定位置,用于确定座椅总成在车内布置位置及安全带固定结构
SAEJ826	H点装置及工具的设计过程及有关规定	此标准叙述的H点装置提供了实际进行车内乘员布置及测量的方法。此装置用于乘坐位置的布置设计和验证
SAEJ902	轿车风窗玻璃除雾系统	此标准叙述了评价轿车风窗玻璃除雾系统的测试程序和有关性能规定
SAEJ903	轿车风窗玻璃刮水系统	此标准叙述了评价轿车风窗玻璃刮水系统的测试程序和有关性能规定
SAEJ941	车辆驾驶员眼睛的位置	此标准用于确定车内驾驶员眼睛的位置及布置程序。三维眼椭圆模型表示驾驶员眼睛位置的分布比率
SAEJ1050	驾驶员视野的说明和测量	此标准用于确定车内驾驶员视野的确定和测量方法。包括三种确定直接视野、间接视野和视野的障碍区域的方法
SAEJ1052	车辆驾驶员及乘员的头部位置	此标准叙述了车内乘员头部位置及定位程序。头部位置轮廓用来确定适应的头部空间范围
SAEJ1100	车辆尺寸	此标准规定了一系列确定整车尺寸的测量标准和程序
SAEJ1516	布置工具参考点	此标准描述了车内用于驾驶员操作空间布置的布置工具的参考线
SAEJ1517	驾驶员可选的乘坐位置	此标准描述了在进行车内空间布置时驾驶员可选的乘坐位置,可确定特定的驾驶员比例的可调座椅的水平位置范围

这里我们对"SAE J1100 机动车车辆尺寸"标准的一些尺寸进行讲解。

汽车车身总布置实际上是确定车身各部分之间的硬点关系。内部舒适性尺寸定义标准SAEJ1100推荐了一系列车身硬点的定义、测量方法等。汽车车身内部的各种硬点之间的约束数目众多、关系复杂,评价指标模糊。其中很多硬点的确定是依靠设计者的经验而确定。因此在设计一种车型时,硬点尺寸对设计有很大的指导意义。

在 SAE J1100 中推荐列出车身硬点的代号、定义、测量方法。代号采用大写英文字母+数字的形式,如 H30;其中大写英文字母的含义如下:

W——宽度方向的尺寸;
H——高度方向的尺寸;
V——容积尺寸;
L——长度方向的尺寸;
PD——乘员分配尺寸;
S——面积尺寸;
SD——座椅面方向尺寸;
PL——踏板长度;
PW——踏板宽度;
PH——踏板高度;
TL——H点长度位置和行程;

TH——H 点高度位置和行程。

H 点工具和参考点如图 2-2 所示,具体的定义和解释如下:

SgRP——座椅参考点,是指座椅上的一个设计参考点,它是座椅制造厂规定的设计基准点,它表征当第 95 百分位人体模型按规定摆放在座椅上时,实际 H 点应与座椅参考点重合;

T 点(T Point)——在固定座椅上头廓包络线的某点;

D 点(D Point)——臀部轮廓的最低点;

踏板参考点(Pedal Reference Point,简称 BOF)——在侧视图上,过 AHP 点作人体样板鞋底的切线,在该切线上离 AHP 点 203mm 的点;

加速踏板踵点(Accelerator Heel Point,简称 AHP)——加速踏板未压缩时,人体模型的踵点在被压塌的地板覆盖件上的点;

加速踏板平面(Pedal Plane)——通过加速踏板上与人体前脚掌接触点的相切平面;

靠背平面线(Back Line)——在二维人体模型上连接肩部参考点和 H 点的线,又称靠背角;

乘客踵点(Floor Reference Point)——人体脚踵(脚跟)与车身地板相接触的旋转点;

座椅坐垫平面线(Cushion Line)——在二维人体模型上连接膝部参考点和 H 点的线;

大腿线(Thigh Line)——二维人体模型连接 H 点和膝盖中心点的直线,即二维人体模型大腿中轴线。

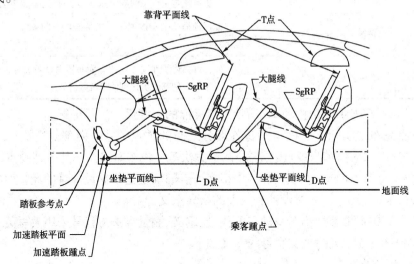

图 2-2 H 点工具和参考点

驾驶员内部空间主要尺寸如图 2-3 所示,具体定义和解释如下:

H13——是指转向盘下边缘到人体样板大腿中心线的最小距离;

H14——是指 SAE 第 95 百分位眼椭圆球上边缘的切平面到不可调节的最低位置的内后视镜下边缘垂直距离;

H17——是指转向盘中心点到加速踏板踵点 AHP 点的垂直距离;

H49——SAE 第 95 百分位眼椭圆球下边缘相切的切平面到转向盘最高点的垂直距离。

进出车足部空间尺寸如图 2-4 所示,具体定义和解释如下:

L18——前入口的足部空间。前门最大开度时门内边缘或在门槛之上 102mm 的立柱与前座椅最小距离;

L19——后入口的足部空间。后门最大开度时门内边缘或在门槛之上 102mm 的立柱与后座椅最小距离。

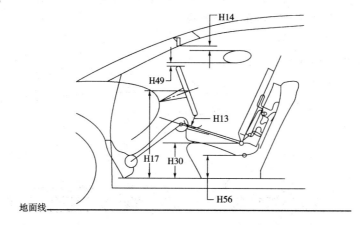

图 2-3 驾驶员内部空间主要尺寸

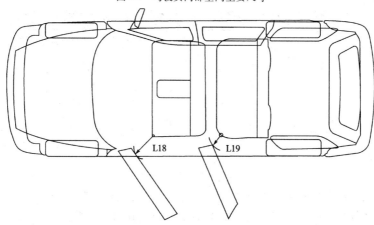

图 2-4 进出车足部空间尺寸

前后排乘员腿部空间尺寸如图 2-5 所示，具体定义和解释如下：

L34、L51——有效小腿空间；

L48——是指膝关节到前排座椅后背的最小距离。

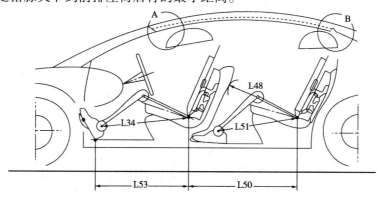

图 2-5 前后排乘员腿部空间尺寸

前排内部宽度方向的主要尺寸如图 2-6 所示，具体定义和解释如下：

W3——肩部空间，(前座)SgRP 所在的平面上，在自 SgRP 点以上 254mm 到车身腰线的高度范围内的车门内表面之间的最小距离；

W5——臀部空间,(前座)SgRP 所在的平面上,在自 SgRP 点以下 25mm 到以上 76mm 之间的高度范围内的车门内表面之间的最小距离;

W7——转向盘中心 Y 坐标;

W9——后视图上,转向盘的最大宽度。

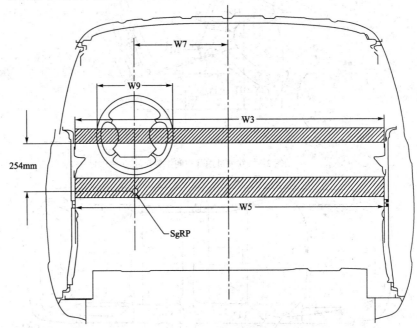

图 2-6 前排宽度方向的主要尺寸

前后排进出门头部的主要尺寸如图 2-7 所示,具体定义和解释如下:

H11——是指在前 SgRP 点 X 平面内,自 SgRP 到门开口上边的距离;

H12——是指在后 SgRP 点 X 平面内,自 SgRP 到门开口上边的距离。

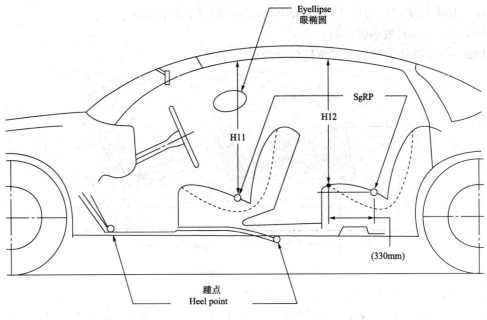

图 2-7 前后排进出门头部尺寸

四、操作舒适性

1. 操作舒适性的评判依据

关于操作舒适性项目的目标确立、规范制定以及设计审核都是基于人体尺寸参数来进行的：应用人体测量学、人体力学、生理学、心理学等学科的研究方法，对人体结构特征和机能特征进行研究，获取人体各部位的尺寸，人体各部位在活动时的相互关系和可及范围等人体结构特征参数，以及人体各部位的发力范围、活动范围、动作速度、频率、重心变化以及动作时惯性等动态参数，分析人的视觉、听觉、触觉，以及肢体感觉器官的机能特征，分析人在完成操作时的生理变化、疲劳程度以及对各种操作的适应能力。

人机的操作舒适性与其他工程技术不同，在于其独特的文化与人种差异在设计过程中的考虑，因此不能单纯地将国外的研究成果直接加以学习、移植或抄袭，而必须基于对本土的研究。例如，中国人种的体型身高与欧美不同，在进行本土汽车设计时，就必须使用正确的中国人体尺寸。又如，社会文化的不同会影响人与人的互动模式及人在面临状况时的决策判断。现在在国内出售的汽车，大部分的操控按钮指示文字都是英文或者英文缩写，中国客户往往对于这些英文的理解不同于以英语为母语的客户，这就引起了对于按钮功能的不同理解。

总而言之，汽车零件的操作舒适性主要从驾驶员或乘员的感受出发，通过以下几个方面对零件进行考核：

(1) 零件的位置是否合理：是否容易被驾驶员或乘员找到并使用，是否是他们熟悉的位置；

(2) 零件是否容易被触及：是否被安全带束缚而很难触及，是否触及的过程会被其他零部件阻挡；

(3) 零件表面的标识或指示是否容易被理解：驾驶员或乘员能否迅速看清楚标识并明白其功能；

(4) 操作空间及力的反馈是否合理：所有必需的手操作空间是否已经预留且足够，从操作到有反馈结果的整个过程是否合理（包括操作力的反馈和声音的反馈）。

运用上述四个方面来具体考核以下零件，考核的顺序可以按照客户进车后进行各项操作的先后顺序及使用的频繁程度来进行：

(1) 座椅调节按钮及安全带的使用操作舒适性；

(2) 所有驾驶员使用的按钮的使用操作舒适性；

(3) 组合仪表及显示屏的使用操作舒适性；

(4) 娱乐系统的使用操作舒适性；

(5) 空调系统的使用操作舒适性；

(6) 门内饰板上用手操作的零件的使用操作舒适性；

(7) 内饰顶衬上用手操作的零件的使用操作舒适性；

(8) 其余内饰零件的使用操作舒适性；

(9) 车门外开启把手及远程开启把手的使用操作舒适性；

(10) 发动机舱内经常需要维修零件的使用操作舒适性。

在给每一项评估结果作评价时，通常会使用主观打分，以便对优缺点一目了然，表 2-2 所示为主观评估的分值示例，仅供参考。

主观评估的分值示例　　　　　　　表 2-2

分　值	含义及描述
10	重新定义了基准,树立了行业标准
9	处于行业顶级竞争者行列,无明显缺陷
8	处于行业领导者的前 1/4,少许缺陷被忽略
7	可以和现有产品媲美,有一些已知和期待的优势可满足顾客期望
6	执行水平一般,无过人之处,比较普通
5	缺陷和弱势比优势明显
4	严重的有明显的缺陷,比优势多很多
3	未满足顾客需求和期望,无明显的优势
2	失败,需要很大程度上的重新设计以达到可以接受的程度
1	完全失败,不可能重新设计,"从这儿不可能达到目标"

2. 如何在整车开发过程中实现操作舒适性

在整车开发过程中的造型、产品设计到整车上市,人机的操作舒适性都起着至关重要的作用。要在整车开发中真正的实现舒适的操作性能,需要分三步走:

(1)基于竞争车型的前期测量和分析。在造型前期,可以测量竞争车型从而能更好地理解对手在产品设计中是否考虑了操作舒适性,他们的产品是否能满足中国客户的尺寸。现场评估可以直观地看到在空间局促时,竞争对手是怎样平衡空间的。基于实车测量数据,可以制定未来汽车操作舒适性的最高级目标值。同样也可以以主观评估打分标准来定义目标值。

(2)制订检查计划,约束造型和零件结构设计。在确定单一造型后到零件的正式产品出来前,运用所有的评判依据来约束造型和零件结构设计。各个汽车设计中心或公司可以大致的按照以上操作舒适性的四个考核方面,制订所有被考核零件的检查计划。为了更好地提高新车的竞争力,应当把前期制订的目标值转换成可贯彻执行的工程语言,通过三维数模或工程的限制断面来约束造型或具体结构。

(3)实车验证。在试制样车出来后进行现场评估,可按照客户正常进车的先后顺序,划分评估对象,确保所有可能操作的特征都得到评估。在正式的产品车上的最终验证也非常重要,因为制造及装配的误差对于改变原有空间或操作力有很大影响。后续一些改进的验证也为将来新项目积累经验和教训。

所以,要真正实现操作舒适性是一个贯穿整车开发流程的工程,只有每一步的控制都做到位,才能实现操作舒适的目标。

五、触觉、外观、内饰照明和颜色协调性

1. 触觉、外观、内饰照明和颜色协调性的概述

内饰设计的好坏直接影响到用户的使用乃至心情,从这个意义上来讲,汽车内饰设计尤为重要。与此同时,客户对于内饰外观设计上的要求也越来越高。因此,作为整车开发过程中的一项重要工作,针对内饰触觉、外观、内饰照明(包括内饰照明灯、车内显示屏和按键背光)和颜色等的协调性所进行的一系列主观和客观的评估工作也就显得越来越重要。

汽车人机工程对于触觉、外观、内饰照明和颜色的评估是为了验证其实际零件效果是否与其相应的技术规范相符,尽早的地发现问题、提出问题并进行改进。另外,由于近些年来,许多中高档轿车都陆续开始使用车载娱乐/导航系统等高科技电子产品,如图 2-8 所示为别克君越的 DVD 影音系统,因此这项评估也包括对娱乐/导航系统显示屏背光、颜色、字体等协调性的评估。

图 2-8 别克君越的 DVD 影音系统

1)触觉评估的检查点

触觉评估的检查点是所有乘客手可以接触到的零件表面或区域。在车内主要有以下两点:

(1)在座舱系统内(包括仪表板系统、座椅、副仪表板总成、门内饰板、地毯和顶衬等),所有可见的、可触及的外表面的触觉感知,包括零件的飞边、分型线和尖锐的倒角等表面质量;

(2)车内所有可供操作的电动按钮以及一些车内配备的电子触摸屏的按键,从按下按钮到电子设备开始执行指令的反馈时间,按钮的行程和操作力。不仅包括仪表台上各电子模块的控制按钮,还包括了门内饰板、顶衬、副仪表板以及电动座椅等的控制按键。

2)外观评估的检查点

外观评估的检查点是汽车座舱内所有可见外表面的造型设计、装饰零件的表面工艺质量及其在光线照射下是否因为刺眼而影响驾驶员的驾驶视野、零件之间的相互配合、面料材质、皮纹的深浅和纹理一致、车内桃木纹饰件纹理一致和连续、颜色和光泽度的一致等。图 2-9 所示是别克君越内饰的外观照片,可以从中了解到一些内饰零件的装饰效果以及对内饰零件外观的一些要求。

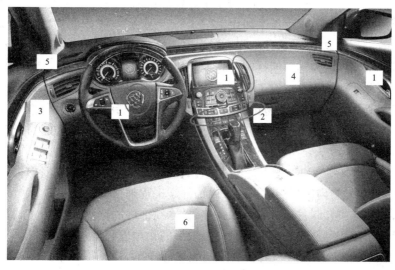

图 2-9 别克君越内饰外观照片

1-转向盘和中控面板上镀铬装饰的表面工艺质量;2-仪表板与副仪表板的搭接配合;3-门内饰板与仪表板包覆的匹配性;4-仪表板本体皮纹的深浅和纹理;5-仪表板和副仪表板上的桃木纹装饰件质量及一致性;6-座椅与门内饰板包覆的一致性和统一性

31

3) 内饰照明评估的检查点

内饰照明评估的检查点主要是车内用于照亮某些特定区域的照明灯、礼貌灯以及用于渲染气氛的环境灯。照明灯和礼貌灯都有明确的照明区域要求,目的是为客户的车内阅读以及特定范围内的乘员活动提供方便。例如有客户进出开门时的车内顶灯和车门地脚灯,想阅读文件时有前后阅读顶灯以及化妆镜灯。另外,为了方便乘员取物,很多的储物盒内都带有照明灯,如手套箱灯、烟灰缸区域照明灯、行李舱照明灯等。环境灯主要是为了烘托环境和点缀气氛,没有严格的照明区域要求,可以是一条光亮的灯带,也可以是一些单独的点光源。车内的照明在充分考虑了人体工程学原理后,其柔和舒适的灯光,为夜间驾驶增添了乐趣和良好的氛围。

4) 背光评估的检查点

背光评估的检查点是车内所有带背光的零件,这些带背光零件使驾驶员在夜间行驶时能够及时而准确地了解车辆的驾驶状态以及其他重要的驾驶和操纵信息,而且驾驶员还可以根据需要对背光的亮度进行调节。车内的背光零件一般集中出现在驾驶员操作区域的显示和控制模块上,如组合仪表,中央控制面板和排挡面板。人性化的背光设计让驾驶员在清晰阅读信息和识别操作的同时,也多了一份驾驶乐趣。

5) 颜色评估的检查点

颜色评估的检查点是内饰所有外观零件的颜色均匀一致性、连续性和协调性。颜色评估一般不单独进行,往往伴随外观评估、内饰照明和背光的评估一同进行,评估相同区域或相邻零件之间是否存在颜色差异,尤其对于电子零件还要特别关注不同电子模块之间的背光颜色是否一致,是否明显偏离要求的颜色等。

2. 如何在整车开发过程中实现触觉、外观、内饰照明和颜色的协调性

为了在整车开发过程中实现触觉、外观、内饰照明和颜色的协调性,应该在不同的开发阶段进行多次的主观评估。一般根据项目的车辆试制计划以及样件的改进计划来安排评估的具体细节、时间和次数。对于评估后改进的零件可先进行单个样件的评审,再统一安排整车评审。整车级评审的次数一般不应少于两次。

评估工作的主要内容:外观设计师在前期定义内饰的外观效果,包括各种塑料件和面料材质的颜色、皮纹和光泽度,内饰照明灯和背光零件的颜色和亮度等,然后由相应的电子及内饰工程师根据外观设计师的要求进行工程规范的制定,包括塑料件和面料的样板选择,灯光及背光颜色的色坐标值、亮度值及公差范围的定义等。样件出来后,工程师要先对样件进行评审,对比实际数据报告与工程规范,只有数据报告显示为符合要求的零件才能用于整车协调性评审,最后需要在整车环境下分别进行白天和夜晚状态下的整车评审。具体操作如下:

(1) 初期定义外观效果和工程规范。外观设计师需要在项目的初期对内饰各个区域零件的外观进行定义,并发布内饰外观效果图。内饰外观工程师根据设计师的要求发布外观图纸,这其中的内容包括各种塑料件、面料材质、镀铬、桃木纹饰件的颜色、皮纹和光泽度等。内饰灯光工程师以及电子工程师则需要定义符合灯光效果的物理值和公差范围。

(2) 评估之前的准备工作。提前获取不同配置的样车,检查待评审样车的零件状态是否正确。此外,还需要准备评估时使用的手电筒、光电笔、评估表格等。

(3) 白天状态下的内饰外观零件评估。在白天状态下,要对内饰的外观零件进行协调性评估,包括:内饰区域各零件之间的配合(间隙和平面度),型面的平坦与连续,内饰零件在材质、面料、皮纹、光泽度和颜色等方面的均匀一致性、连续性和协调性,镀铬装饰的外观视觉质

量,桃木纹饰件纹理的连续性。如图 2-10 所示为中央控制面板上的储物盒盖与副仪表板装饰面板的搭接,要求桃木纹饰件的颜色和纹理一致。对于特殊处理的内饰装饰零件还要评估是否会有光线照射下的反光和刺眼情况,这包括镀铬件、喷涂光亮浅色油漆的零件、显示屏和桃木纹饰件等,图 2-11 所示为喷涂银色装饰漆的中控面板,这种大面积的银饰漆处理容易引起日光反射刺眼的抱怨。图 2-12 所示为中控面板时钟的镀铬装饰圈,这也会反射刺眼的光。此外,还需要评估内饰控制装置的操作力是否合适以及操作反馈时间是否合理等。

图 2-10　相邻零件之间桃木纹饰件颜色和纹理一致性　　图 2-11　喷涂银色装饰漆的中控面板

(4)夜晚状态下的内饰外观零件评估。在夜晚或者模拟黑夜的环境下主要进行内饰照明以及背光的协调性评审,包括:带背光零件是否出现漏光或者背光过于刺眼,带背光操控零件的夜间可读性,所有带背光的电子控制模块或者显示屏幕的背光亮度和颜色的均匀一致性、连续性和协调性,以及车内所有的发光物体是否在前风窗或侧窗的外后视镜视野区内有反射影像产生,而影响驾驶员的夜间驾车安全。图 2-13 所示为驾驶员操作区域的电子零件背光效果,必须按照上述要求进行检查和评审。此外,还有相近功能的照明灯和礼貌灯的颜色是否分别一致,所有照明灯的照明区域和亮度是否能够满足乘员要求,调节亮度时所有内饰发光零件亮度变化的连续性和一致性。除了视觉上的评审内容,还要评估在夜间操作电子设备时的触觉和听觉。

图 2-12　中控面板时钟的镀铬装饰圈　　图 2-13　驾驶员操作区域的电子零件背光效果

(5)所有主观评估的结论和零件的理论数据都要记录下来,根据发现的问题罗列出问题清单,并与相关人员讨论整改方案,确定每个问题的责任人以及下次评估的时间。

六、车内有效储物空间

1. 车内有效储物空间概述

丰富的车内储物空间,不仅会令客户产生惊喜之感,还能很大程度上提高客户对整车的满意度。车内有效的储物空间是指有足够的开口尺寸和容积、手容易触及、使用方便、能很好地保持和保护被储物体、具有多功能性的储物空间。

例如2011年上市的雪佛兰爱唯欧(AVEO)拥有丰富的储物空间,想用户所想,真正做到了小身材、大容量的体贴设计。尤其在前排,它充分运用空间设计出了前门大容量地图袋,排挡前储物盒,副仪表板三杯托,副驾驶双储物盒,中控台储物盒及插卡槽,座椅下鞋盒,顶部眼镜盒等,图2-14所示就是爱唯欧的部分内部储物空间。

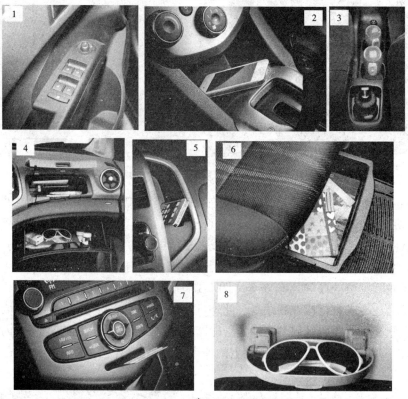

图2-14 爱唯欧部分内部储物空间

1-前门地图袋;2-排挡前储物盒;3-副仪表板三杯托;4-副驾驶双储物盒;5-中控台储物盒;6-插卡槽;7-座椅下鞋盒;8-顶部眼镜盒

2. 如何在整车开发过程中预留足够的储物空间

在整车设计全过程中有效储物空间的开发和设计需要细致和长时间的跟踪和努力,制订合理的目标,反复检查工程断面和造型,并在油泥模型和实车上再进行验证。这是一个反复的过程,主要是做好以下三步:

(1)前期预留储物空间。准备所有被定义的存放物体的数模,并提取各区域被存放物体的包络面用于指导最初造型面上的储物空间,使得在整车布置前期就预留了这部分空间。图2-15所示是在选定造型之前内饰各区域需要预留的储物空间,在造型和设计零件结构时应该充分考虑并预留这部分空间。为了使得新车在储物和运载能力上更具有竞争力,车内被存放物体的需求应当充分地听取该车潜在客户的呼声,这就需要对竞争车型进行实车测量,对车内所有储物空间的尺寸和优缺点进行测量和记录,并提出目标值。

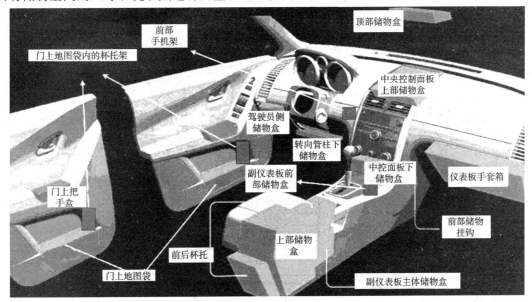

图 2-15 造型方案内饰区域预留的储物空间

(2) 中期适当调整储物策略。随着总布置工作和工程分析的深入,储物空间必然需要进行适当的调整,所以中期的反复检查和确认对确定储物空间的最终尺寸和容积起着至关重要的作用。人机工程师需要和总布置工程师和产品工程师有效沟通,及时了解空间布置状态并校核工程断面,如果发生工程结构或其他零件严重侵占客户非常关注的储物空间时,就需要从项目的角度进行全面平衡。而且在每个重大的项目节点都需要完成该阶段的状态总结。

(3) 实物测量和实车验证。试制样件出来后都需要进行测量和验证,以确保数模上的储物空间得以实现并且是能够有效储物的。除了在后期可能出现的由于制造带来的问题,大部分的问题都应在前(1)、(2)步时有历史记录并有确定的原因,因此在后期评估时发现的任何与先前校核不一致的问题都需要找出根本原因,并且确认最终的储物状态。

七、车内舒适的乘坐空间

1. 与乘坐空间相关的内部尺寸

与车内有效的储物空间一样,宽敞的乘坐空间不仅能使乘员感觉舒适,而且在某些特定情况下,甚至还可能直接影响客户的购买意愿,因此舒适的乘坐空间对于车内的乘客显得尤为重要。

影响车内乘坐空间的内部尺寸有很多,例如乘员头部空间、肩部空间、臀部空间、肘部空间、进出脚部空间和后排膝部空间等。图 2-16 所示为部分内部空间尺寸的示例。

各汽车研发机构都有各自的评判内部空间的依据,内部空间尺寸的大小很大程度上取决于车型的外观尺寸,预留内部空间应当尽可能考虑乘员的身高和比例。常规的空间布置工作还可以依据政府发布的区域人体第 95 百分位男子的尺寸来预留所需的乘坐空间。

2. 如何预留舒适的乘坐空间

为了确保舒适的乘坐空间,在整车开发的前期需要测量竞争车型,根据同档竞争车型的状况来确定新开发车型内部乘坐空间的目标值。这个目标值将在开发过程中指导并约束造型面和工程结构设计,在开发过程中会有种种原因导致一些设计无法满足内部尺寸的目标值,若发生这种情况则都应通过主观评估进行确认。最后,还需要在样车试制阶段通过对整车内部空间进行主观评估来验证内部实际乘坐空间的舒适性,同时也要通过实车尺寸测量来验证内部空间尺寸与目标值的符合程度。

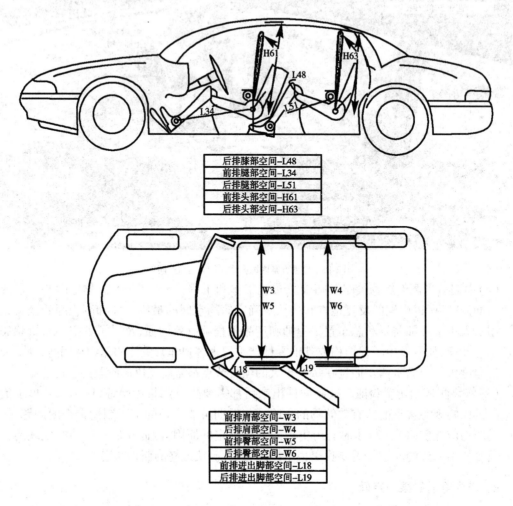

图2-16 内部空间尺寸示例

八、驾驶员的工作负荷

1. 显示屏位置对驾驶员的影响

在行车过程中,驾驶员需要判断路面情况、查看车辆动态信息和操作娱乐系统等,这些都被称作驾驶员的工作负荷。而当驾驶员处于工作负荷的环境中时,需要暂时把注意力从驾驶的前方视野转移至车内其他区域,例如组合仪表、车载导航设备的屏幕、娱乐设备的电子显示屏等,若视线离开前方视野太久、偏离太远,则就会给驾驶员带来较大的安全隐患。正是从安全驾驶的角度出发,人机工程要求在整车设计前期就要考虑合理限度的驾驶员工作载荷,即组合仪表、带显示屏幕的车载娱乐导航系统等所有关系到驾驶员工作负荷的电子元器件都应布置在合理的位置。

2. 如何减轻驾驶员的工作负荷

本节中所提到的显示装置主要出现在以下功能件中:

（1）车载导航系统；
（2）无线电系统；
（3）娱乐信息系统；
（4）驾驶员信息中心系统。

目前市场上销售的大多数车辆都配备了无线电、娱乐系统等功能件，而且在中高档车上还往往配备了较为高端的车载导航系统和驾驶员信息中心系统等功能件，这些功能件的显示屏和操作按钮等在进行整车空间布置时就需要考虑尽量减轻驾驶员工作负荷。根据美国和加拿大的国家高速公路交通安全管理局（NHTSA）对汽车制造商制定的专门标准，要求所有显示屏的中心要位于驾驶员眼椭圆中心向下 30° 的视角范围之内，以此约束相关电子元器件的布置位置来减轻驾驶员工作负荷，降低驾驶安全隐患。图2-17所示为显示屏中心与眼椭圆中心成 25° 的向下视角。

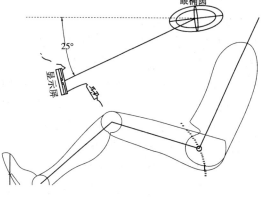

图2-17　显示屏中心与眼椭圆中心的25°向下视角

最后，所有的显示装置需要在试制样车阶段对其位置和操作进行主观评估，实车感受车内的这些功能件在驾车过程中的查看和操作对于驾驶员的工作负荷。总之，显示屏的布置是一个较为复杂的工作，需要在整车空间允许的条件下分析和计算出合适的位置。

九、座椅的舒适性

座椅的舒适性包括静态舒适性、动态舒适性和操作舒适性。静态舒适性主要研究座椅尺寸和调整参数；动态舒适性主要研究座椅的隔振减振设计、对身体的支撑部位和力度是否合理，使驾驶员和乘员的疲劳感觉达到最小化；操作舒适性主要研究座椅操纵装置的合理布局。

1. 汽车座椅的功能简介

汽车座椅是汽车内饰系统的重要组成部分，它的主要作用是：

（1）为人体提供良好的支撑。座椅提供给人体合理的压力分布，使得车辆在行驶过程中可以有效地保证人体的舒适性和平稳性。

（2）是驾驶员的"定位"系统。驾驶员通过调节座椅的位置可以获得良好的视野，还可以更加自如地操控汽车。

（3）为乘员提供舒适的乘坐环境。座椅中各种人性化的附属设备和一些豪华配置，能为乘员提供优越的乘坐环境。

（4）能够在汽车受到较大冲击时最大限度地保护车内人员的安全。合理的配置头枕和靠背，防止驾驶员或乘员的颈部以及头部在汽车发生碰撞时受到意外伤害。

2. 座椅的静态舒适性

目前，座椅的静态舒适性主要着眼于分析座椅的表面压力分布，按照座椅的组成分为坐垫的静态舒适性、靠背的静态舒适性和头枕的静态舒适性。

坐垫的静态舒适性应该先从了解人体在保持坐姿状态时身体各部位受到的压力开始。当人体处于坐姿状态时，臀部几乎承受着整个身体的重量，臀部在骨盆下面有两块骨，称为坐骨结节，这两块小面积的骨骼能够支撑人体上半身的重量，覆盖在它们外面的皮下组织能够获得丰富的动脉血液供应,因此能够更好的经受住持久的压力;然而与此不同的是臀部边缘静脉较多,血液循环不同,导致了很多情况下会发生的坐太久在臀部边缘部位容易产生肌肉酸麻的感觉。

因此,坐垫表面上的臀部压力分布应当是:坐骨结节处压力最大,以此为中心向外压力逐渐减小,直至与坐垫前端接触的大腿下表面压力最小。这就要求适当调节坐垫各区域的柔硬程度,坐骨部分的坐垫主要起支撑作用,它需要承受大约60%的施加在座椅上的人体重量,而坐垫的其他部分则应当适当柔软些,以便能够把人体重量均匀地分布在更大的受力面积上。另外,腿的主动脉在紧靠大腿下表面和膝盖后面的区域,任何长时间的、持续的压力都会给人体造成极端的不适应和肿胀的感觉,需要适当减小人体坐入座椅的深度或放大坐垫前部边缘的导角,以及采用较软的坐垫发泡材料等措施来防止这种情况的发生。另一方面,保证坐垫表面距离与地板的合理高度对于缓解腿部压力也能够起到一定的作用。

靠背的静态舒适性主要考虑靠背软垫对人体背部脊柱的支撑。当人体背部倚靠在座椅靠背上时,应当是肩胛骨和腰椎骨两个部位压力最高,由此向四周分布,压力逐渐减小,这被称为靠背设计中的"两点支撑"准则。合适的腰部支撑能够有效地减轻腰部及背部的疲劳和酸痛,反之,如果腰部支撑的位置或软硬度不恰当,则很容易造成腰肌劳损。考虑到人体身高的差异造成对于座椅腰托位置的不同需求,往往在中高档的车上都配备了具有腰部支撑调节功能的座椅,这使得座椅能够满足绝大多数人体的需求,使得驾驶员的腰部在驾车过程中能够获得良好的依托,有效地减轻了腰部的疲劳和酸痛。另外,为了使驾驶员或乘员在行驶过程中感受更多的来自座椅的侧向稳定感,通常需要在设计坐垫和靠背软垫时考虑边缘处的突起,即坐垫和靠背的侧向支撑,以此保证驾驶员和乘员在行驶过程中的侧向稳定感。

头枕的静态舒适性主要考虑座椅头枕对人体头部的支撑。座椅头枕设计时需要综合考虑对头部的支撑和保护,头枕的静态舒适性对头枕的上下高度和前后位置以及头枕发泡材料的软硬程度都有较高的要求,因此座椅头枕通常可以调节高度位置,而对于一些中高档的车则设计开发出更多功能的头枕调节方式,以满足客户对于头枕舒适性的需求。

座椅任何一部分的支撑不合理都有可能加剧驾驶疲劳,从而产生客户抱怨,所以每一部分的设计都应当非常谨慎,并通过反复评估试制样件来确认座椅能够达到的舒适效果。

3. 座椅的动态舒适性

在所有对于座椅舒适性的关注中,客户最关注的是动态舒适性,因为驾车过程对于客户来说是最真切的体会,座椅动态舒适性的优劣甚至可能会影响到客户的购买意愿。

座椅的动态舒适性与座椅以及人体的振动特性密切相关。座椅动态舒适性是指人体处于振动环境中所感受到主观上的相对舒适程度。影响振动舒适性评价的因素一般有三个:客观的生理学因素,主观的心理学因素和评价者的差异。人体对振动的响应可分为两个过程:一个是当振动传递到人体后引起的人体各部位的振动响应;另一个过程是由于人体被动的振动响应而引起的生理反应。第一个过程对应着客观物理评价,第二个过程对应着主观感受评价。

在整车开发过程中的座椅动态舒适性评估,需要结合座椅静态舒适性的有效执行在不同的时间节点进行主观评估路试。至少要保证三轮座椅路试,分别是项目前期对于竞争车型的座椅动态舒适性的主观评估路试、第一套座椅软模样件完成之后以及座椅正式产品样件完成之后。对竞争车型的评估是为了更充分地了解同档次车型的座椅舒适度水平,以此明确新车型座椅的舒适性目标。在第一套座椅样件制作完成后,可以安装在基础架构类似的车辆中进行模拟路试,初步评估座椅的骨架结构和造型是否满足座椅动态舒适性的要求。用于试制样车阶段的座椅产品样件可以直接在功能齐全的整车状态下进行路试,验证是否达到最初定义的座椅动态舒适性的目标。

路试需要邀请不同的人员参与,通常需要一个路试核心小组来完成组织、记录和整理。对于参与者的定义,不同的汽车制造商或技术中心可根据实际需求和具体组织结构进行安排,但是为了能充分模拟潜在客户的自身条件的不同,应该对座椅动态舒适性评估的核心小组成员的身高比例有一定的要求,具体数量和身材要求可以参考表2-3。

评估小组成员要求 表2-3

	百分比(%)	身材的范围(mm)	需要组员的数量
瘦小身材的女性	5~15	1499~1537	2
中等身材的男性和女性	16~84	1537~1834	3
魁梧身材的男性	85~95	1834~1882	2

参与评估人员会被要求在座椅动态舒适性评估的不同时间段,根据问题清单上的问题进行评分和反馈乘驾感受,不同的时间段的反馈分别对应客户坐进车内的第一感受、试驾感受、短中途驾驶感受以及长途驾驶的感受。

座椅动态舒适性路试的评分标准可以参考如下标准:

1分:太差了——立即停止该座椅的供应!完全不能接受。
2分:不舒服——有很大问题,必须改进。
3分:一般——有一些小问题需要改进。
4分:很好——非常好的座椅,略有瑕疵。
5分:太棒了——这是世界级的座椅,它超越了顾客的期望,重新定义了该档次车辆的新标准。

在路试结束后,需要及时总结所有评估人员的反馈意见,并组织相关人员召开会议,讨论此次路试的座椅能够达到的动态舒适性的分数,总结不足之处并提出长期有效的整改措施,然后根据座椅改进所需时间来确定下一轮座椅动态舒适性的路试时间。这个过程可能需要循环多次,使座椅的舒适性得到不断改进和确认,才能够达到客户对于座椅动态舒适程度的期望和要求。

第二节 法规标准和安全性能

一、汽车内饰的标准和法规

由于汽车事故造成的巨大损失,世界各发达国家都对汽车碰撞安全性做出了强制性要求,并建立了各自的法规。比较有代表性的有美国联邦机动安全法规(FMVSS)和欧洲法规(包括联合国欧洲经济委员会UN-ECE和欧洲经济共同体EU-EEC)。

本书只探讨内饰相关的汽车安全法规和标准。

1. 各国内饰相关法规汇总

ECE法规由各国自选,是非强制性的只针对机动车辆和零部件的汽车法规;而EEC指令则作为成员国统一的法规,是强制性的,并优先于本国法规,汽车方面的指令只是其中一部分。从法规内容上看EEC指令与ECE法规大多数项目基本相同。ECE法规已被大多数国家所接受并引入本国的法律体系中。

美国汽车安全法规将汽车安全问题分为三大部分即主动安全法规（编号以 1 开头）、被动安全法规（编号以 2 开头）和防火安全法规（编号以 3 开头）。内饰不涉及主动安全法规。

美国和日本的汽车安全法规比较接近，差别不大，但是欧美体系却存在很大差别。欧美和中国政府内饰相关法规汇总见表 2-4。

国家标准与欧美政府内饰相关法规对比　　　　表 2-4

法规名称	中国法规号	美国法规号	UN-ECE	EU-EEC
机动车强制认证（CCC）-内饰材料	CNCA-02C-060		E-Mark	E-mark
汽车内饰材料的燃烧特性	GB 8410—2006	FMVSS 302(89)		95/28/EEC
轿车内部凸出物	GB 11552—2009（等同 ECE/EEC 法规）	FMVSS201,201U 乘员车内碰撞保护及补充条款（201U）	ECE R 21.01	74/60/EEC（2000/4/EC），74/60/EEC（78/632/EEC 修订号）
汽车座椅、座椅固定装置及头枕强度和试验方法	GB 15083—2006	FMVSS207 座椅系统	ECE R17	74/408/EEC
汽车座椅头枕的性能要求和试验方法	GB 11550—2007(8)	FMVSS202	ECE R25	78/932/EEC
机动车成年乘员用安全带和约束系统	GB 14166—2003（等同 ECE R16）	FMVSS209	ECE R16	77/541/EEC
汽车安全带安装固定点	GB 14167—2006（等同 ECE R14）	FMVSS210	ECE R14	76/115/EEC
乘用车正面碰撞的乘员保护	GB 11551—2003*	FMVSS208	ECE R94	
乘用车侧面碰撞的乘员保护	GB 20071—2006（等同 ECE R95）	FMVSS214 侧门强度（侧撞保护）	ECE R95	
减轻转向机构对驾驶员伤害的碰撞保护	GB 11557—1998	FMVSS203	ECE R12	74/297/EEC
儿童约束系统	制订中	FMVSS213	ECE R44	
儿童约束系统安装固定 ISOFIX	制订中	FMVSS225	ECE R44	

* 等同于 FMVSS208 50kph 佩戴安全带时的乘员性能，包括油箱的强度。

注：(1) 头枕全球统一法规 WP29 GTR，一旦头枕全球法规正式批准，中国将会考虑实施或接受该全球安全法规。有两种可能：一种为直接选用 GTR 内容作为强制法规；另一种为推荐采用。

(2) 表中的标准请以当前适用的最新版本为准。

2. 我国法规现状

我国政府对汽车产品实施的是政府强制认证制度，即只有通过政府强制性认证，通过安全、排放等方面的强制性检验批准的车型才能在中国市场销售。

我国的汽车标准分为国家标准(GB 和 GB/T)、行业标准(QC)和企业标准。其中,国家标准中与保障人身健康和安全有关的、行政法规规定的强制性执行的标准定义为强制性标准(GB),除了强制性标准以外的国家标准成为推荐性标准(GB/T)。汽车碰撞安全标准属于强制性标准。

我国参照 ECE 法规体系建立了中国汽车技术法规体系(CMVDR),作为中国汽车产品车型认证的技术依据。

目前我国汽车产品认证中的政府强制性检验项目依据有强制性标准(GB)、中国汽车技术法规体系(CMVDR)和政府行政发文三种。汽车安全、排放检验项目在 CMVDR、国家标准中都存在,其中相同的项目在技术要求上是一致的。现已对汽车产品实行了 38 项强制性法规,其中包含了对座椅、安全带固定点、安全带总成等的要求。1989 年对整车碰撞安全性制定了国家标准:《汽车乘员碰撞保护》(GB 11551—1989)、《防止汽车转向机构对驾驶员伤害》(GB 11557—1989)。1999 年底发布了第一项技术法规:《关于正面碰撞乘员保护的设计规则》(CMVDR 294),到目前为止已发布了 40 余项 CMVDR。

3. 中国新车评价规程

为了能为消费者提供准确可靠的信息,同时鼓励生产者提高其产品的安全性能,世界上很多国家都采用了 NCAP(New Car Assessment Program)体系,即新车评价规程,由一个权威的机构或行业组织定期对市场上的新车进行比政府安全法规更严格的碰撞试验。C-NCAP 是中国汽车技术研究中心参照国外 NCAP(新车评价规程)制定的适合中国市场的新车评价规程。通过一套完整的试验和评价方法,将试验结果以量化的星级评价来表现,在对消费者提供车辆安全性能准确信息的同时,引导企业更加重视对产品安全性的技术开发,推动我国道路交通安全的改善。

C-NCAP 目前仅针对车内乘员的保护性能,即被动安全性进行评价。随着 C-NCAP 的不断发展,将逐渐增加车辆对行人的评价。表 2-5 为 2012 版 C-NCAP 与国外 NCAP 测试方法的对比。

C-NCAP 与国外 NCAP 测试方法的对比 表 2-5

国家	正面 100%重叠刚性壁障碰撞试验	正面 40%重叠可变形壁障碰撞试验	可变形壁障侧面碰撞试验	假人布置
中国 C-NCAP	50km/h	64km/h	50km/h	前排两个+后排1个
美国(NHTSA)	56km/h		62km/h(27°)	前排两个
美国(IIHS)		64km/h	51km/h	前排两个
日本 NCAP	55km/h	64km/h	55km/h	前排两个
欧洲 NCAP		64km/h	50km/h	前排两个

注:NHTSA——美国国家高速公路安全管理机构(National Highway Traffic Safety Administration);IIHS——美国高速公路安全保险协会(Insurance Institute for Highway Safety)。

2012 版 C-NCAP 的测试项目包括三种实车碰撞项目和一个加分试验项目——鞭打(Whiplash)试验,并将后排假人评价纳入评分,增加了儿童座椅评价。C-NCAP 测试项目、分值及星级对照,见表 2-6。

C-NCAP 测试项目,分值及星级对照　　　　　　　　　表 2-6

星级	得分	试验项目				加分项	试验得分要求
		100%正碰	40%偏置	侧碰	鞭打		
分值		0~18	0~18	0~18	0~3	0~4	
5+	≥60	✓	✓	✓	✓	安全带提醒装置 侧面气囊及气帘 ISOFIX ESC	假人的特定部位不能为 0 分; 后排假人的特定部位不能为 0 分
5	≥52 且 <60	✓	✓	✓	✓		
4	≥44 且 <52	✓	✓	✓	✓		每项必做试验,得分不能低于 10 分
3	≥36 且 <44	✓	✓	✓	✓		—
2	≥28 且 <36	✓	✓	✓	✓		—
1	<28	✓	✓	✓	✓		—

对于加分项,2012 版 C-NCAP 也由原来的三项改为四项,见表 2-7。

C-NCAP 加分项　　　　　　　　　表 2-7

加分项目			2009 版	2012 版
安全带提醒装置	驾驶员位置	听觉信号	+0.5	无变化
	前排乘员位置	具有座椅使用状态监测功能	+1	
		无座椅使用状态监测功能	0.5	
	视觉或听觉信号			
侧面安全气囊和气帘			+1	
ISOFIX			+0.5	
ESC(电子稳定控制系统) (提供技术报告及相关材料,管理中心审核)			—	+1
总加分			+3	+4

此外,行人保护、新的碰撞形式、主动安全评估、电动车辆碰撞性能评估也将在不久的将来逐步纳入 C-NCAP 评估体系。

二、内饰设计的安全性能要求

整车安全性能的表现与各子系统密切相关。内饰配置、空间布置、材料选用、造型设计等对最终的安全性能均可产生影响。内饰安全性能设计可分为以下几类:

(1)整车级别的安全要求。针对整车的汽车安全性能要求有很多,如《乘用车正面碰撞的乘员保护》(GB 11551—2003)、《汽车侧面碰撞的乘员保护》(GB 20071—2006)、中国新车安全评价规程(CNCAP)等。为了使整车级的性能达到一定的目标,通常各子系统如底盘、车身、内饰等在设计时都要进行相应的考虑。

(2)子系统级别和材料的安全要求。有些安全性能要求则是针对子系统的,如法规《轿车内部凸出物》(GB 11552—2009)就是针对内饰系统的安全要求,通过子系统试验来最终认证是否满足这些法规。还有些法规则针对材料,如《汽车内饰材料的燃烧特性》(GB 8410—1994)等。

下面几节就内饰设计中如何考虑各个级别的安全性能要求进行简单的介绍。

1. 内饰设计考虑整车安全要求

内饰设计必须要支持整车的安全性能要求,通常整车安全性能的开发是由整车安全集成部门来主持和协调。整车安全性能开发流程如图2-18所示。在项目初期,整车安全集成部门根据项目要求制订整车性能达标策略和方案;而后与各工程部门协调确认配置清单和设计草案。此时内饰零部件工程师要了解安全集成定义的配置及草案是否与目标设计和成本相符,如有较大差异,内饰零部件工程师与安全集成工程师共同讨论制订新方案。在零件设计阶段,整车安全集成工程师会对各阶段的设计方案进行评估,内饰工程师配合整车安全集成部门达到最终目标。

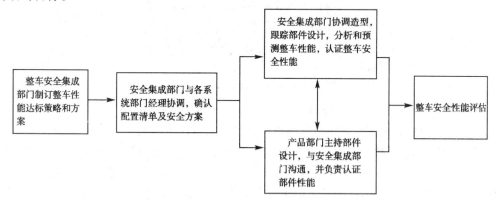

图2-18 整车安全性能开发流程

与此同时,内饰的任何造型、结构、材料和工艺更改均要考虑可能对乘员约束系统及整车安全性能的影响。例如:顶衬或A、B、C柱饰板的材料或工艺更改可能影响侧向安全气帘的展开和头部碰撞的安全性能,并且可能重做部分或整套零件、子系统及系统级的安全性能试验。也可考虑通过仿真分析模拟来验证新的材料或工艺。

内饰工程师进行车型设计之前,必须要了解项目的整车安全目标,并明确了解要实现这些目标内饰子系统及零件应该如何设计。不同的整车安全目标对内饰的配置、布置以及造型等有很大的影响。

1) 整车安全目标对配置的影响

内饰乘员约束系统的配置取决于整车安全目标和市场竞争的需求。例如:基于市场竞争的需求有些车型的侧向安全气帘是选装配置,但如果某车型要满足美国法规要求的性能评估,则侧向安全气帘必须为该车型的标准配置。内饰的安全装置的配置计划必须在项目开发初期协调项目、市场和安全集成等多方要求后确定。

2) 整车安全目标对总布置的影响

内饰安全集成在总布置时需要考虑以下几个方面:

(1) 乘员在车中的定位(设计位置)、可活动范围的定义、乘员与周边系统的界面都会影响到最终的安全性能。以座椅、仪表板、顶衬和遮阳板的关系为例(图2-19):乘员在车中的位置取决于座椅,如果乘员没有系安全带,在发生前撞时就会在惯性作用下继续向前移动,仪表板下饰板对乘员的膝部会提供一定的支撑,但乘员的上身会继续前移。因此在总布置时就要考虑乘员的头部运行轨迹,顶衬和遮阳板的位置必须位于这一运行轨迹之外,否则乘员的头部会直接撞到遮阳板,加大了乘员颈部的伤害风险。座椅设计和仪表板位置均可对头部运行轨迹产生影响,最终影响到顶衬和遮阳板的位置。

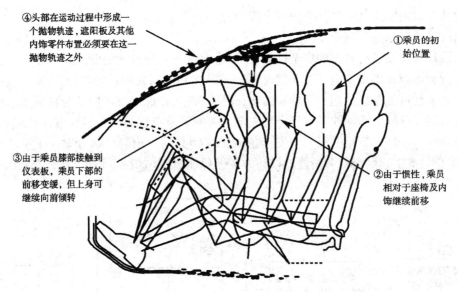

图 2-19　头部运行轨迹与遮阳板的关系

（2）和车上的其他零件一样，乘员约束系统也要求特定的布置空间。在项目开发初期，安全件工程师要配合总布置工程师确保乘员约束系统的布置。图 2-20 所示是针对安全气帘布置的例子，气帘一般布置在车身钣金与顶衬之间，项目初期要综合考虑气帘要求的布置空间、乘员头部空间、车身结构断面尺寸要求以及内外饰造型要求等。

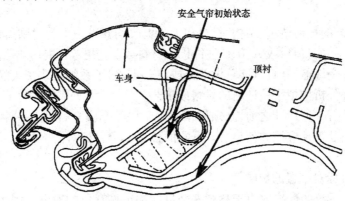

图 2-20　安全气帘布置举例

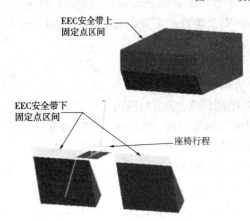

图 2-21　欧洲 EEC 安全带固定位置定义

（3）大多数乘员约束系统在车中的位置有特定的要求，否则不能满足法规或安全性能要求。如安全带固定点的位置，图 2-21 所示是欧洲经济共同体 EEC 法规对安全带固定点位置的定义，要求固定点的区域与座椅设计位置、行程和椅背调节范围直接相关；安全带高度调节器、扣锁和下固体点必须摆放在相应的区域里。再举一例：副驾驶员安全气囊布置时要考虑其展开过程中尽量不要打碎风窗玻璃；气囊模块在仪表板中的布置要与周边零件保持一定的距离，仪表板在头部碰撞试验时才可有足够的空间变形吸能;此外安全气囊门的位置及开启方式不应对移位乘员形成伤害。

(4) 内饰造型面与其他结构之间要预留足够的空间,用于内饰零件在碰撞过程中变形和吸收能量。例如:为满足侧撞中乘员保护性能要求,门内饰板与车身钣金之间要留有足够的变形空间;顶衬与车身间要留有空间布置吸能块以满足头部碰撞性能的要求;仪表板下饰板要留有膝部支撑区,用于吸能系统的布置等。

图 2-22 所示为前门饰板设计断面,所需要的最小吸能块厚度已体现在断面上,总布置需要在平衡乘员位置、肩部空间、肘部空间及其他要求时考虑这一要求。

(5) 某些内饰零件之间要预留足够的空间给碰撞过程中弹出的气囊,如果由于周边零件阻止气囊的正常打开,安全性能就会受到影响。如果车型配置有固定在座椅侧面的侧气囊,那座椅与 B 柱和门饰板间就一定要留有一定的空间为侧气囊展开区(图 2-23),展开区的定义要考虑座椅行程的所有位置。

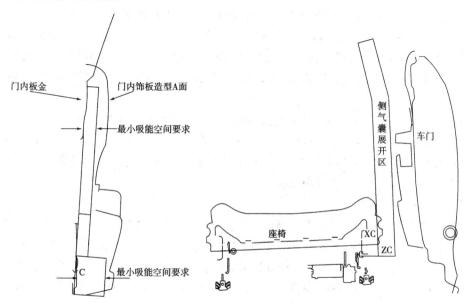

图 2-22 门内饰板最小吸能空间要求　　图 2-23 侧气囊展开区与座椅和门板的关系

3) 整车安全目标对造型的影响

安全性能要求会对内饰造型增加一些限制。有些法规对造型有特定的要求,如美国联邦法规 FMVSS202 对座椅头枕就有明确的规定;还有一些造型要求是基于以往工程设计的经验积累,如为达到安全性能仪表板下表面尽量要平,左右不能相差太大,以减低前撞时仪表板对乘员小腿的伤害风险。

图 2-24 所示是针对门内饰板造型的例子,左边的门饰板在侧撞过程中对乘员的臀部会给予一定的支撑,将施加于乘员的碰撞力分散,有利于安全性能;而右侧的门饰板造型会导致碰撞力过于集中在乘员柔软的腰腹部,对于安全性能非常不利。美国联邦法规 FMVSS214、韩国机动车辆安全标准 KMVSS100 对门内饰板在扶手区域的造型面要求都有明确的规定。

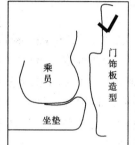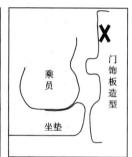

图 2-24 门板造型与乘员关系

4)整车安全目标对子系统的设计和性能的影响

整车级别的安全要求往往会在设计初期被分解到相关的子系统设计标准中,但产品性能的最终考核是在整车状态下完成的。由于安全性能是系统级问题,它不可能被绝对量化到对每一个零件的具体要求,所以不能保证仅仅满足子系统的设计标准则一定能满足整车状态的考核。达到子系统的设计标准只是促使整车达标的先决条件,但并不能保证整车一定达标。作为子系统或零部件工程师,要与整车安全集成工程师密切配合,根据系统的需要来调整最终的零件状态。

2. 子系统级别和材料的安全要求

有些安全性能要求是针对子系统,法规的最终评估也是通过对子系统的试验予以最终认证的。子系统工程师应对相关要求有充分了解。以座椅为例:美国有多项联邦法规对座椅有具体的要求,如FMVSS202对头枕的尺寸、位置、形状和强度有特定要求;FMVSS201要求座椅靠背要满足头部碰撞性能指标;FMVSS207对座椅的固定点强度有明确的规定等。

类似于整车级别的安全集成,子系统安全性能要求同样会对造型、总布置等有一定限制。例如:美国FMVSS202对座椅头枕的尺寸、位置和造型有一定的限制,因此设计初期座椅工程师应将相关的要求与造型部门沟通,随时跟踪、检验新的造型方案是否满足法规要求。

此外,安全性能对子系统零件的材料选择也有特殊的要求,例如对于有气帘或侧气囊配置的车型,在设计立柱饰板时,必须考虑由于气帘或侧气囊爆破产生的巨大冲击力对饰板零件的影响,为避免饰板零件受到冲击破裂飞出,对乘员造成人员伤害,在材料选择时,冲击性能尤其是低温冲击性能就成为重要的参考指标。

3. 轿车内部突出物

我国于1989年首次发布《轿车内部凸出物》(GB 11552—1989),为适应轿车技术不断发展的需要,该标准经过多次修订,目前实施的是GB 11552—2009。标准的全部技术内容为强制性,标准的实施进一步提高了轿车内部的安全性能,进一步完善轿车安全性标准体系。该标准对于新车型3C强制实施时间为2009年1月1日,对于公告车型实施时间为2012年1月1日。

本标准根据欧洲经济委员会ECE R21《关于机动车内部凸出物的认证统一规定》重新起草,考虑到我国国情做了一些修改。标准引用了已实施的《乘用车正面碰撞的乘员保护》、《汽车座椅、座椅固定装置及头枕强度要求和试验方法》、《机动车成年乘员用安全带和约束系统》等五个文件及2个资料性附录和6个规范性附录。标准主要包含以下几个方面的要求:

(1)除内后视镜之外的乘员舱内部构件、操纵件、顶盖、座椅靠背及座椅后部零件在突出物方面的要求;

(2)对电动车窗、顶盖系统及隔断系统的电操作要求;

(3)动态碰撞确认(规范性附录B);

(4)头部碰撞区确定(规范性附录C);

(5)柱状试验棒在天窗及车窗开口中典型位置(规范性附录E);

(6)测量凸出高度的方法(规范性附录F);

(7)吸能材料的试验程序(规范性附录G);

(8)用于"H"点之前,仪表板上下分界线之下区域的测量装置和程序(规范性附录H)。

我国 GB 11552—2009 不仅对头碰区域内的内饰零件提出圆角和高度要求,同时还要满足吸能要求。

该标准的实施,对内饰零件的设计在整车开发过程提出了新的要求。以上一节提到的内饰储物盒门盖设计为例:

储物盒如果布置在头碰区域内,则在造型阶段对零件边界、开关按钮及其他表面特征就必须进行校核,以满足国家标准规定的外观要求;在工程结构设计阶段也应进行必要的有限元分析,评估零件的结构性能及吸能性能(关于有限元分析见第九章);在样车试制阶段还需做必要的试验认证。

4. 试验认证和文件归档

内饰零部件工程师应确保子系统的试验认证计划已经包含所有安全相关要求,同时要确保试验认证计划的零件及进度要求。针对在美国销售的产品,由于整车厂有自行认证法规要求的责任,内饰零部件工程师要配合法规工程师做必要的文件归档。

第三节 尺 寸 配 合

世界各大汽车公司一直都在想尽各种办法提高产品质量、增强竞争力以取悦消费者,其中,有一个重要的环节就是内饰质量的提升。而汽车内饰质量提升的工作之一就是零件之间的尺寸配合(如间隙、直线度和平面度等),例如仪表板与门内饰板之间的间隙、A 柱饰板与顶饰之间的直线度、手套箱门到仪表板之间的平面度等。如今,这些微小的细节已经成为汽车内饰质量一个非常重要的指标。内饰零件与汽车音响、空调控制面板以及门把手的配合间隙越来越小,也越来越成为汽车厂家用来体现质量卓越的证明。

随着不同品牌汽车的总体质量差距缩小,汽车内饰就成了竞争的新战场。这场战争最终的目标是让汽车内饰各部分之间充分吻合,达到零距离。

为了达到卓越质量,内饰零件的设计对尺寸配合有严格的要求,而尺寸配合的好坏与开发过程中的尺寸管理有着密切的关系。

一、尺寸工程的工作步骤

尺寸工程是通过使用基于数据的工具和稳定的测量系统集成产品和工艺从而满足顾客要求的持续改进过程。尺寸工程工作遵守质量管理大师戴明的 PDCA 环,通过计划、执行、检查和行动的不断循环,持续改进尺寸配合直至客户满意,如图 2-25 所示。

按照工作内容分,尺寸工程一般包括尺寸技术标准(Dimensional Technical Specification,简称 DTS)、几何尺寸和公差图纸(Geometry Dimension & Tolerance,简称 GD&T)要求、测量系统和装车验证(整车尺寸评估)四大部分,如图 2-26 所示。

具体而言,尺寸工程工作的主要步骤有以下几点:

(1)整车尺寸技术标准(Dimensional Technical Specification,简称 DTS)——通过竞争对手分析、用户评审等方式收集顾客要求,根据造型设计特征制订尺寸配合的间隙、平面度、平行度等要求。图 2-27 所示是某车型手套箱的尺寸配合间隙分析示意图。

(2)相同基准定位策略(Common Datum Locating Strategy,简称 CDLS)——是使车辆达到 DTS 要求的重要尺寸文件。该文件描述了车身焊接总成与内外饰界面要求以及定位基准信息,从而指导整车、主要子系统、总成、分总成和零件如何设计和装配。

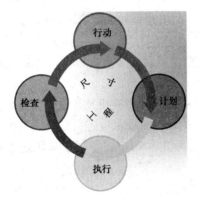
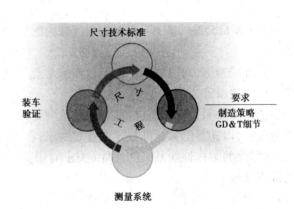

图 2-25　尺寸工程 PDCA 环　　　　　图 2-26　尺寸工程的主要组成

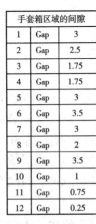
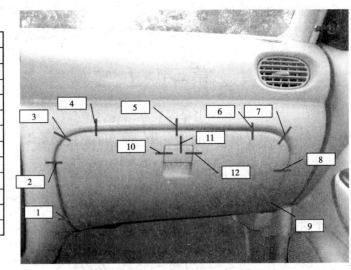

图 2-27　尺寸分析示意图

尤其值得指出的是，车身焊接总成对于内饰零部件配合有重要影响，因此对车身焊接总成有相应的形位公差要求，如安装面有轮廓度要求等。安装孔尤其是四向、两向定位孔有尺寸精度和位置度要求等。通常所有定位孔相对于车身内钣金基准的偏差要控制在 ±1mm 内。

在内饰的设计过程中要确保内饰零件定位方式和车身上的相应基准是一致的。图 2-28 所示是与立柱饰板相关的车身焊接总成尺寸要求。

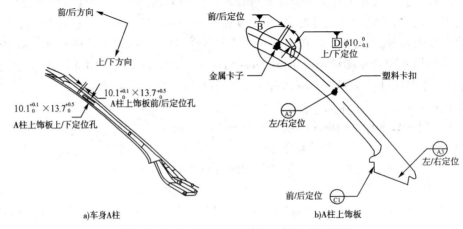

图 2-28　A 柱上饰板和车身的尺寸工程文件（CDLS）

制订合理的产品定位和装配基准策略以防止过定位和欠定位。

正确的定位基准设计(限制六个自由度)应遵循一面两销和 3-2-1 原则:

①一面指的是接触面,两销指的是四向定位销和两向定位销;通常接触面为主基准,四向定位销为第二基准,两向定位销为第三基准。

②3-2-1 原则,即主基准面至少 3 点接触,第二基准面至少 2 点接触,第三基准面至少 1 点接触。定位基准方案如图 2-29 所示。

内饰零件的基准通常为 A(第一基准)、B(第二基准)和 C(第三基准),由于内饰零件本身的尺寸精度也会影响装配和配合,所以对内饰零件上的孔都有精度和位置度要求,对整个零件还有面轮廓度、料厚度、切边轮廓度等要求。

(3)尺寸链分析——通过计算机模拟装车制造等方法评估产品和工艺,以确保达到尺寸标准要求。

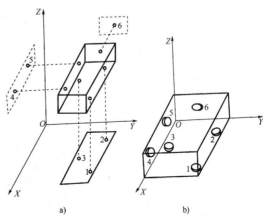

图 2-29 定位基准方案

(4)几何尺寸和公差图纸 GD&T 和测量点过程——GD&T 产品图纸记录产品的技术要求和尺寸要求,如基准、公差和关键特性等。通常 GD&T 二维图纸中包括关键产品特性点(Key Product Characteristic,简称 KPC)和产品质量特性点(Product Quality Characteristic,简称 PQC)的要求。

DTS 与 GD&T 图纸的关系可以描述为:DTS 驱动 GD&T 图纸,自 DTS 到 GD&T 的公差分配和 GD&T 到 DTS 的公差合成过程,如图 2-30 所示。

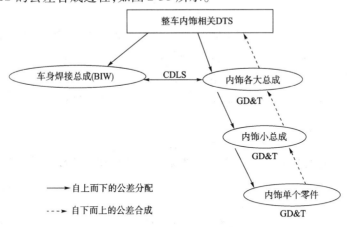

图 2-30 GD&T 图纸与 DTS 的关系

尤其注意的是应该将内饰主要的关注区域(如仪表板与门饰板的间隙等)作为产品质量特性点(PQC)(图 2-31)放入产品图纸进行控制。根据几何尺寸和公差图纸输入生成相应过程控制点(Process Monitoring Point,简称 PMP)图纸或计划。

(5)测量系统——使用零件检具、数据采集工具(如三坐标测量设备 CMM)、工程设计验证检具(IECF)等进行测量分析;在白车身上进行内饰产品零件的匹配检查。

(6)验证尺寸性能——在试装或试制车上进行尺寸问题的跟踪,根据线上装车的情况来判断问题并解决。

由于整车尺寸技术标准 DTS 是设计阶段与内饰关系最密切、最重要的步骤,下面将进行详细介绍。

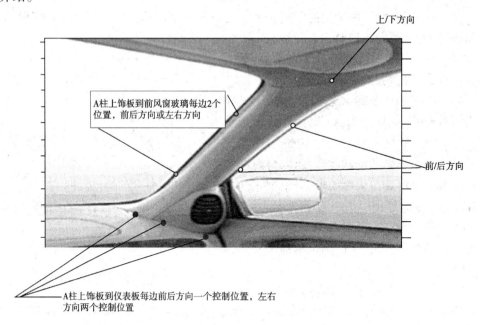

图 2-31　A 柱上饰板产品质量控制特性(PQC)位置示意图
○-PMP 点；●-PQC 点

二、整车尺寸技术标准(DTS)

1. 整车尺寸技术标准(DTS)概述

整车尺寸技术标准(DTS)定义所有影响客户满意度的配合间隙、平面度和对齐度等。它是整车开发的尺寸配合目标,是用以驱动产品设计、工艺过程及零件验收等与尺寸相关的各个过程共同努力而达到和满足客户需求的技术要求。

整车尺寸技术标准(DTS)是用于指导几何尺寸与形位公差(GD&T)图纸,同时也是整车质量检查规范的依据。

2. DTS 在整车开发过程中的分段及主要工作

DTS 在整车开发过程中可分为定义和分析阶段、开发和部署阶段、评估及验证阶段和维护阶段。

(1)定义和分析阶段的主要工作有:

①项目尺寸工程师与造型设计工程师讨论造型特征;

②项目尺寸工程师分析竞争对手车,结合造型特征定义产品的 DTS;

③项目尺寸工程师分析和识别不能达到竞争对手的 DTS 项;

④项目尺寸工程师完成的 DTS 名义值。

通常硬碰硬的两个零件之间定义名义值为 0.5mm 间隙,硬碰软的两个零件之间名义值为 0mm 间隙(如门板扶手开关面板与扶手的间隙),软碰软的两个零件之间设计上要有一定过盈量(如顶衬与遮阳板的间隙)。

(2)开发和部署阶段的主要工作有:

①制订零件的基准体系和安装方式;

②根据顾客要求和竞争车型研究确定名义值;

③进行尺寸偏差分析,制订偏差。DTS 指标中偏差值的最终确定都需要通过尺寸逻辑树分析和公差累积(尺寸链)计算;

④在产品数据正式发布阶段发布 DTS。(DTS 内饰尺寸技术标准示例如图 2-32 所示)。

(3)评估及验证阶段和维护阶段的主要工作有:

①参与工程样车、功能评估、预试生产和试生产等造车阶段,支持功能评估和产品工程师匹配问题的解决并维护 DTS;

②在 100% 开模数据发布时进行 DTS 正式发布并输出 DTS 给整车质量部门制订整车质量检验规范;

③投产时,通过产品工程更改文件修改最终的 DTS;

④监督和认可零部件供应商负责的 DTS。

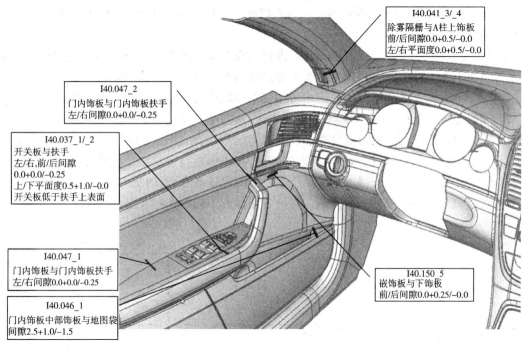

图 2-32　DTS 文件举例

第四节　噪声控制

一、内饰声学件设计

1. 概述

随着人们对汽车舒适性要求的提高,车内安静的环境成为汽车设计中的一个新课题。

除了风噪、胎噪,发动机、进排气管等系统工作发出的声音之外,汽车在行驶过程中各个零件也有可能产生振动发出声音。如果物体的复杂振动由许许多多频率组成,而各频率之间彼此不成简单的整数比,这种频率和强度都不同的各种声音杂乱无序组合而成的声音就是噪声。噪声会影响乘客的乘坐舒适性,使人产生厌烦情绪。

2. 噪声控制

要有效的控制噪声,首先需要了解影响噪声的主要环节。

噪声源、传播途径和接收者三个环节是噪声控制中必须考虑的,所以噪声控制实际上也就是从这三个环节加以控制:

(1)噪声控制中最根本和最有效的是声源控制,近年来备受重视。研究各种声源的发生机理,从而控制和降低噪声的发生是根本性措施。对于汽车设计而言,降低发动机、进排气系统的噪声;采取隔振、阻尼处理等减小振动能量传递或减小振动、增加消声器等是目前采用的较有效方法。

(2)传播途径控制是最常用的方法,因为当汽车发动机、进排气系统、整车架构一经确定,再从声源上来控制十分有限。但是从噪声的传播途径上控制可得到明显效果。如隔声、隔振处理等措施。

(3)吸声处理是降低车内噪声的又一有效措施。它通过直接吸收声能而降低室内的混响声,从而达到降噪的目的。

在整车设计中,由于发动机、整车架构、进排气系统等影响噪声源部分能做的改动十分有限,所以整车的车内减振降噪目标主要还是通过对内饰件的声学设计来完成。

当汽车行驶时,进入到车内的噪声来源很多(图2-33):发动机噪声、风噪、轮胎和道路摩擦噪声、底盘零件产生的噪声、道路上的其他声音,这些噪声源从各个渠道传播到车内,给人造成不舒适感,内饰声学设计的重点是在这些渠道上进行堵截,使进入到车内的噪声尽可能少。对于采用声学措施仍无法阻挡而进入车内的噪声,在车内还需要设计一些吸声材料,尽可能的吸收这些声音,给乘客一个安静的环境。根据以上的设计概念,车内噪声的处理上一般分为吸声处理、隔声处理和减振处理三种方法。每种方法都有不同的作用及适合的频率范围。

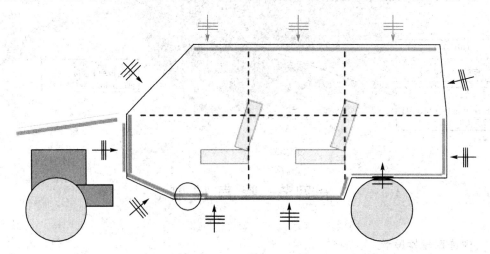

图2-33 车内噪声来源示意

1)吸声控制

吸声的原理是声音在通过吸声材料时,声波与材料的多孔结构或者是特殊吸声结构发生摩擦,从而使声音能量部分转化为热能,达到吸声的效果。声音的波长、声速和频率的关系如式(2-1)所示。

$$\lambda = \frac{c}{f} \tag{2-1}$$

式中：λ——波长；

  c——声速，$c=343\text{m/s}$；

  f——频率。

表2-8中列出了在声速为常量的情况下声音的频率和波长的关系：频率越大，波长就越短。

主要的声音波长和频率的关系 表2-8

频率(Hz)	波长(mm)	波长(in)
125	2744	108.0
500	686	27.0
2000	172	6.8
8000	43	1.7

一般而言，材料厚度至少要达到波长的1/10才能起到吸声效果，并且材料的流阻（空气流动性）也会决定吸声效果。空气流动率太大的材料，声波很容易通过，对声音能量的吸收很小。空气流动率太小的材料，声波几乎不能通过而被反射回去，对声音能量的吸收也很小。

在整车中，可以运用吸声处理的区域很多，如图2-34所示。根据区域的不同，可将汽车内运用吸收处理较多的区域分为两部分，一部分是发动机舱内的吸声设计，一部分是乘客舱内的吸声设计。

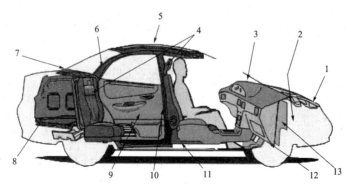

图2-34 车内吸声处理区域

1-发动机罩吸声垫；2-发动机舱吸声垫；3-仪表板；4-座椅；5-顶衬；6-填充块；7-衣帽架；8-行李舱饰板；9-门饰板；10-立柱饰板；11-地毯；12-仪表板下隔声垫；13-前围隔声垫

由于发动机的噪声很大，离前围板又很近，前围隔声垫很难将噪声完全隔离在乘客舱外，所以在发动机舱内做一些吸声处理，先将发动机等产生的噪声消耗掉一些，这样进入到乘客舱内的噪声会相应的减少。

由于发动机舱内工作环境恶劣，温度高，灰尘大，所以吸声材料需要使用阻燃、耐热、疏水的材料。目前使用得最多的是玻纤毡，双面覆盖无纺布热压成型，也有的车型使用棉毡热压成型。因为材料的厚度对吸声效果起很大的作用，所以在设计零件时，要尽量留有足够的厚度。图2-35所示说明了相同情况下，厚度越大的材料所贡献的吸声系数越大。所以为得到一个良好的吸声效果，需要在尽可能多的区域使用吸声材料，使发动机能被吸声材料包围。如发动机罩内侧、前轮罩内侧、前翼子板内侧、前围板发动机舱侧等区域。

对于乘客舱内的吸声处理就比较广泛了。虽然在地板、前围板等区域都放置了隔声材料

(PVC/EVA),但是仍然不能将声音完全隔绝在乘客舱外,对于进入乘客舱的噪声,要想办法将它吸收掉。目前有效的吸声材料布置区域有仪表板/副仪表板内侧、门饰板内侧、行李舱饰板、顶衬、后衣帽架、座椅等。需要注意的是顶衬和座椅的设计,设计顶衬时,为了使声波能更好地被基材以及透过基材被基材背面的吸声材料吸收,在选择基材时要考虑材料的空气流动率。对于座椅而言,如果是皮革座椅面套,由于皮革类材料结构致密,声音很难透过而被里面的发泡层吸收,所以,最好在皮革座椅面套上打孔,让声音透过去被发泡层吸收。

吸声材料的吸声性能不仅与材料的厚度、密度等有关,而且与材料距刚性壁的距离有关。如果将吸声材料与刚性壁之间离开一段距离,使多孔性材料与板壁之间留有适当厚度的空气层,则其吸声系数将会有所提高。图2-36所示为10mm的吸声材料后面分别为0mm、5mm、10mm、15mm、20mm的空气层时的吸声系数。需要注意的是,在高频区域波动较大,吸声效果不大。

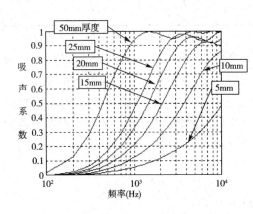

图2-35 不同厚度纤维材料的吸声曲线　　图2-36 相同厚度材料及不同的空气间隙的吸声曲线

总之,影响吸声性能的因素有很多,主要的因素有:在吸声材料和钣金之间的空间、吸声材料的厚度和密度、吸声材料的孔洞、吸声材料的散热性及吸声材料是用什么样的表层材料(一般分三类:无表面的,表层是致密隔膜的如铝箔、涂层、无纺布等和打孔表面的)。常用于汽车吸声的材料有:开孔聚氨酯泡沫、玻璃纤维、针刺纤维毡、聚酯纤维毡、聚丙烯纤维毡以及其他人造纤维和天然纤维毡等。

2)隔声控制

声音在传播过程中遇到障碍物时,由于介质阻抗的改变,一部分被障碍物反射,一部分在穿过障碍物时被吸收,还有一部分透过障碍物,从车外传到车内。若入射声波单位面积的总能量为 I_1,除去反射和吸收的声能外,透射声强为 I_2,定义透射系数 $t_w = \dfrac{I_2}{I_1}$,传递损失 TL 为

$$TL = 10\lg \frac{1}{t_w} \tag{2-2}$$

传递损失 TL 值越大,隔声性能越好。传递损失只与障碍物本身的物理特性有关。所以在汽车内饰声学零件的设计中,选用不同材质和结构的材料所得到的隔声效果也不同。

(1)单层墙的隔声。汽车钢板对外界的噪声有一定的阻隔作用,钢板的厚度、结构、密度等对 TL 的贡献有密切的关系。图2-37所示表明了隔声层对声音能量的阻隔作用。

如图2-38所示,钢板的厚度越厚,密度越大,所获得的声音传递损失值也越高。当钢板从

0.8 mm 增厚到 1.6 mm 时,声音传递损失值提高了 6 dB。

在内饰件设计中,通常高致密材料的隔声性能比较好,例如 EVA、热塑性烯烃(TPO)等橡胶类材料。材料的密度越大、厚度越厚、材质越均匀对声音的阻隔性能就越好。通常在车身上粘贴或者焙烘的隔声垫就能有效地阻隔车外噪声进入车内。

图 2-37 单层墙隔声示意图

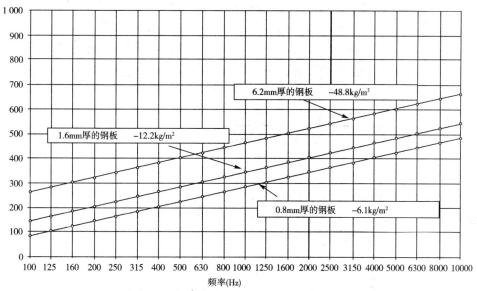

图 2-38 钢板厚度和声音传递损失的关系

(2)双层墙的隔声。双层墙可以提高隔声效果。在声波作用下外墙的振动不是直接传递给内墙,而是先通过空气隔层或内填充松软的吸声材料,所以振动是在减弱状态下传递。在声音传递损失(TL)相同时,双层墙与单层墙相比,可以把墙的质量减小 2/3 ~ 3/4。反之,双层墙要比在同等质量下的单层墙隔声效果要提高 0 ~ 3dB。图 2-39 所示简单地表示了双层墙隔声的原理。

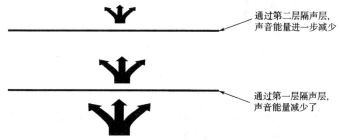

图 2-39 双层墙的隔声示意图

采用双层墙进行隔声,其声音传递损失值近似等于每层墙的声音传递损失值之和,如图 2-40 所示。

这种技术一般用于汽车车身设计,在一些高档的车型上通常会使用双层的钢板,并且在钢板之间填充发泡层来增强整个车身的隔声性能。

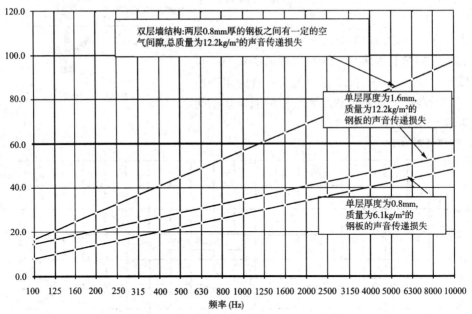

图 2-40 单/双层钢板和声音传递损失的关系

（3）内饰件复合结构的隔声。内饰隔声件的双层结构是指在隔声垫和车身钢板之间填充一层物质（发泡或者纤维），这层物质会产生类似于弹簧共振的效果，使得噪声声波在通过这层物质时，被这种共振效果损耗掉大部分能量，从而达到降低车内噪声的目的，如图 2-41 所示。

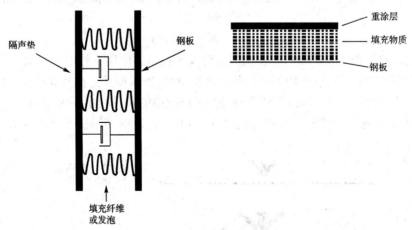

图 2-41 复合隔声结构示意图

为了提高内饰件的隔声性能，在设计时通常会将类似的结构使用在噪声比较大的区域，如车地板、前围板、后座椅等区域。常用的隔声材料见表 2-9。

常用隔声材料 表 2-9

隔声件	典型材料	常用厚度（mm）	影响隔声效果的因素
隔声层	EVA，PVC，EPDM，EVA/沥青混合物，可填充碳酸钙或硫酸钡来增加密度	1.5~5	单位面积质量（kg/m²） 硬度适中

续上表

隔声件	典型材料	常用厚度(mm)	影响隔声效果的因素
吸声填充材料	天然纤维,合成纤维,PU软泡,PU硬泡、废纺毡	6~50	增加厚度 降低动态稳定度(Dynamic Stiffness) 合适的气流阻力
钢板	钢	0.5~1.2	单位面积质量

(4)隔声设计应注意的几点:

声音传递损失与隔声垫/复合结构的隔声垫对钢板的覆盖率有关。

随着覆盖面积的降低,传递损失的值也会随之降低。从图2-42所示的声音传递损失曲线可以看出,2%的覆盖面积减少,都会引起声学性能很大的降低。

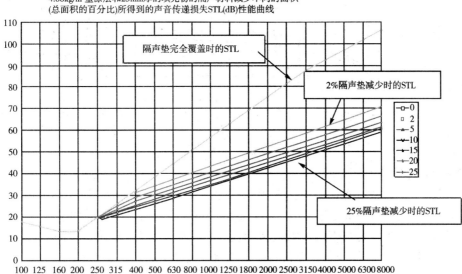

图2-42 声音传递损失声学曲线

所以在内饰声学件设计时,要尽可能多的覆盖钣金的区域,否则隔声效果会受到很大的影响。例如在后座椅区域,如果地毯不能完全覆盖整个车身地板,则需要在此区域和后轮罩上设计重涂层加复合材料层这种结构的零件覆盖钣金,否则不论地毯做得再好,地板隔声效果也会因为未完全覆盖而大打折扣。

另外,漏洞对隔声性能的影响也非常的大,如图2-43所示。

因此在设计时需要将出现孔洞的地方堵住。例如在车身前围板上的隔声件,由于从发动机舱到乘客舱之间有很多线束、拉索等,所以前围隔声件上必须开孔供线束、拉索等零件通过,但这些孔如果不密封的话会对隔声性能产生很大的影响,因此在线束上还应设计一些橡胶塞,用于密封这些孔洞,避免隔声性能降低。

3)减振控制

以上所提到的噪声都是通过空气传播的,通常将这类噪声称为空气噪声(Airborne Noise)。噪声源除了向周围的空气媒质辐射噪声外,还能通过它的基础将振动传递,形成固体声。由发动机、排气系统、感应器(Induction)等系统所产生的机械振动并通过与车身的连接处传递到车身,而使车身振动产生的噪声称为固体声(Structure-borne Noise)。

很小的孔导致传递损失大幅下降
同一个双层墙结构的隔声垫在孔的不同尺寸下的传递损失曲线

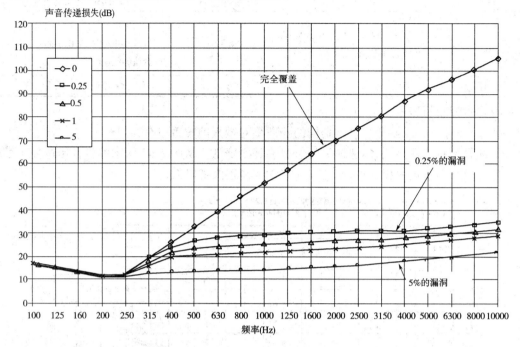

图 2-43　声音传递损失声学曲线（小孔作用）

一般而言,影响这类噪声的因素有以下几个方面:

(1)硬度。车身结构、界面的连接方式、悬架、排气和感应系统、发动机、动力传递系统、轮胎等都是影响结构噪声的重要硬度因素。它们的硬度能直接影响噪声的传递。

(2)质量。发动机、冷凝器、散热器、风扇模块、电池、吸能横梁、座椅、油箱等零件因自身的质量很大,所以这些零件的布置及自身的设计对结构噪声都起到很重要的作用。

(3)阻尼。除了上述因素之外,在汽车结构中还有很多零件对结构噪声起到阻抗的作用。例如:减振器、水压装置、阻尼板、双层钣金结构、应用于车身钣金上的阻尼垫等。

内饰声学设计用得最多的是阻尼,最简便有效的是阻尼垫。阻尼垫是将阻尼材料制成板材贴在钣金上,或是将阻尼材料直接涂于钣金上,然后烘烤使之贴附于钣金。

阻尼材料是具有较高力学能耗的高分子材料,如沥青、橡胶、聚丙烯酸酯、聚丙烯酸等。涂敷了阻尼涂料的结构发生振动而辐射噪声是通过材料的黏性内摩擦将部分机械能转变成热能,从而达到减振、消声的目的。材料的阻尼特性用损耗因子 η 表示。η 与振动经历一个弧度相位角的时间内所耗损的能量成正比。几种隔振材料的阻尼比 η 值见表 2-10。

几种隔振材料的阻尼比　　　　　　　　　　　　　　　　表 2-10

隔 振 材 料	η
金属弹簧	0.005 ~ 0.01
天然橡胶	0.025 ~ 0.075
丁腈橡胶	0.075 ~ 0.15
氯丁橡胶	0.075 ~ 0.15

注:防振橡胶的阻尼比常随着硬度增加而增加。

一般而言,只要是能引起共振的结构,使用阻尼材料都能得到显著的效果。阻尼能降低共振时的振幅,降低瞬变导致的衰变时间。

二、降低异响的设计

1. 防止异响的设计

异响是指那些引起厌烦、不安、干扰等不满足质量要求的声音。异响可能引起顾客不满甚至要求返修。因为造成异响的因素很多,所以通常很难准确定位异响的发生位置及原因。目前在汽车内饰件设计中常用避免异响的方法是在设计时运用一些经验值。例如在前风窗玻璃和仪表板之间要保留一定的间隙,避免在车身振动过程中零件产生振动而相互碰擦引起异响。以及设计时尽量避免两个硬表面的零件发生接触。如果实在无法避免,则需要在二者之间加一些软质的东西以避免异响产生。为了防止轿车在运行条件下产生异响,通常要遵循以下一条或多条原则:

(1) 留有足够间隙——在车辆运行(苛刻的路况,不同的发动机工况)和制造工艺及公差的变化下零件不能相互接触。

(2) 采用隔断措施——比较接近或接触的零件必须采用隔断材料。常用的隔断材料有:泡棉、毛毡、套管、橡胶减振块、热收缩管、尼龙垫片、胶带(布料、聚酯薄膜、氨脂)、密封焊接、润滑剂(油或脂)、涂层、植绒等。

(3) 结构强化——零件和子系统必须设计有足够的强度、刚度和减振特性以保持形状和避免共振。举例:仪表板横梁(CCB)、加筋、材料厚度、材料选择、合成物、工字梁等。

(4) 可靠固定——零件必须可靠固定防止运动。举例:焊接、热铆接、卡扣、铆钉、螺栓、胶带、黏结剂、弹簧垫圈等。

对于内饰还要考虑材料的相容性,如 PVC 材料容易和钣金和其他塑料件发生摩擦异响,如果可能的话,要尽量避免在有钣金和塑料件的区域使用 PVC。

2. 异响的测试

因为大多数异响都是主观的,所以非常难以量化,一般的测试或评估方法都是让专业人员去听。测试对象是在振动台架上的零件子系统或是在不同道路上(如绳索/橡胶路、沥青路、混凝土路、条形路和扭曲路等)的车内异响。根据异响严重程度可分为几个等级,表 2-11 是车内异响评判表的示例。

车内异响评判表示例 表 2-11

评分 RATING	表现 PERFORMANCE	严重程度 DISTURBANCE	检测 DETECT	引起顾客退车的比例 RATIO OF CUSTOMERS RETURNING VEHICLE TO DEALER
1	极差 Very bad		失效 Non-Operational	所有顾客 All
2	差 Bad	严重 Severe	影响功能 Limited operation	所有顾客 All
3	非常不好 Very poor		所有顾客认为是很差的缺陷 Rated as bad failure by all customers	所有顾客 All
4	不好 Poor	恼人的 Annoying	所有顾客认为是缺陷 Rated as failure by all customers	大多数顾客 Most

续上表

评分 RATING	表现 PERFORMANCE	严重程度 DISTURBANCE	检测 DETECT	引起顾客退车的比例 RATIO OF CUSTOMERS RETURNING VHEHICLE TO DEALER
5	不满意 Unsatisfactory		所有顾客认为是烦人的 Rated disturbing by all customers	一般的顾客 Average
6	可以接收 Acceptable	轻微 Light	能引起所有顾客注意 Noticeable by all customers	挑剔的 Critical
7	满意 Satisfactory		能引起某些顾客的注意 Noticeable by some customers	挑剔的 Critical
8	好 Good	需仔细听 Trace	挑剔的顾客才能注意到 Noticeable only by critical customers	挑剔的 Critical
9	非常好 Very good		只有受训的评审员才能注意到 Noticeable only by trained evaluators	不应引起抱怨 Should not be a complaint
10	极好 Excellent	无 None	甚至受训的评审员也不能注意到 Not noticeable even by trained evaluators	不应引起抱怨 Should not be a complaint

第五节　轿车内饰散发性能

随着生活水平的提高，人们不仅关注室内空气质量，更是把眼光转移到车内空气质量上。通常车内的主要污染物如图 2-44 所示。

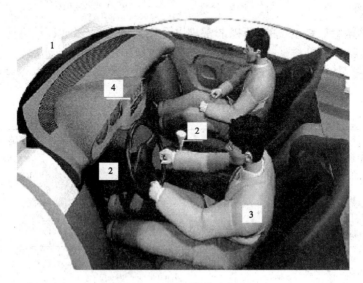

图 2-44　车内污染物示意图

1-汽车发动机产生的一氧化碳、汽油气味；2-新车内饰材料中的甲醛、丙酮、二甲苯等有毒气体；3-人体自身污染以及车厢内存在着大量的细菌以及胺、烟碱等有害物质；4-车用空调长时间不清洗护理所产生的有害物质

中国室内装饰协会室内空气监测中心对 200 辆汽车进行的检测结果发现，若参照室内空气质量标准，有近 90% 的汽车都存在车内空气甲醛或苯含量超标问题，而且大部分车辆甲醛

超标都在5部以上,其中新车内的空气质量最差。

为了控制和改善新车内的空气质量,各主机厂对车内气味、雾翳、总碳挥发和甲醛作了相应的要求。目前国家环保总局《国家环境友好汽车实施方案》中对车内空气污染物浓度限制有:甲醛($HCHO$)、苯(C_6H_6)、甲苯(C_7H_8)、二甲苯(C_8H_{10})、乙醛(CH_3CHO)、丙酮(CH_3COCH_3)等有机物质,国家环保总局发布的《车内挥发物有机物和醛酮类物质采样测定方法》已于2008年3月开始实施。

一、车内主要污染物介绍

目前车内空气质量主要的评判指标有气味、雾翳、总碳挥发(Total Volatile of Carbon)和甲醛。

1. 气味及危害

气味是人对环境的主观评价,会对人造成心理和生理影响。恶臭物质会引起气味的超标。

恶臭物质:是指一切刺激嗅觉器官引起人们不愉快及损坏生活环境的气体物质。

恶臭性质:恶臭物质的气味,不仅取决于它的种类和性质,也取决于它的浓度。通常把正常人勉强可以感觉到气味的浓度,即恶臭的最低嗅觉浓度称为嗅觉阈值。一般情况下,人的嗅觉对多数恶臭物质的嗅觉阈值都在10以下。

恶臭物质可以给人的感觉器官以刺激,使人感到不愉快和厌恶,造成心理上的负担,感到压抑。只要有微量的恶臭物质进入环境,就会使人感到不舒适,出现头痛、头昏、恶心、呕吐、精神不集中。恶臭物质会危害呼吸系统、消化系统、内分泌系统及神经系统。

2. 雾翳及危害

液体化合物沉积在物体表面,这一现象称为雾翳。雾翳物质主要来自车内所使用的各种聚合物材料中低分子量物质冷凝在车内各部件表面,影响制品外观。尤其是当有机物冷凝在车窗玻璃表面时,会导致窗玻璃模糊,使其能见度降低,影响驾驶员视线,危及驾驶员及乘客安全。

3. 总碳挥发及危害

根据世界卫生组织(WHO)的定义,挥发性有机物(VOC)是在常压下,沸点为50~260℃的各种有机化合物。VOC按其化学结构,可以进一步分为:烷类、芳烃类、烯类、卤烃类、酯类、醛类、酮类及其他类等。挥发性有机物是车内一类主要污染物,目前,在车内已鉴定出100多种,其中,苯系物(包括苯、二甲苯、甲苯)、各种烷烃类、醇类、醛类比较常见。

车内挥发性有机物总量(TVOC)具有累积性、长期性和多样性的特点。由于车内环境是相对封闭的空间,内饰件材料所释放出的有机散发性气体随着释放时间的延长,会在车内累积,导致污染物浓度升高。若长期作用于人体,会严重影响人体健康。内饰件的制造需用到多种高分子材料,每种材料所释放出的VOC都不尽相同,导致了车内VOC种类的多样性。

4. 甲醛及危害

甲醛也是挥发性有机化合物,但甲醛易溶于水,与其他挥发性有机化合物有所不同。因此,常把甲醛与其他挥发性有机化合物分别阐述。

甲醛是一种重要的有机原料,主要用于塑料工业、合成纤维、皮革工业、医药、染料等。因其价格低廉、应用广泛,几年以来我国的甲醛产量成逐年递增的趋势。其无色、具有强烈气味的刺激性,能与蛋白质结合,对人体健康危害主要体现在以下几个方面:刺激作用、致敏作用、致突变作用、致癌性,以及头痛、恶心、失眠、记力减退、植物神经紊乱等多种不良症状。

二、与散发性能相关的主要内饰零件

汽车的车厢状况跟室内有很大差异,比如夏天车内材料在烈日下封闭暴晒几个小时后,有害物质大量挥发,浓度可能会增加数倍,而室内环境在同样气温条件下就不会出现这种情况。由于汽车空间窄小,车内空气量本来就不多,加上汽车密闭性好,因此,汽车内有害气体超标比室内有害气体超标对人体的危害程度更大。

车内甲醛、VOC 等有害散发物主要来源于塑料件、地毯、车顶衬、座椅和其他装饰使用的胶水、油漆、酚醛树脂等。

车内的散发新物质主要来源于内饰材料和生产过程中使用的化学物质。为了控制和预防有害气体超标,尽量使用环保型的材料,如水溶性胶、水溶性漆、TPO 等。同时也要注意生产过程中的添加剂,如脱模剂、清洁剂、催化剂等的使用。

三、轿车内饰材料散发性能要求

目前对散发性能要求包括:气味、甲醛、雾翳和总碳挥发。一般整车厂对散发性能都有各自的测试方法和限值。随着国家环保总局的法规出台,总碳散发将被苯 C_6H_6、甲苯 C_7H_8、二甲苯 C_8H_{10}、乙醛 CH_3CHO、丙酮 CH_3COCH_3 等有机物质取代。表 2-12 是某整车厂实施的内饰材料散发性能要求。

内饰材料散发性能要求实例 表 2-12

测试项目		测试方法	性能标准	备注
气味		按相关测试标准进行主观评估	气味等级 $N \geq 6$ 级。	干态及湿态
甲醛		按相关测试标准	$\leq 10 \mu g/g$	禁止在车内使用甲醛含量较高而又难以消除的如含有酚醛树脂类的材料或黏结剂等
雾翳		增重法	冷凝物质量 $G \leq 3mg$	
总碳散发	天然皮革		$\leq 100 \mu gC/g$	
	喷漆实木件		$\leq 800 \mu gC/g$	
	喷漆塑料件		$\leq 70 \mu gC/g$	
	其他		$\leq 50 \mu gC/g$	
VOCs/SVOC		按相关测试标准		提供测试数据报告
醛酮类物质		按相关测试标准		提供测试数据报告

由于散发性试验的结果与零件取样、原材料的稳定性、模具和工艺参数的设定、零件的后处理及存放都息息相关,因此,对整车零件上下游供应商的工艺稳定性及送样零件状态都有比较严苛的要求。

例如:要求测试零件必须是正式供货状态且下线时间不超过 15 天;不允许进行任何正式生产工艺之外的可能对试验结果产生影响的预处理或后处理,例如烘烤等;零件供应商所提交零件级测试的样品必须是供货状态的完整零部件;对于塑料粒子类的原材料统一打成塑料样板进行测试;涉及的所有试验必须在同一家试验室完成等。

同其他重要的子系统试验一样,散发性试验也应该在有一定资质和能力、得到国家或企业认可的试验室进行,这样才能保证试验结果的可信性。

习题与思考

一、选择题(可多选)

某塑料件供应商经试验室检测四项散发性合格,但经整车厂委托第三方机构检测气味和总碳超标。请问以下哪个方面可能引起这起质量事故和双方测量偏差?(　　　)

A. 为降低成本,两次送样检测之间,供应商进行了原材料更换,选用了未经认可的低成本塑料原材料。

B. 零件在注塑前,有一道工序为塑料粒子的烘干处理。

C. 第一次检测是在供应商自己的试验室进行的检测,试验室已经通过整车厂关于散发性能试验的资质认可。

D. 由于生产计划改变,零件库存较多,第一次送检零件已经存放了20天。

E. 第一次进行气味试验时,测试人员患了感冒,带病检测。

二、简答题

1. 汽车内饰零件4个重要的性能要求是什么?本章各小节的内容中哪些章节的内容与感知质量相关,哪些与舒适性能相关,哪些与车辆的安全性相关?

2. 汽车内饰的哪些因素可能影响整车的安全性能?

3. 如何控制车内噪声?

4. 在内饰件设计时,应该遵循哪些原则预防轿车在运行条件下产生的各种异响?

5. 某仪表板在试验室进行内凸静态撞击试验时,锤头以24.1km/h的速度撞击转向盘前侧的仪表罩盖和副驾驶侧的安全气囊门盖时,发现零件破裂,有外露的塑料锐边。请评估这次试验结果,仪表板设计是否满足GB 1152—2009的强制性国家标准要求?为什么?

第三章 座舱系统设计

第一节 座舱系统概述

座舱系统是车内离乘员最近、感知最直观的系统,一般包括起主要支撑作用的仪表板横梁总成、直接面对乘员的仪表板总成、驾驶员与副驾驶员之间的副仪表板总成以及安装在三大总成上的各类功能性组件等。本书主要介绍仪表板总成、仪表板横梁总成、副仪表板总成三部分。

第二节 座舱系统各部件的典型结构

以下各节选取了座舱系统中有代表性的零件,对每个零件的结构进行介绍说明。

一、仪表板横梁

仪表板横梁总成(图3-1)是为仪表板总成及其附件(如收音机、CD机、空调控制模块、仪表等)、乘员侧安全气囊、转向管柱等零件提供支撑的结构件,同时也是模块化仪表板总成装配过程中的辅助夹具和定位支撑件。它直接与车身相连接,承受所支撑和连接零件传递的载荷,对乘员的安全性有较大的影响。

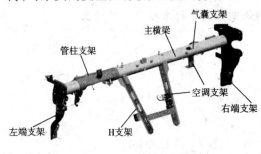

图3-1 典型仪表板横梁

仪表板横梁总成通常包括:仪表板主横梁(Cross Car Beam,简称CCB)、转向管柱支架、用于定位安装仪表板饰件的左右两端支架、空调支架,乘员安全气囊支架等。本节主要讨论仪表板横梁本身的典型结构和分类。仪表板横梁根据其材料和结构类型,大致可分为:钣金焊接型(包括盒型和管柱型)、塑料钣金混合型、镁铝合金压铸型和全塑料型横梁。仪表板横梁种类如图3-2所示。

横梁成形所采用的工艺主要有冲压、电弧焊接、激光焊接、压铸、弯管、液压成型、注塑等。

至于塑料钣金混合型和全塑料型横梁,由于目前尚没有发现很成功的车型,所以本章不做叙述。

1. 钣金焊接型

目前主流汽车上,大量采用钣金焊接型仪表板横梁。钣金焊接型横梁根据其横梁断面的形状又可分为盒型横梁和管柱型状横梁。

盒型仪表板横梁,在20世纪90年代应用很广。有些车型在其盒型横梁里面布置风道,以节约空间,如图3-3所示。主横梁一般由两件钣金件冲压成型后焊接而成,横梁的焊接一般通过机器人自动焊接完成。该产品的特点是:产品上焊接接头比较多且质量要求也比较高。

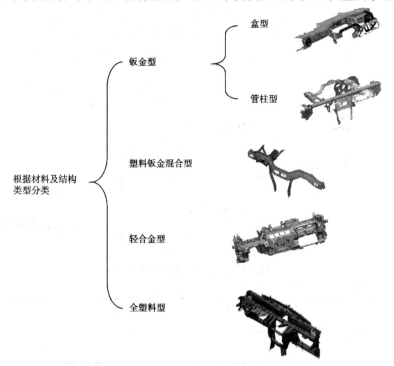

图 3-2　仪表板横梁种类示意图

盒型横梁相应于同等材料(即质量相同,材料牌号相同)的管状梁来说,在强度和刚度方面比较差,因而在新设计车型上越来越少采用盒型梁。

管柱型横梁由于拥有较明显的价格及性能优势,因而得到了广泛的应用。根据管子的形状可分为直管型和弯管型。直管型对结构和安全性能非常有利,生产制造相对比较容易控制,因而成本相对较低,但对座舱系统的零件布置有一定限制。直管型又可分为等径和变径两种类型,变径直管的优点是降低了零件质量,同时增加了一些乘员侧的布置空

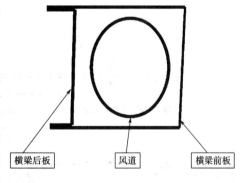

图 3-3　盒型横梁断面示意图

间,但需要增加扩口或缩口工序和变径过渡区的焊接工序。弯管型对座舱系统的零件布置相对有利,但会削弱结构和安全性能,制造也复杂些,尺寸稳定性较差,成本也较高。弯管型也可分为等径和变径两种类型,优缺点和直管型类似。管柱型仪表板横梁种类如图 3-4 所示。

等径变厚直管型仪表板横梁是考虑到对仪表板横梁乘员侧的结构性能要求低于驾驶员侧,在主横梁上使用厚度变化的 TRB 板材,从而既能保证结构性能,又可以减重。TRB（Tailor Rolled Blank）板材的特点是在不同区域有不同的厚度,如图 3-5 所示。等径变厚直管的加工工艺是先冷轧成型连续不等厚钢板(TRB),然后热处理和裁剪,再通过管成型和激光焊接而成。此钢管质量较轻、工艺简单、尺寸稳定。

2. 轻合金型

为了降低车重,有些车型的仪表板横梁选用轻质金属材料。主要有铝合金仪表板横梁和镁合金仪表板横梁。

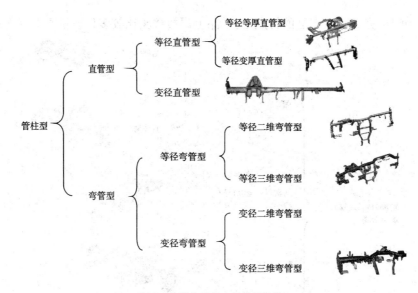

图 3-4　管柱型仪表板横梁种类

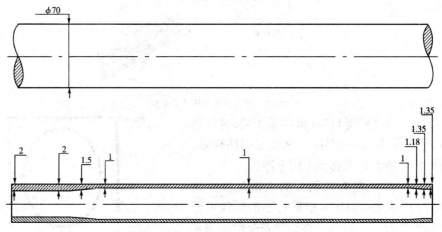

图 3-5　等径变厚直管型仪表板横梁

图 3-6　铝合金仪表板横梁

铝合金仪表板横梁(图 3-6),采用冲压铝合金、电子束激光焊接技术生产,在减轻车身质量的同时,也因为吸能能力的提高而增加了一定安全性。这种技术在德国汽车工业中应用较多。同样结构的铝合金横梁比钢制横梁质量节省 40% 左右。

镁合金仪表板横梁按工艺特点又可分为压铸型(图 3-7)和挤压型(图 3-8)。

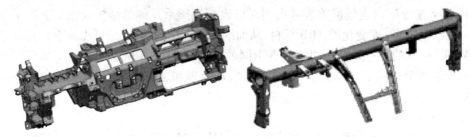

图 3-7　压铸型镁合金仪表板横梁　　　　　图 3-8　挤压型镁合金横梁

镁合金的压铸工艺和其他合金的压铸工艺类似,但在压力、温度、速度和涂料的应用上又有不同。压铸横梁具有一次成型、工艺简单、生产效率高等优点,但由于压铸产品屈服强度和抗拉强度不高,需要增加较多的连接结构和加强筋,限制了镁合金轻质特性的发挥,压铸镁合金横梁比钢制横梁质量节省20%左右。

挤压型镁合金横梁结构上和钢制横梁类似,先将镁合金浇铸棒料挤压成型板材,再通过冲压焊接技术制成仪表板横梁。与压铸工艺相比,挤压工艺有着更好的伸长率、屈服强度和抗拉强度,另外挤压可以获得优良的表面质量及良好的尺寸精度。挤压型镁合金横梁比钢制横梁质量节省60%以上。但由于镁合金焊接技术目前还不成熟,挤压型镁合金横梁目前还处于研究阶段。

二、仪表板总成

仪表板总成是内饰很重要、也是结构和制造工艺最复杂的组件之一,位于前排坐椅和前风窗玻璃之间。车上的各种驾驶仪表、操控踏板、控制开关、空调、音响娱乐系统、安全气囊等附件通常都是安装在仪表板横梁和仪表板本体上。由于仪表板直接面对乘员,与座椅、安全气囊等一起保护着乘员的安全,是车厢内最引人注目的部分,它的造型、质感、舒适性直接影响乘员对内饰的评价。

仪表板总成通常由仪表板本体、仪表面罩板、中控面板、手套箱、膝部挡板、出风口、装饰板、左右端盖等组成,如图3-9所示。根据造型和功能的需要,有的仪表板总成还包括杯托、烟灰缸、储物盒、安全气囊门等零件。

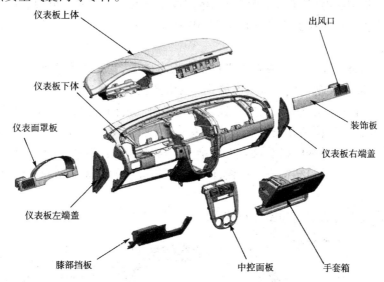

图3-9 仪表板总成的基本构成示意图

1. 仪表板本体

仪表板本体按其表面质感可分为硬质仪表板和软质仪表板。

顾名思义,硬质仪表板指的是表面呈硬质的仪表板。这种仪表板通常是直接注射成型的单层结构或多层结构的塑料仪表板,多采用改性PP或TPO材料,断面示意图如图3-10所示。硬质仪表板由于其表面呈硬质,质感不如软质仪表板,常用于货车、客车和经济型轿车。这类仪表板表面有纹理,无表皮,对注塑的外观质量要求较高。有时为了遮掩注塑表面缺陷或为了满足光泽度的要求,会在硬质仪表板表面喷漆。

软质仪表板为带有泡沫层的塑料仪表板,一般由本体骨架、中间发泡层、表皮构成,断面示意图如图 3-11 所示。由于这种仪表板具有柔软的质感,给人一种舒适豪华的感觉,同时具有碰撞能量吸收功能,多用于中高档车上。

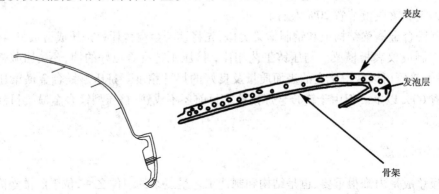

图 3-10 硬质仪表板断面示意图　　图 3-11 软质仪表板断面示意图

软质仪表板骨架主要以 ABS/PC、增强 PP 或苯乙烯/顺丁烯二酸酐(SMA)等材料注塑而成,这些工程塑料价格相对较低,耐热、耐冲击,具有良好的综合性能。

软质仪表板发泡层的材料主要是聚氨酯弹性体(简称 PU Foam),其主要作用是改善零件的手感,同时连接表皮与骨架。

软质仪表板的表皮成型工艺除了传统的真空阳模成型和搪塑外,近年来又开发出整体性能更好的聚氨酯喷塑成型(简称 PU 喷塑)和生产成本较低的真空阴模成型等新工艺。此外真皮手工包覆的仪表板本体在豪华商务轿车上的应用也越来越多。

2. 安全气囊门

乘员侧安全气囊门往往安装或者集成在仪表板本体上,它是涉及整车安全性能的重要部件。按照外观,可以把安全气囊门分为有缝式和无缝式两种。

顾名思义,有缝式安全气囊门是指在仪表板的表面气囊门分缝线为可见的结构形式。对于这种门结构,气囊门先预装在安全气囊模块总成上(图 3-12),再在座舱系统分装线上把整个气囊模块安装到仪表板本体以及仪表板横梁上。从仪表板表面看,气囊门的周围存在一圈明显的分缝线。这种气囊门结构成本较低,但对仪表板表面的外观造型影响较大,常用于经济型车型。

典型有缝式气囊门的结构如图 3-13 所示。

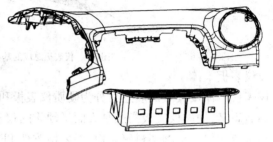

图 3-12 典型有缝式气囊门　　图 3-13 典型有缝式气囊门的结构

相反的,无缝式安全气囊门则直接集成在仪表板本体上,这种结构形式相比有缝式气囊门工艺更复杂,制造成本也较高,但是能够确保仪表板表面的造型美观(图 3-14),其结构如图

3-15所示。这种气囊门形式被普遍应用于中高档车辆上。无缝式安全气囊门的设计结构种类较多,目前比较主流的做法是将安全气囊模块导向支架直接焊接在仪表板本体的背面,而仪表板本体则预先沿着气囊门的撕裂线弱化。安全气囊模块导向支架的材料通常使用塑料件,并使用振动摩擦焊工艺与仪表板骨架连接。对于仪表板骨架,由于考虑到爆破的安全性能,因此需要选用低温冲击性能较好的 PP 材料。同时弱化工艺对于生产设备的要求也较高,以上都造成了无缝式安全气囊门较高的成本。

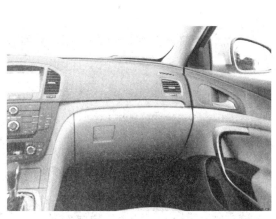
图 3-14 典型无缝式气囊门

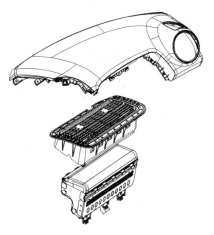
图 3-15 典型无缝式气囊门的结构

除了上述无缝式气囊门结构外还有许多其他种类。例如有些车型采用钢板作为气囊门的结构,还有一些软质仪表板则需要在发泡结构中集成门的结构,在这里不做一一赘述。

3. 仪表面罩板

仪表面罩板是位于仪表处,遮盖仪表安装结构的饰板。汽车仪表由于有维修要求,需要在车内对其进行安装与拆卸;同时由于仪表有一定的质量,需通过螺钉固定连接到仪表板本体及仪表板横梁上,为了遮盖由此产生的螺钉头以及仪表维修所需的不美观的空间间隙,因而设计仪表面罩板。

仪表面罩板的主要功能是装饰,通常不承受力,因而采用卡扣固定在仪表板本体上,或者在视线不明显的地方增加螺钉固定点,如图 3-16 所示。

仪表面罩板主要用 ABS、ABS/PC、增强 PP 等材料注塑而成,厚度多为 2.5～3mm。ABS、ABS/PC 材料的零件偏亮,在该位置上难以直接满足光泽度要求,通常在其塑料表面上进行喷漆、镀铬或木纹水转印等处理,以满足造型及工程要求,价格相对增强 PP 也较贵。增强 PP 材

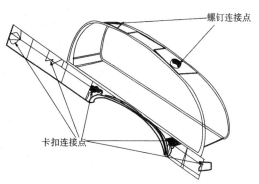
图 3-16 仪表面罩板的连接

料的零件可直接满足外观和光泽度要求,但 PP 材料的塑料件表面难以进行个性化的表面处理,零件尺寸稳定性较差,设计零件结构和模具结构时要特别关注。因而该零件选材时,需根据零件表面处理要求及价格情况来权衡。

4. 中控面板

中控面板是位于仪表板中央区域、遮盖电子或空调零件安装结构的饰板。中控面板零件

不大,开发制造周期短,由于处在仪表板中央区域,它的变化可以有效影响仪表板系统的整体造型效果,因而各汽车制造商常常通过改变中控面板的造型或表面处理的方式来实现小改型、小变化的效果。中控面板的主要功能是装饰和为电子零件提供装接界面,它必须便于安装与拆卸以满足电子或空调零件维修的需要,因而中控面板通常采用卡扣固定在仪表板本体上,图3-17 所示为中控面板卡扣连接示意图。

中控面板主要用 ABS、ABS/PC 材料注塑而成,厚度约为 2.5mm,表面可进行喷漆、镀铬、水转印、模内装饰等处理。

5. 手套箱

手套箱是仪表板系统的主要部件之一。它一般位于仪表板乘员侧的中下位置,如图 3-18 所示,主要起到存放物品以及保护乘员膝部的作用。

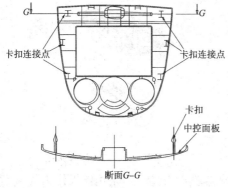
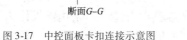

图 3-17　中控面板卡扣连接示意图　　　　图 3-18　手套箱位置示意图

手套箱主要由手套箱门、箱体、手套箱附件三部分组成,图 3-19 所示为手套箱的结构示意图。手套箱外观质感通常会与仪表板本体相一致。某些结构复杂的箱体由于不能直接一体注塑也采用多件塑料件焊接等工艺。

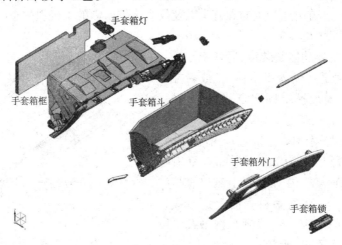

图 3-19　手套箱的结构示意图

1) 手套箱门

除某些低档车型采用单层门结构外,手套箱门一般由门外板以及门内板组成,它们之间可采用红外焊接、振动摩擦焊、热板焊、超声波焊或螺钉等方式连接。另外在手套箱的门内板上通常加有多条纵横交错的加强筋以加强门板的强度,对于需要具有乘员膝部保护作用的手套箱门必须达到一定的刚度,因此某些车型为了满足乘员安全要求,还在内外板之间镶嵌金属板或者泡沫缓冲块,以进一步吸收撞击时的能量。

手套箱的门内外板一般采用注塑工艺,常用材料是增强 PP 或者 PC/ABS。手套箱的门外盖板直接与乘员接触,常进行额外的表面处理,如喷涂软触漆或包覆人造革等工艺以达到软触感效果。

2)手套箱箱体

手套箱箱体有两种形式,即固定式和翻斗式。所谓固定式(图 3-20)是指框体的内部作为手套箱的内斗,储物空间位于仪表板本体内;而翻斗式(图 3-21)则是指内斗与门内板连为一体,储物空间在门上,当门打开时内斗跟着一起翻出来。翻斗式一般能够更加方便用户拿取斗内物品,但是由于需要在门内板上增加相应结构,会使得手套箱内部可用空间减小,不利于物品存放,也不利于布置手套箱灯等内部零件。反之固定式则能够提供较大的空间,但不便于前排乘员拿取物品。

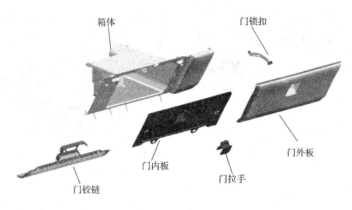

图 3-20 固定式手套箱示意图

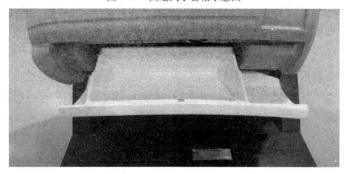

图 3-21 翻斗式手套箱示意图

手套箱箱体一般也采用注塑工艺,材料通常采用 PP 和 PC/ABS。内门板以及手套箱箱体内部虽然不是用户直接可见的,但是用户在打开手套箱后依然是可见和可触摸的,因此对于高档车这些区域通常采用植绒工艺,它能够使得箱体内触感豪华并且能够在汽车行驶过程中防止手套箱内的存放物品颠簸碰撞箱壁产生噪声。植绒工艺被广泛的运用于手套箱以及其他储物类汽车零件的生产工艺中。

3)手套箱附件

手套箱附件通常包括手套箱灯、门铰链、门锁机构、以及阻尼器等零件。

手套箱灯用于用户使用时的箱体内部照明。

手套箱门锁机构一般是一个运动件小总成,一般有两种主要的形式:锁钩式和锁销式。锁钩式是通过锁钩钩住锁扣来实现锁止,此种机构一般布置在手套箱门的正中央,一般与中置式的门把手匹配。锁扣一般为金属冲压件,除了卡抓式的卡口,有时候也使用弹头式的卡舌,卡舌卡入锁扣后就可实现锁止功能。锁销式是指在手套箱门上布置了可伸缩的锁销,锁销往左右方向可伸缩,箱体上则布置了销孔供锁销进出实现锁止和开启的功能。通常此种结构由于两边都设有锁销,从而有利于手套箱门与周边仪表板零件配合的平面度与间隙。另外由于两侧都有销孔,因此把手可布置在靠近驾驶员的一侧,以更加方便驾驶员使用手套箱。对于锁销式的门锁机构,锁销和锁孔一般使用摩擦系数小、耐蠕变和耐磨损性能优异的聚甲醛材料,保证耐久性和开关门的平顺效果。

为了能够使手套箱门开启时运动均匀顺滑,阻尼器也被广泛应用于手套箱。阻尼器的主要作用是对门的开启起到缓冲作用,减少打开时的冲击与噪声。阻尼器按照工作原理大致可分为两种形式:空气阻尼(图 3-22)与硅阻尼(图 3-23)。

图 3-22　空气阻尼器

图 3-23　硅阻尼器

空气阻尼一般为筒状的缓冲气缸总成,依靠空气的压缩起到缓冲作用。硅阻尼则依靠硅油来产生阻力作用。阻尼缓冲器一般都是现有的总成件,阻尼器的供应商提供不同尺寸与款式的产品以适合各种不同的手套箱产品。

6. 膝部挡板

膝部挡板位于仪表板驾驶员侧下部位置,主要起到驾驶员膝部保护的作用,有的膝部挡板具备储物功能。典型的膝部挡板结构如图 3-24 所示。膝部挡板饰板一般采用增强 PP 或者 PC/ABS 材料,对于某些制定了膝部保护法规的国家和地区,需要在膝部挡板上安装铝板等结构以满足安全性能要求。绝大部分车辆都会在膝部挡板的左侧安装储物盒,该储物盒体积一般小于 1L,主要用于存放票据等小物品。

在设计膝部挡板时需要注意考虑它与周边零件的匹配与搭接。比如膝部挡板与转向管柱罩盖搭接的结构,需要考虑尽量遮盖它们之间的间隙。另外对于某些车型需要考虑储物盒与其后部熔断器的布置关系。此外某些车型的诊断口也有可能需要布置在膝部挡板下侧,也需要综合考虑其周边的零件布置关系。

7. 出风口

出风口是调节空调系统吹往车内的风流方向的零件。它通常包括前导风叶片、后导风叶片、出风口座、风门叶片、旋钮开关总成,如图 3-25 所示。通常情况下导风叶片主要是对风流起导向调节作用;而风门叶片则与旋钮开关总成一起控制着出风口出风量的大小,控制着出风口是否出风。

出风口的导风叶片可采用 ABS、ABS/PC、增强型 PBT、PA 或增强型 PP，出风口座可采用 ABS 或增强 PP，风门叶片则可选择增强 PP 为其骨架、EPDM 为其密封圈，旋钮开关总成则常用 POM、TPO 等材料。

图 3-24 膝部挡板上的储物空间

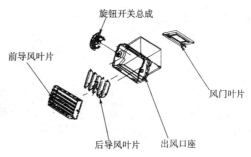

图 3-25 出风口总成示意图

8. 杯托

杯托根据车型需要，主要布置在仪表板、副仪表板或后排座椅上，设计位置要保证坐着的乘客不需要改变坐姿就能拿到杯子。对于前排杯托，杯子及杯托不可与乘员大腿或膝盖有任意形式的干涉，同时要检察乘客上下车过程中不应该有干涉。杯托放置杯子后，也不应该与运动行程内任意位置的座椅、任意位置的变速杆或其他零件干涉。

根据人机工程的要求，杯托设计的最小直径要大于或等于 75mm，深度要大于或等于 53mm，操作力根据不同类型控制在 3～15N 之间。同时，要求在一定条件的疲劳试验后，仍然满足操作力的要求。

杯托的类型，根据结构形式可分为开放式杯托、按压开启式杯托和可移动式杯托。

1）开放式

开放式杯托一般位于副仪表板上，没有门覆盖，如图 3-26 所示。

图 3-26 开放式杯托

2）按压开启式（简称 Push-Push）

乘客只需手指轻压，杯托便会脱扣并自动打开。这种杯托使用方便，常应用于中高档车型。可根据布置需要设计于仪表板中控面板区域、副仪表板前排或后排以及后排座椅的中间扶手下，如图 3-27 所示。

图 3-27 按压开启式杯托

3)可移动式

可移动式杯托可以放在比较特殊的车辆内部布置之中,固定在垂直或者水平的表面上,如图 3-28 所示。

图 3-28　可移动式杯托

9. 烟灰缸

根据不同车型的要求,烟灰缸可以布置在前后排。为前排乘客设置的烟灰缸需布置在仪表板或副仪表板的前半部分,为后排乘客设置的烟灰缸需设置在副仪表板的后面。烟灰缸的位置要便于使用,不应该引起乘客不自然的动作。涉及烟灰缸或点烟器的操作不能与变速杆或其他功能件干涉;同时,保证烟灰缸在变速杆的整个移动范围内,都可方便地接触到。

烟灰缸设计的体积要大于 $175cm^3$。需设计成可移动或可拆卸式,并且便于清理烟灰。缸体上带有辅助拆卸的特征,要求拆卸时手指不能碰到烟灰。烟灰缸需设计窒息型筋以避免燃烧着的香烟从烟灰缸中溢出或掉入烟灰缸里。

烟灰缸的类型,按照门的开启形式可分为以下几种类型。

1)揭盖式

烟灰缸的门和缸体分离,门可以根据需要打开或关闭,如图 3-29 所示。

2)抽屉式

烟灰缸的门和缸体集成为一体,可以整体像抽屉一样抽送打开,如图 3-30 所示。

图 3-29　揭盖式烟灰缸　　　　　　　　图 3-30　抽屉式烟灰缸

3)按压开启式(简称 Push-Push)

烟灰缸的门和缸体可以是分离的,也可以是集成一体的。通常,内部结构一般包括可以保证平缓开启的特定阻尼。一般用于中高档乘用车,如图 3-31 所示。

三、副仪表板总成

副仪表板总成是驾驶员旁侧通道上的内饰零件,位于前排两个座椅之间,是仪表板的空间的延伸和功能的补充。副仪表板总成通常有副仪表板本体(在本体上包容了变速杆与手制动柄的孔口)、装饰面板、杯托,并根据不同配置可能有中央扶手、储物盒、点烟器、烟灰缸、笔夹、硬币夹、出风口等方便乘员使用的功能件,图3-32所示为副仪表板总成构成示意图。

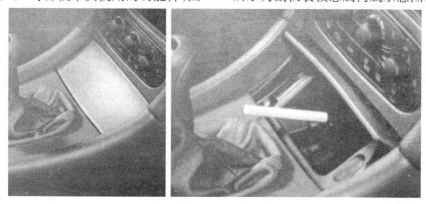

图3-31　按压开启式烟灰缸

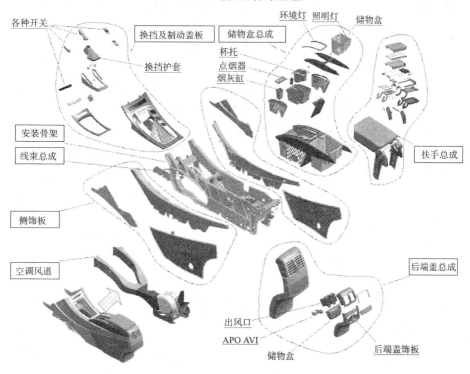

图3-32　副仪表板总成构成示意图

副仪表板系统按其与仪表板的连接过渡方式可分为以下三种:

(1)流线型副仪表板,即副仪表板从仪表板中部向下向后自然延伸,与仪表板之间采用连续流畅的曲面对接,与仪表板形同一体。这种造型风格对零件的制造精度、车身的制造精度要求很高,所需空间也较多,一般用于中高档轿车上,如图3-33所示。

(2)连贯型副仪表板,即副仪表板延伸插入仪表板的中下部,和仪表板之间留有可吸收各种制造误差的间隙。这种副仪表板虽然没有流线型风格那样流畅,但总体看来仪表板和副仪表板之间还是连贯紧凑的。它对零件的制造精度、车身的制造精度要求相对较低,一般用于中低档车上。凯越三厢(图3-34)的副仪表板即属于这种类型。

图 3-33　流线型副仪表板

图 3-34　连贯型副仪表板

图 3-35　独立型副仪表板

（3）独立型副仪表板，即副仪表板和仪表板之间是完全独立的，它们之间没有连接配合关系。这种造型风格对零件的制造精度、车身的制造精度基本没有特殊要求，一般用在经济型低档车上或有驾驶员通过性要求的商务车上。别克 GL8 的副仪表板（图 3-35）就属于独立型副仪表板。副仪表板本体、装饰面板、烟灰缸、杯托和仪表板系统基本类似，本节简要介绍扶手和后储物盒。图 3-35 所示为独立型副仪表板。

1. 中央扶手

从运动方式上来分，中央扶手（以下简称扶手）分为旋转和滑动两种。旋转型扶手比较常用，大多数车型采用该种类型的扶手，该种扶手比较简单、实用，向后翻转就可以使用下面的储物盒。滑动型扶手可以向前滑动，以满足身材较矮小人员的使用，所以这种类型的扶手，位置可以偏后，长度较小，可以满足不同身材人员的需要。

扶手（图 3-36）由表皮、发泡层、骨架、铰链、锁、缓冲器等部件组成。表皮目前采用的材料有织物、PVC 表皮、真皮。表皮下面的发泡层，可直接发泡，也可包覆发泡。骨架一般采用改性 PP、PC/ABS 等。铰链从材料上，分为塑料和金属两种类型；从功能上，分为普通型和摩擦型。摩擦型的铰链和笔记本式计算机的铰链结构类似，翻转的扶手可以停止在任意位置；普通型则不可以。

2. 后储物盒

储物盒（图 3-37）一般位于中央扶手下面，有的为单层，有的为双层。如果为双层的，则上

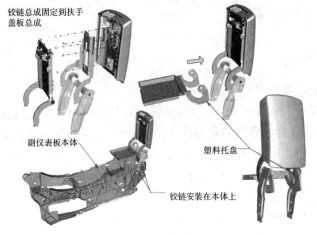
图 3-36　扶手

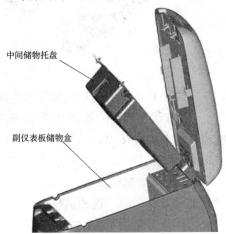
图 3-37　储物盒

层储物盒可以随扶手一起打开,可以存放手机、名片、笔等小的物件。下层的储物盒,可以存放 CD 等大的物件。在中高档车上,有的下层储物盒里面设置了照明灯,当储物盒打开时,照明灯开启。下层储物盒经常采用植绒处理,也有的储物盒底部有橡胶垫。储物盒的材料可选择 PC/ABS 或改性 PP。

第三节 座舱系统的空间布置及安装基本要求

一、座舱系统空间布置的基本要求

座舱系统的空间布置是内饰空间布置的重要内容。对于顾客而言,总是希望自己的车有尽可能大的空间,而单单依靠增大整车的外部尺寸来达到增大车内空间也不太实际。因而,组成整车的各个子系统应该进行有效的布置来达到增大车内空间的目的。

二、座舱系统安装的基本要求

由于座舱系统中仪表板系统内的零件较多,很多汽车制造厂为了提高生产节拍,将座舱系统内的零件安装从主生产线上移出来,在主生产线附近安排分装线安装。如图 3-38 所示是有些整车厂在仪表板系统分装线上安装的主要零件组成示意图。座舱系统内零件,如空调模块、仪表板本体、乘客侧气囊等,应设计成可以直接安装在横梁上而不需借助辅助工装。

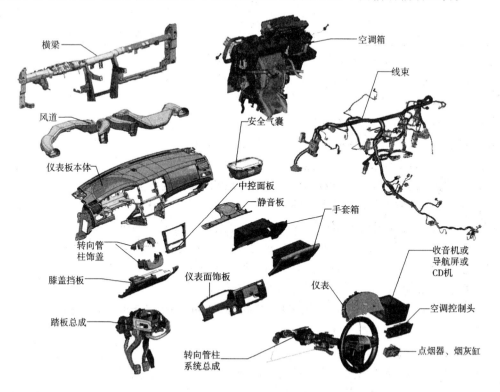

图 3-38 仪表板系统组成示意图

在很多整车厂,座舱系统需借助机械手装入整车,设计座舱系统时需为机械手预留两个支撑点。为确保机械手顺利插入座舱系统,整个插入过程中机械手和周边零件要确保合理的间隙。在座舱系统进车门过程中,需和周边零件(门框板金、密封条等)保持足够的间隙。在座舱系统向前安装过程中,为避免与周边零件干涉造成座舱系统难安装或损伤,座舱系统应和周边零件如地毯、前围覆盖垫等保持一定间隙。

第四节 座舱系统的主要技术要求

一、仪表板横梁系统的技术要求

仪表板横梁不但是一个架构件,它还是一个安全件,在正撞和侧撞过程中承担很重要的传力和承载作用,保护乘员不受伤害。正撞时,它不但要缓冲前舱所传递的撞击能量,而且上部要承担气囊的反作用力和人头部撞击载荷,下部要顶住膝盖的撞击力,适当变形吸能保护乘员的膝盖。在侧撞时,它的侧向刚度帮助车身承受一定的侧向压力而不会被压垮。表3-1列出了影响仪表板横梁设计的部分法规。

影响仪表板横梁设计的法规　　　　表3-1

国家或地区	法规	描述	国家或地区	法规	描述
欧洲	2000/53/EC	车辆使用年限	中国	FMVSS 201	内饰件碰撞的乘员保护
	ECE R12.03	转向盘冲击		FMVSS 204	转向盘后向位移
	ECE R21.02	内部凸出物		FMVSS 208	乘员冲击保护
	ECE R94.01	正碰的乘员保护		FMVSS 214	侧碰保护
	ECE R95.01	侧碰保护		C-NCAP	中国新车评价规程

除了安全要求之外,对仪表板横梁还有一定的刚度、模态要求。

(1)仪表板横梁和转向管柱及转向盘所组成的子系统,要满足一定的模态和刚度要求,以避免共振。

(2)仪表板横梁和仪表板之间也要满足一定的结构性能,以提高匹配表现。

(3)仪表板横梁本身需要能够抵抗运输和安装过程中的变形。

另外,由于仪表板横梁的主要功能之一是给座舱系统其他零件提供支撑和安装点,随着座舱系统模块化程度的提高,仪表板横梁的复杂程度也在提高。

仪表板横梁在座舱系统中是重要的安全结构件,为了降低设计风险,通常用有限元分析和早期物理验证的方法来发现和解决问题。有限元分析(Finite Element Analysis,简称FEA)在仪表板横梁系统的前期设计中有着非常重要的地位,应用也相当广泛,它直接决定了设计的质量和进度。应用在仪表板横梁的有限元分析有以下几类:

(1)静态的刚度、应力(图3-39)和模态分析(图3-40)。

(2)安全相关的有限元分析,比如吸能(Energy Absorbing)支架的分析、侧面碰撞分析、滑车分析(图3-41)等。

(3)耐久性分析。

关于有限元分析的详细内容详见第九章的第二节。

物理试验包括子系统级和整车级试验,本节主要分析与仪表板横梁子系统相关的物理试验。

仪表板横梁系统的试验主要有:转向管柱和仪表板横梁刚度和模态实验(图3-42),安全气囊爆破试验(图3-43),膝部碰撞试验和耐久性试验(图3-44)等。

图 3-39　仪表板横梁和转向管柱系统的刚度和应力分析　　图 3-40　仪表板和仪表板横梁模态分析　　图 3-41　滑车分析

图 3-42　转向管柱和仪表板横梁刚度和模态试验　　图 3-43　安全气囊爆破试验　　图 3-44　膝部碰撞试验和耐久性试验

做子系统试验时，主要是做失效试验，目的是在满足要求的情况下，继续增加载荷以观察其失效模式，并在以后的设计中加以避免。

二、仪表板和副仪表板系统的主要技术要求

仪表板和副仪表板系统应满足乘员碰撞保护、人机工程、防止异响、振动噪声、刚性、可靠性、耐久性、可维修性及外观等方面的要求。

1. 乘员碰撞保护要求

为了满足乘员碰撞保护的要求，位于转向管柱溃缩区域内的仪表板应提供足够的管柱溃缩区以满足汽车受到撞击时管柱上吸能零件向前窜动的要求。任何安装在仪表板横梁和本体上的支架和零件都应布置在转向管柱馈缩区以外的区域。

位于头部碰撞区域的仪表板和副仪表板应满足车辆销售国家的头部碰撞法规要求。（中国：GB 11552；欧洲国家：ECE. R. 21；美国：FMVSS201.；韩国：S. Korea Article 88, Korea Article 111-3）。为满足这些要求，设计上应保证碰撞时产生的头部撞击不超过规定的能量累积指标。

位于膝部碰撞区域的仪表板饰件和结构件应满足膝部保护的要求，以保证在碰撞时对大腿产生的冲击力满足法规要求（欧洲国家：ECE R94；美国：FMVSS208）。

2. 人机工程要求

仪表板应保证身高位于第 5 百分位的成年女子和第 95 百分位的成年男子之间的驾驶员在正常座姿下能方便地看见和使用各种开关、显视屏和控制器。

仪表板不能防碍前排乘客进出，并且不防碍驾驶员和副驾驶员的车外视野，仪表板底部的零件应不防碍驾驶员的脚部操作。

3. 防止异响的要求

为保证仪表板和副仪表板系统在车辆的行驶过程中不产生异响，仪表板和副仪表板系统

及其零部件应满足在一定的频率和振幅条件下垂直、前后、水平各向振动时所产生的异响响度不可高于规定的响度。

4. 振动噪声要求

仪表板和副仪表板系统在车辆的行驶过程中不得因振动而产生噪声。仪表板和副仪表板系统应包含必要的支架和具有足够的结构刚性,以保证仪表板和转向盘、管柱、安全气囊、娱乐系统、仪表等装配在一起,以及副仪表板上所有附件都安装到位时,其振动频率应满足所规定的要求。

仪表板和副仪表板系统应具有足够的固定点和结构刚性,使其固有共振频率大于或等于所规定的要求。

5. 刚性要求

仪表板和副仪表板系统需要有一定的刚性。当用户意外地给仪表板和副仪表板一定的冲击力时,零件不允许损坏或发生较大的变形。

6. 可靠性的要求

仪表板系统和副仪表板系统应保证在整个车辆生命周期中,其零部件不出现失效。

7. 外观要求

为了满足整车的外观要求,仪表板上各零件之间的间隙,平行度及平面度的公差应满足尺寸技术规范要求,设计上应将零件的间隙和不对齐特征尽量隐藏在视线不可见的区域。

任何零件的缺陷,包括缩印、飞边,都不能从车外、开门状态或坐在车内的任意位置可见。

8. 安全气囊对仪表板零件的要求

安装有安全气囊的仪表板应满足以下要求:

(1)在安全气囊的爆破过程中,仪表板及其零部件不能防碍安全气囊门在所有规定温度范围内的打开,仪表板及其零部件不能产生任何不可接受的碎片,仪表板及其零部件不能撕破和刺穿安全气囊,仪表板系统应防止安全气囊从非设定的方向爆破。

(2)集成在仪表板上的安全气囊门不能改变气囊袋的打开时间和打开的动态过程,其打开过程必须是可重复的并且不损害对乘员的保护。

(3)集成在仪表板上的安全气囊门须满足在从低温到高温的一定温度范围内的所有性能要求。

(4)安全气囊门的外表面须标注"AIRBAG"字样,以表明此车装有安全气囊。

(5)副驾驶员安全气囊模块应保证与周边的零件有足够的间隙。

(6)安全气囊门在爆破过程中不能将前风窗玻璃打破成碎片,从而对安全气囊造成潜在的损坏风险。

9. 手套箱的要求

仪表板上的手套箱应满足以下要求:

(1)手套箱内必须能容纳所定义的物体(如用户手册、光盘等)。

(2)手套箱门的打开速度、打开力、关闭力应满足客户的要求;手套箱在高温、低温及常温下的开启、关闭应满足耐久性试验的要求。

(3)手套箱是膝部碰撞保护系统的一部分,在头部碰撞试验和整车碰撞试验中,手套箱门应保持关闭状态,并且手套箱在正面碰撞时应吸能变形,从而不对大腿产生大的冲击力。

(4)不论点火开关处于何种位置,手套箱灯应随手套箱门打开而点亮,随门关闭而熄灭。

(5)手套箱应具有足够的刚性,在手套箱门打开时,对其施加一定的载荷,其变形量应不超过允许的范围。

10. 仪表板零件的其他要求

在仪表板上安装的诊断接口应布置在仪表板的下方,从座位上都不可见,但易被专业的技师看见和使用的部位,诊断接口接插件及其线束不应影响驾驶操作。

当仪表板上安装有诊断接口、发动机罩拉手、驻车制动器操纵杆、照明灯、电源输出口、点烟器和开关等零件时,在其安装面上施加一定的安装力和拆卸力时,零件应保持连接和不产生偏转。

11. 仪表板和副仪表板上功能件的要求

仪表板和副仪表板上可能安装有储物盒、出风口、扶手、烟灰缸、点烟器和杯托等功能件,这些功能件需要满足以下的技术要求。

1)储物盒

仪表板和副仪表板上的储物盒应满足:在碰撞试验、安全气囊爆破试验和头部撞击试验过程中,储物盒的门应处于关闭状态;储物盒上植绒及其颜色不能传递到储物盒中的物体上;储物盒内能容纳项目所定义的物体;尽量增大储物盒内的可使用空间,并使储物盒中盒子的横向尺寸与其门的横向尺寸接近;储物盒中的储物空间应方便使用。

2)出风口

出风口在高温、低温及常温下其操作次数应满足耐久性试验的要求,操作力应满足客户的要求;出风口应具有足够的刚性,以保证在一定的载荷下,其变形量不超过允许的范围;出风口在风门关闭状态下应满足气密性试验的要求,且不能有啸叫声。

3)副仪表板扶手

副仪表板扶手是为增加驾乘人员的舒适而设计的,因而扶手应该是软质的。扶手高度和长度应满足人机工程要求,不防碍驾驶员使用手动变速杆。扶手的打开、关闭和调节力需满足客户方便使用的要求。扶手还应具有一定的强度和刚性,以满足在不同的方向下施加一定的误操作力时其变形量不超过一定的范围。

4)烟灰缸

烟灰缸体积需大于设定的目标物体尺寸,以满足客户的使用要求,烟灰缸应布置在乘客方便使用的位置,烟灰缸需设计成可拆卸的,或含有方便拆卸的缸体,其打开、关闭等操作力以及打开的速度均需满足一定的要求。

5)杯托

杯托设计时应尽可能可放置各种常用的杯子,其放置位置应尽可能方便驾驶员和乘客使用,其打开、关闭等操作力以及打开的速度均需满足一定的要求。

第五节 座舱系统的主要试验

对座舱系统进行的试验,是确保该系统能满足相关的法规和标准所制订的性能指标要求的重要保证措施。汽车主机厂对于内饰仪表板和副仪表板都会制订子系统技术标准要求,根据这些标准所提出的要求,需要完成安全、舒适和其他三大类别的试验并获得通过。

座舱系统零件不但需满足材料性能要求,如:耐热、耐低温、耐环境气候、耐老化、耐磨擦等性能;还需满足法规要求,如:阻燃、吸收冲击能量和安全气囊的爆破试验等。下面简要介绍普通的座舱系统所需的主要物理试验。

一、安全气囊爆破试验

该测试目的是为了检验所设计的座舱系统零件能否保证乘员侧的气囊爆破按设计路径完全展开,检验所设计的座舱系统零件能否保证乘员在安全气囊爆破过程中的安全。需装上一起做爆破试验的零件有:风窗玻璃、所有的中部面板和乘员侧的零件,包括对隐式气囊门撕裂线性能有影响的紧固件。

测试的装置和设备有前半车身台架、温度控制箱、加热垫、3架高速摄像机、高强度光束、信号激发装置以及信号读取采集软件。

二、头部碰撞试验

该测试目的是为了检验所设计的座舱系统零件在头部碰撞区域之内能否满足头部运动加速度在该国的销售标准要求。在中国销售的车辆,试验依据为 GB 11552(在美国销售的车辆,试验依据为 FMVSS201),见第二章。

根据 GB 11552 的冲击头装置示意图如图 3-45 所示。

三、膝部保护性能试验

该测试目的是为了检验所设计的座舱系统零件能否使得乘员膝盖在碰撞过程中所受的力在设计者所希望的范围内。各国对膝盖在碰撞过程中受到的力有不同的要求。中国除了安全碰撞法规对膝部力有要求以外(小于10kN),C-NCAP(中国新车安全评价规程)对膝部受力有更加苛刻的要求(小于3.8kN)。如果膝部受力过大,则会影响评分,进而影响该车的安全性在用户心目中的地位。该试验由台车来完成。

台车碰撞试验可以模拟实车碰撞试验过程,除了验证膝部保护性能以外,还可以用以检验车身吸能结构方案、安全带的选型及安装部位设计考核、安全气囊的匹配、座椅及驾驶区设计方案等。在台车碰撞试验中,可以将实际的车身结构或驾驶区模型安装在台车上,从而更加真实地反映实车碰撞效果。

台车试验装置示意图如图 3-46 所示。

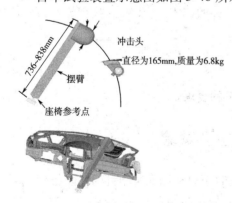

图 3-45 头部碰撞冲击头装置示意图

图 3-46 台车试验装置示意图

四、仪表板和副仪表板模态试验

该测试目的是为了检验子系统和安装固定在它上面的零部件,受到传动系统传出的振动时子系统对该振动的防共振和保持稳定的性能。关键零件如:转向盘、管柱、气囊、仪表以及在特定位置的所有零件都需要测试。

测试的主要输入参数是振动频率和振动方向,并且需要按照规定的测试程序进行。测试的设备是振动台架,如图 3-47 所示。

图 3-47　模态分析振动台架

五、仪表板和副仪表板抗振动噪声性能

该试验可通过客观检验或主观评估来完成。

客观检验通过制作专用的夹具,使用频谱发生仪器产生一系列测试标准所要求的振动频率、加速度以及振幅,并且根据标准规定的测试程序在垂直、前后和横向上加载到产品上,根据结果做出判别,测试结果需要小于或等于标准规定的值。测试设备如图 3-48 所示。

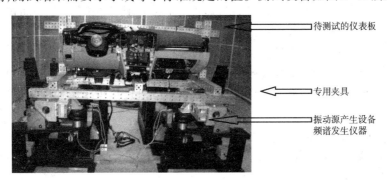

图 3-48　振动噪声测试设备

主观评估是结合顾客正常的使用接触和可预计的行为,人为地利用手、手肘部位对子系统零件的抗振动噪声性能进行测评。所测试的结果需要满足测试标准的要求。设备采用专用夹具,将产品模拟装车状态固定即可。测试方法是人为的挤、按、推压产品,使产品产生变形产生噪声,并对该噪声进行评估。

六、仪表板和副仪表板降噪的性能

该测试用于判断子系统是否满足车辆技术规范(VTS)定义的车辆使用环境的性能要求。即在各种工作情况下,仪表板和副仪表板对于发动机舱内等噪声源传递过来的噪声的过滤降低的性能。

降噪性能可以通过使用专用软件进行虚拟分析,也可使用零件进行物理验证。虚拟分析可以使用 SEA(能量统计分析)或等同分析方法,而物理验证使用专用的试验室和设备进行测试。

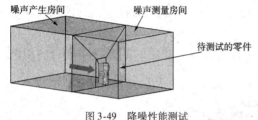

图 3-49 降噪性能测试

大致的测试过程是:将待测试的仪表板和副仪表板置于两个完全隔绝的房间中央,如图 3-49 所示,零件周边密封。在噪声产生房间产生测试标准规定的各种噪声,并同时在测量房间测量从仪表板和副仪表板传出来的噪声,并根据结果对比测试要求作出判定。

七、其他性能试验要求

1. 手套箱、杯托、烟灰缸装载/偏转、使用效果、耐久性能

这些运动零件必须满足相关标准规定的对于开启力、开/关时间和变形偏转的要求。

为保证这些零件在车辆正常的使用周期内能满足使用要求,必须要进行耐久试验-操作循环。一次正常的操作使用循环等于:解锁—打开—关闭—闭锁。测试要求进行几万次这样的操作循环。并且对于每次的测试循环之间的间隔时间、测试的周边环境温度都做了要求,以检验在各个不同的季节、地区都能满足使用要求。结果需要进行外观以及功能的评估。

还需要对手套箱进行装载的测试。变形的尺寸的大小需要满足测试标准规定的测试力对应的产品尺寸变形。

对于烟灰缸本体底部有照明效果要求:在缸体底部取两点测量,需要满足标准规定的 cd/m^2(坎[德·拉]/平方米)要求。

标准对于搁置香烟的搁置面的要求:近似平方面的外形,不小于一定的面积。

对于烟灰缸缸体、杯托本体的取放也需要进行耐久测试试验。

容器保持力的测试,模拟车辆行使时的状况,在车辆操作时检验。

2. 出风口性能、耐久和空气泄漏性能

该项要求需做以下测试:密封性能测试、空气泄漏测试、位置手感反馈测试、叶片位置保持的要求。

开启力和变形偏转的要求、使用效果测试同杯托要求一样,也要做耐久测试。该测试分为两部分:操作循环测试和关闭循环测试。

3. 气候暴晒试验

气候暴晒试验是检测仪表板系统在各主机厂规定的使用温度内(如有些厂家定义 -40 ~ +110℃)是否能满足要求。

气候暴晒试验标准规定子系统需要利用夹具在模拟装车状态下进行测试。标准中对于测试的温度及辐射作了详细的定义。

测试区域和判别的标准分为:仪表板上层(水平表面),仪表板下层(在风窗玻璃线以下,垂直表面),副仪表板顶部,副仪表板侧面。不同的区域采取不同的测试要求。

对于表面有织物包覆的零件,需要使用不同的测试标准。试验后,子系统不能显示任何明显的表面缺陷。表面的降级等级有相应的标准进行判定,对于各种的表面缺陷在测试结果由设计发布工程师和材料工程师共同判定。

4. 尺寸稳定性能

子系统经过温度循环之后需满足尺寸稳定性能,具体表现为:无功能损失,无可视的间隙、面差和配合的改变,无扭曲、光泽变化以及其他不能接受的表观缺陷及改变。

测试零件需要在模拟装车状态下进行试验,各主机厂有相应标准定义测试的温度要求以

及零件不同位置所需达到的要求。

如果没有特别说明测试条件时,通常需要测试两轮。采用专门的夹具和温度湿度室。评估时需要测评应力裂纹检验、腐蚀程度、附着力下降、可观察的尺寸变化,或其他有害的变化。这些要求必须满足材料和工程图纸的要求。

5. 热老化试验

一些主机厂的热老化试验的试验标准规定了在指定的温度下测试168h之后对于子系统的要求:无变色,无收缩,无变形扭曲,无光泽改变,无渗出物,皮纹无变化以及无其他明显的变化。热老化测试后产品的表面材料和本体不得起泡、起皱、蜕皮。

6. 灯光测试

灯光测试的主要内容是手套箱灯光不能妨碍乘客操作、取物或使乘客感到耀眼。

测试过程中灯光需要随着手套箱的开启或关闭而点亮或熄灭。测试次数及设备参考专门的耐久试验操作循环。通常根据不同的手套箱以及灯光控制的不同,设计专用的试验工装进行测试。使用10W 12V电源。

7. 副仪表板结构刚度

为确保副仪表板能经受一次性剧烈冲击,对于副仪表板的结构刚度提出了明确的要求,即:在(23±5)℃环境温度下模拟装车状态,使用专门定义的方法,通过压力设备加载一定压力到产品上,测试两套产品并满足表3-2中的要求(表3-2给出部分要求)。

副仪表板结构刚度要求 表3-2

受力点	撞锤尺寸外形	受力方向	力值/偏转变形范围
本体	直径127mm平面锤	向下	900N,不允许破损
顶端,包括饰板	直径20mm平面锤	侧面	200N,偏转尺寸小于8mm 150N,偏转尺寸小于6mm 50N,偏转尺寸小于2mm

8. 仪表板横梁下垂性能

为保证仪表板横梁拥有足够的结构刚性,对仪表板横梁进行2倍重力模拟加载,其位移应该小于2mm,试验时总量应该包括所有和仪表板横梁一起装配及和座舱系统一起装车的零件。试验时,仪表板横梁的支撑点只能是装车时候的支撑点。

9. 可维修性能

根据整车内饰的要求,对于仪表板系统的拆装维修需要满足以下要求:

灯泡、熔断丝、延迟器等能够在10min内完成替换维修;维修时不能使维修人员有可能碰触烫的及尖角的部件;维修更换零件时不能损坏或降低零件及周边零件的性能;拆除仪表板紧固螺钉时不需要移除风窗玻璃;为方便维修内部零件,手套箱可被拆除;尽量使用与车辆使用寿命相当的灯光设备,以避免更换灯泡;紧固件最少反复使用10次;螺钉不能滑丝;安装拆除效果等同原始效果。

10. 生产检验

在批量生产的时候,需要对产品的外观、尺寸和性能进行检验。对于外观,通过有资质的质量检验人员利用与外观样板的对比进行检验;对于尺寸,通过在线尺寸检具和在线测量工具(塞规、卡尺、塞尺等)进行测量;而对于性能,使用专门的电检测设备进行检测,判断各电子模块、电接头、接电运动部件在上车前验证其连接的可靠性。

习题与思考

一、选择题（可多选）

1. 软质仪表板表皮的常用加工工艺有(　　)。
   A. 搪塑　　　　B. 阳模真空成型　　　　C. 聚氨酯喷涂　　　　D. 阴模真空成型
2. 烟灰缸设计的体积要大于_____ mL(　　)。
   A. 75　　　　B. 100　　　　C. 150　　　　D. 175
3. 内饰产品头部碰撞分析中,在碰撞区域内用6.8kg,直径(　　)mm的头形,装在可变长度摆锤上。
   A. 156　　　　B. 165　　　　C. 185　　　　D. 200

二、简答题

1. 座舱系统主要有哪几部分组成?各部分的主要用途是什么?
2. 仪表板气囊门系统有哪些形式?它们的优缺点各是什么?
3. 对于仪表板横梁前期设计,需要采用哪些方法来进行验证及优化?

第四章　座椅系统

第一节　座椅系统概述

座椅系统是用来在车内给驾乘者提供支撑,在保证方便进出和驾驶操作的前提下给驾乘者提供有效的约束,并在事故发生过程中给驾乘者提供安全保护。座椅系统应该提供驾乘者方便易用的可调节性和长途驾驶的舒适感。在车门关闭状态,在座椅整个调节行程内,座椅系统的操作应该适于所有体形驾乘者进行直观的调控操作。

第二节　座椅系统的典型结构、工艺和材料

座椅系统主要由座椅骨架、座椅头枕、座椅发泡和座椅面套组成。此外,根据不同的市场需求和产品定位,许多座椅还装有满足其他功能的零件,从舒适性考虑,常见的有腰托、按摩、腿托、扶手、加热、通风等;从安全性考虑,有安全带、侧气囊、乘客质量传感器等;从储物功能考虑,有小桌板、杯托、抽屉、地图袋等。如图4-1所示。

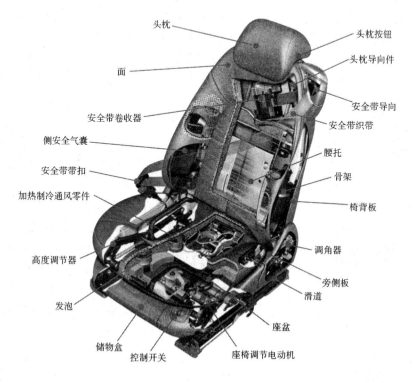

图4-1　座椅

一、座椅骨架

座椅骨架给座椅提供支撑作用,它们就像人体骨架,骨架中的骨骼给肌肉提供连接点。座椅骨架给整椅上的零件提供连接点,例如:座椅的发泡和面套都是安装在骨架上的。

前座椅骨架主要包括靠背骨架、调角器、滑道和座垫骨架等,如图4-2所示。

后座椅骨架主要包括靠背骨架、座垫钢丝骨架,常见的后座椅靠背骨架有一片式和两片式,四六分形式是常见的两片式,如图4-3所示。

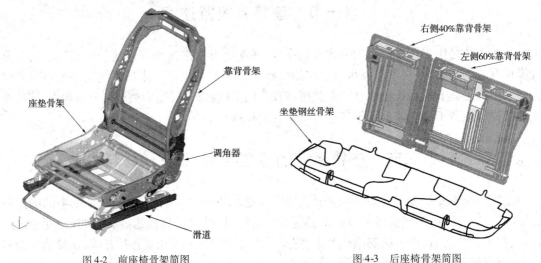

图4-2 前座椅骨架简图　　　　　图4-3 后座椅骨架简图

1. 靠背骨架

靠背骨架是一个关键的结构件,在载荷传递路线中它把载荷传递给调角器、座垫骨架,最终通过滑道传至地板,它直接关系到座椅的总体稳定性。在前撞、侧撞尤其是后撞情况下,靠背骨架在撞击能量处理方面起到关键的乘员保护作用。

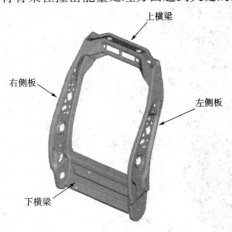

图4-4 靠背骨架

通常,靠背骨架主要包括上横梁、下横梁、左侧板和右侧板等,如图4-4所示。如果调角器采用焊接方式连接,靠背骨架还包括调角器。

按制造工艺,靠背骨架主要有三种,即管材焊接靠背骨架、钢质冲压靠背骨架和合金铸造靠背骨架,如图4-5所示。

管材焊接靠背骨架成本最低,但是扩展性较差,也就是很难在骨架上配置较多的功能。

钢质冲压靠背骨架比管材焊接骨架有更大的功能配置灵活性。很多附加的功能能够被直接加在靠背骨架上,而不需增加额外的零件。

合金铸造靠背骨架有质量轻、强度高的优势,但模具费用和零件单价较高,因此,合金骨架主要用在豪华车上。

此外,也有用非金属材料制成的骨架,如后排座椅靠背骨架采用玻纤增强热塑材料(Glass Mat Reinforced Thermoplastics,简称GMT)。这是一种以连续玻璃纤维毡或纤维针刺毡为芯材与热塑性树脂改性聚丙烯复合而成的一种片材。

a) 管材焊接靠背骨架　　　b) 钢质冲压靠背骨架　　　c) 合金铸造靠背骨架

图 4-5　座椅骨架类型

2. 调角器

调角器是用来调节座椅靠背角度的机构，主要有常啮合式和齿轮齿板式两种类型，如图 4-6 所示。

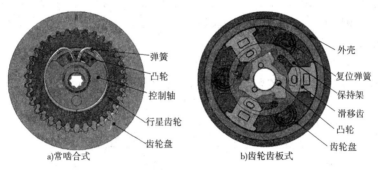

a) 常啮合式　　　b) 齿轮齿板式

图 4-6　调角器

常啮合式调角器始终保持啮合状态，乘员要连续转动旋钮座椅靠背才能调整到理想位置。常啮合式调角器有电动和手动两种形式。电动调角器通过电动机驱动齿轮进行调节，其主要的核心部件和手动调角器相同。

齿轮齿板式调角器可以通过操作手柄进行解锁，乘员较容易调整到理想位置。齿轮齿板式调角器没有电动形式。

选择调角器时，首先要决定的是选用单侧调角器还是双侧调角器。双侧调角器连接在靠背骨架的两侧，通过同步杆实现两个调角器的联动，如图 4-7 所示；单侧调角器只有一个调角器和在另一侧的一个转轴。两种调角器的载荷传递路线完全不同。对于双侧调角器，载荷由骨架两侧共同承担。而单侧调角器，载荷只通过布置调角器的一侧。基于这个原因，靠背骨架的设计对于单侧调角器和双侧调角器也是不同的。

双侧调角器有以下优点：因为载荷由两侧分担，靠背骨架较轻；不需要刚度较好的抗扭转梁。靠背骨架可以共用于驾驶座和乘客座；发

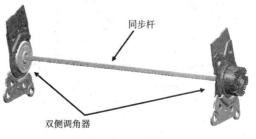

图 4-7　调角器同步杆

泡甚至面套和塑料板均可共用于驾驶座和乘客座；具有更高的扭转刚度；座椅靠背的回复力更大。

但双侧调角器有以下缺点：因为多了一个调角器，成本较高，质量较大（尽管靠背骨架的成本和质量可略有降低）；布置双侧调角器通常难度更高；两侧调角器不容易同步；调角器的操作力通常较大。

对于单侧调角器，调角器操作力只是单侧调角器的解锁操作力。但对于双侧调角器，操作力比单侧调角器操作力高2倍以上，这是由于调角器同步性和其他装配问题造成的。

调角器与靠背坐垫骨架连接方式有焊接和螺栓连接两种形式。

如果采用焊接，靠背骨架和座垫骨架必须在同一家工厂生产，焊接成骨架总成后，发往整座椅厂进行总装。如果采用螺栓连接，靠背骨架和座垫骨架可由不同的供应商生产，零件分别发往整座椅厂后，由整座椅厂螺栓连接成骨架总成。

和其他金属件一样，调角器在座椅里的布置需要根据舒适性要求和H点控制要求，和人体保持一定距离，布置调角器时，还需考虑调角器尺寸、转轴位置和在骨架上的连接点。作为最核心的骨架零件，调角器把座椅靠背的所有载荷传递至座垫骨架。

调角器带有回复弹簧，它的作用是当座椅靠背从后躺位置调节到正常位置时，提供一个回复力来支撑乘客体重。如果回弹力太大，它会把乘客尤其是身材较小的乘客快速向前推；当乘客面向靠背误操作时，太大的回弹力还可能伤人，但回弹力又必须能使靠背向后翻平后自动回复，设计时需选择一个最佳的平衡点。

3. 滑道

滑道是用来调节座椅前后位置的机构，通常有手动滑道和电动滑道两种形式，如图4-8所示。

a) 手动滑道　　　　　　　b) 电动滑道

图4-8　滑道示意图

滑道由调节机构和锁止机构组成。

滑道调节机构主要包括上滑轨和下滑轨。下滑轨被固定到车身地板上，而上滑轨被固定到座椅上。在上下滑轨之间用诸如滚珠及保持架之类的结构来保证滑道之间的相对滑动关系以及紧密配合。

滑道锁止机构用来保证当座椅调整到理想位置时，上下滑轨之间相对位置的锁止。

手动滑道通过手柄或拉杆解锁，手柄或拉杆位于座垫下部，通过横杆连接左右滑道的锁止机构来实现左右滑道同时解锁或锁止。滑道锁止和解锁状态示意图如图4-9所示。

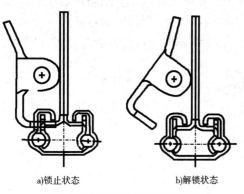

a) 锁止状态　　　　b) 解锁状态

图4-9　滑道锁止和解锁状态示意图

调节系统中上下滑轨、滚珠、保持架的设计特别要注意间隙和过盈配合的问题。在制造装配过程中,要求在上下滑轨、滚珠、保持架之间有预加负载力,要充分考虑上述零件的尺寸和公差的大小,否则就会产生装配后滑道前后调节阻力过大或过小的问题。

锁止机构设计过程中,应该充分考虑滑道上锁止槽的精度,使棘爪能够充分并且准确地与锁止槽啮合,并且能够在静态和动态对上下滑轨充分锁止。

4. 坐垫骨架

坐垫骨架与上滑道连接,随上滑道一起前后运动。坐垫骨架通过调角器与靠背连接,靠背受到的载荷通过调角器传至坐垫再传到地板。

装有高度调节器的坐垫骨架可实现上下运动、前后倾斜功能,满足不同的乘客需求。

此外,坐垫骨架还需承受以下载荷:乘客的静载荷、乘客下潜载荷(即制动时乘客向前滑行的载荷)、乘客在坐垫上运动产生的疲劳载荷。

根据调节方向分,坐垫骨架有 2 向(前、后)、4 向(前、后、座垫角度倾斜)和 6 向(前、后、坐垫整体上、下、坐垫角度倾斜或前、后、坐垫前部上下、坐垫后部上下)等形式,如图 4-10 所示,其中前后两向通过滑道的运动实现,上下通过高度调节器实现,坐垫角度倾斜则通过倾斜机构实现。

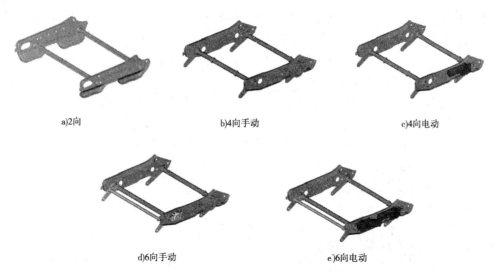

图 4-10 坐垫骨架类型

坐垫骨架上一般装有座盆,座盆有整体式和局部式两种,如图 4-11 所示。局部式座盆还需安装弹簧钢丝以支撑发泡,整体式则不需要。

图 4-11 座盆

前排安全带内侧带扣通常安装在坐垫骨架上,有时安全带外侧固定点也一起装在坐垫骨架上,如图 4-12 所示,这样,安全带固定点和乘客的相对位置不会因座椅的前后等调节而改变,提高了安全带配戴的舒适性,但同时座椅需承受安全带的载荷。

图 4-12　在座椅上的安全带固定点

二、头枕

头枕有两大功能：一是给乘客头部提供舒适的支撑；二是作为安全件，在碰撞时吸收能量。

头枕的种类，从调节方向分，有 2 向头枕、4 向头枕和 6 向头枕。从调节方式分，有电动头枕和手动头枕。从安全角度分，有主动式（在汽车碰撞时，头枕会主动快速往前运动，减小乘客头部向后转动行程）和被动式头枕。从和靠背的关系分，有整体式头枕、可拆式头枕和分体式头枕。还有其他带豪华附加功能的头枕，如 DVD 头枕（图 4-13）和可增大后乘客视野的翻折头枕（图 4-14）等。

头枕主要由导套、插杆、骨架、发泡和面套等组成，如图 4-15 所示。

图 4-13　DVD 头枕

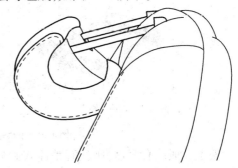

图 4-14　翻折头枕

各国法规都有对头枕的高度、强度、吸能和头枕间隙的要求，FMVSS202 还要求乘客头部和头枕的距离不小于某个数值。为了满足强度要求，头枕骨架需要有足够的强度，并且能把受到的载荷传递给座椅骨架。

头枕的操作力和异响是乘客非常关注的方面。

头枕插杆和导套的配合直接影响到头枕上下调节的操作力。配合松，操作力小，但可能会导致插杆在导套内晃动，产生异响。配合紧，虽然可减小或消除异响，但操作力会变大。

头枕插杆的卡槽也非常重要。在正常情况下，卡槽用来保持头枕的位置，在用户上下移动头枕时，操作要轻便。

头枕插杆的卡槽设计有两种：一种是只允许当头枕导套的锁止机构打开的时候头枕才可

以移动,此时头枕支杆的卡槽应该被设计成接近90°;一种是保持头枕在正常位置,但是头枕上下运动无需解锁动作,在这种情况下头枕插杆的卡槽应该被设计成30°~45°之间。

为了实现不同车型头枕的共用以节约成本,头枕的插杆直径和两插杆间距,以及相匹配的座椅骨架上的导套孔的直径和间距一般采用固定的数值。

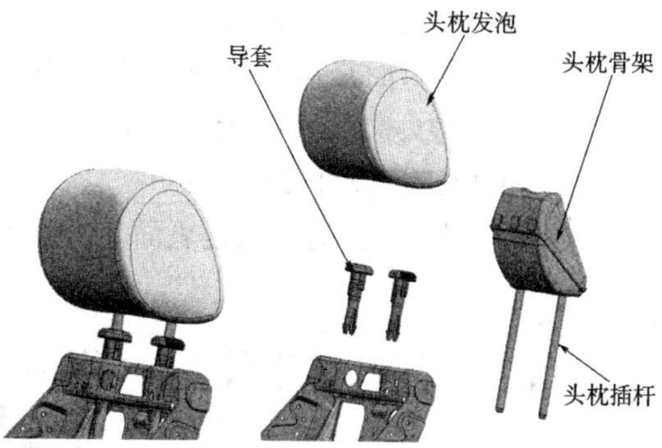

图4-15 座椅头枕示意图

三、座椅发泡

座椅发泡是座椅的关键部件,发泡提供了座椅的形状和轮廓,发泡的特性直接影响座椅舒适性和H点。

1. 发泡的工艺和材料

发泡的成型过程可以形象地比作面包的制作过程。先把化学材料放入模具下模腔,合上上模腔,然后加热模具,化学材料在模具里膨胀充满整个模具型腔后开模取出发泡零件,如图4-16所示。

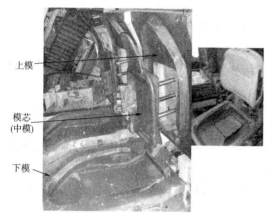

图4-16 座椅发泡模具和零件

浇注原材料,需按一定的轨迹、一定的流量、一定的浇注时间向模具中进行投料并控制原料的温度、模具的温度以及浇注时的压力。原料在一定的温度下反应、成型时间约为几分钟。泡沫出模后,需要进行开孔,使泡孔破裂,否则泡沫容易收缩。泡沫出模后,还没有反应完全,需要挂在悬挂链上进行后熟化处理,该过程需要几小时。

常用的发泡主要原材料有两种,即异氰酸酯和组合聚醚,其用料比例一般为1:2。其中,异氰酸酯有三种:甲苯基二异氰酸酯(Tolylene Diisocyanate,简称TDI)、二苯基甲烷-二异氰酸酯(Diphenylmethane Diisocyanate,简称MDI)、MDI和TDI混合物。通过改变组合聚醚的属性,可以在异氰酸酯不变的条件下,做出满足不同要求的产品。

TDI:制作的发泡产品密度比较低,性能特别是耐老化性能也比较差,气味散发性较高。

MDI主要特点是:活性比较高,反应速度快;对模具温度的依赖程度低,可以低模温生产;后熟化快;物理性能,特别是耐老化性能非常优良;撕裂强度较差;制作的产品密度比较高,气味散发性较低。

MDI和TDI混合物:为了降低MDI的密度和提高MDI的流动性,加入部分的TDI以降低产品的密度和改善产品性能。

TDI和MDI混合物:为了改善TDI的性能,加入部分MDI。加入的MDI比例不同,常见的有TM80/20(TDI 80% + 粗MDI 20%)、TM70/30等不同配比。

2. 自由状态发泡

通常我们看到的座椅发泡,是被座椅面套所包覆着的。如果去掉面套,没有任何束缚的发泡,称之为"自由状态发泡",如图 4-17 所示。"自由状态发泡"和被面套包覆的发泡在外形上是不一样的,当将面套包裹在"自由状态发泡"外时,为了保证面套表面没有褶皱,必须使面套有足够的拉紧力,这样势必导致发泡被压缩。所以,当设计"自由状态发泡"时需确认包覆面套后的发泡也满足设计要求。

"自由状态发泡"通常比包裹面套的发泡大一些,具体尺寸取决于发泡的形状和硬度。

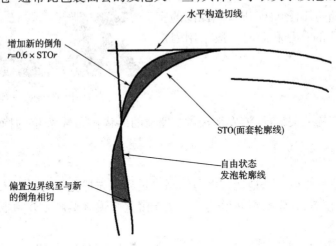

图 4-17 自由状态发泡构造示意图

3. 发泡的重要参数

发泡的重要参数主要有密度和硬度。密度对发泡的耐久性很重要;而硬度是发泡在承载情况下不发生变形的重要因素。

虽然较高的密度会带来较好的耐久性以保证在最大允许加载的情况下,发泡能满足耐久性试验要求,但是有时太高的密度会导致硬度高,影响乘客乘坐舒适性。因此,坐垫的密度就尤为重要,必须严格控制。一般密度越高成本也就越高,高密度意味着更多的原材料要被放入模具。密度太低产品外观会出现缺陷,物理性能也无法达到要求。

发泡太软或太硬都会造成座椅不舒服,太软会引起乘客疲劳或者乘客身体感觉到座椅上的硬点,太硬则有坐"硬板凳"的感觉。

硬度通过压陷载荷(Indentation Load Deflection,简称 ILD)来衡量。

4. 压陷载荷

压陷载荷(Indentation load Deflection,简称 ILD,或 Indentation Force Deflection,简称 IFD,),是用于确定座椅发泡厚度压缩到 50%(根据各主机厂或零部件的要求不同,该值可能为 40% 或 70% 等)所需要的载荷,如图 4-18 所示。发泡硬度越高,压陷载荷越大。ILD 主要取决发泡成分和发泡厚度。ILD 在发泡上测量,而不是在包覆后的整椅上。ILD 是 H 点的控制因素之一。ILD 用来确定人体陷入发泡的量,发泡越硬,人体陷入发泡越少,对于相同的发泡成分,ILD 取决于发泡的厚度。发泡厚度在 ILD 圆的圆心处测量。

测量 ILD 值,需要一个与发泡 B 面(即与车身或座椅骨架配合的面)相匹配的夹具,以排除测量时由于非发泡变形产生的误差,如发泡 B

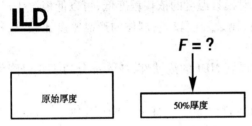

F=把发泡压缩到原始厚度特定百分比所需载荷

图 4-18 ILD 示意图

面腾空、硬物挤压发泡 B 面局部等。测量 ILD 值时,应选假人或乘客乘坐时接触的位置。测试方法如图 4-19 所示。

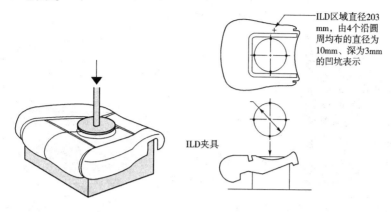

图 4-19　ILD 测试示意图

设计过程中也可以通过检测标准化样块的压陷硬度(Compression Force Deflection,简称 CFD)来初步判断发泡件的硬度。样块大小一般为(100mm×100mm×50)mm。测试方法按照 ISO 3386-1 进行。

另外,为了避免长时间乘坐座椅后产生的"塌陷"或舒适性问题,很多整车厂把恒力碾压(Constant Force Pounding,简称 CFP)后的高度和 ILD 的损失,以及滞后损失(Hysteresis Loss)作为衡量产品质量的标准。

测试滞后损失的值时,将泡沫件试样放在标准测试托架上。用标准测试压头在一定预载荷力下测试泡沫件试样厚度,以一定的速度预挠曲至试样厚度 75%,记下不同变形量下对应的载荷力坐标,再放松至循环一次,停留 1min,再重复同样的过程,记录第三次循环时的滞后曲线,如图 4-20 所示。计算滞后损失率(%)=(面积 ABC)/(面积 ABD)。

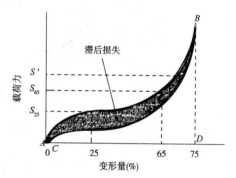

图 4-20　滞后损失示意图

四、座椅面套

座椅面套按材质可分为布面套、革面套和皮面套。面套的主要功能是为座椅提供持久、美观和令人愉悦的包覆。

面套主要有剪裁缝制法、直接成型法和黏结法等三种包覆工艺。

剪裁缝制法(Cut & Sew):是传统的座椅面套工艺,其过程是将事先缝制好的面套包覆在发泡外并使用不同的紧固件将面套固定。最常用的固定方式包括:粘扣带(Velcro)吊紧带,J 形条和圣诞树卡子。座椅表面的风格线可通过不同的连接件及装饰缝制技巧获得。典型的风格线装饰缝制方式如图 4-21 所示。

直接成型法(Pour-in-Place):是将缝合好的面套安装在发泡模具中,然后将液态的发泡材料直接注入成型的工艺。直接成型法省略了传统工艺中将面套手工包覆在发泡外的过程,其优点是可以很方便的获得形状较复杂的凹陷表面,而无需再通过传统的吊紧带的方法进行面套和发泡的贴合;还可以改善面套外观质量,如避免传统工艺中面套结合处的外观缺陷和扶手的包覆扭曲问题。该工艺要求发泡渗透性低、密度高,以防止发泡表面层出现渗胶,同时对面套起到较好的支撑作用。该工艺在产品初期需要经过多轮调试,工艺稳定后生产效率高于剪切缝制法。该工艺主要用于头枕、扶手等小部件。

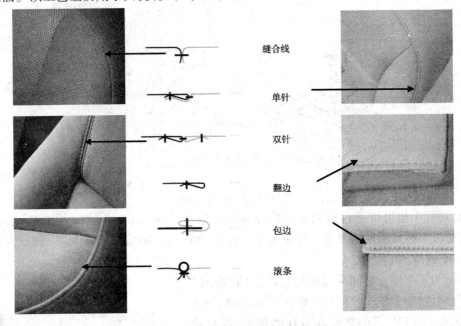

图 4-21 典型的风格线装饰缝制方式

黏结法:先将聚氨脂黏结剂喷在发泡上,然后将缝好的面套直接包覆上去的工艺,不需要使用传统的吊紧带等工艺。该工艺可获得凹凸变化较大的座椅造型设计,改善座椅面套起皱的问题,但是费用较高。

第三节 座椅系统与周边零件的典型界面

在座椅开发过程中,需要考虑人机工程、座椅系统内部零件之间的界面以及座椅与周边零件的典型界面,以下将逐一介绍。

一、人机工程要求

座椅的人机工程设计是否合理将影响座椅的舒适性,设计时需考虑:躯干线角度、大腿和小腿角度、H 点、踵点、后座乘员膝部空间、后座乘员脚部空间、座椅控制手柄、开关大小、触及区域、手部操作空间和扶手高度等。例如:关于座椅扶手触及区域的人机工程要求如图 4-22 所示,其中尺寸 A、B、C 是需要定义的参数。

二、座椅与周边零件的界面要求

座椅系统与仪表板、副仪表板以及门板等周边零件以及座椅系统内部零件之间的界面要求如下所述。

1. 与仪表板、副仪表板之间的界面

在前座椅的折叠过程中和折叠后,无论在什么位置,都不允许和转向盘干涉,例如,座椅靠背和头枕不允许有任何碰响喇叭的机会。

座椅在全行程调节过程中,和副仪表板必须保持足够的间隙,以防止座椅和副仪表板产生摩擦异声。

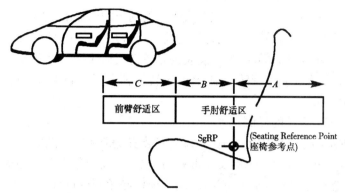

图 4-22 座椅人机工程示意图

2. 座椅与座椅之间的界面

如果车辆配备了可折叠的后座椅,那么后座椅靠背折叠时必须与处于最后位置的前排座椅有一定的间距。对于安装了主动头枕的前排座椅,当后座椅折叠而前座椅处于最后位置时,前座椅的主动头枕功能不能受影响。

3. 座椅与饰板之间的界面

当将座椅靠背往前折叠时,靠背与顶衬和遮阳板需保证一定的间隙;对于需要通过前排座椅进入后排座椅的车辆,要求在饰板与折叠后的座椅之间能通过一个一定尺寸的圆台;后排座椅靠背轮廓与 C 柱饰板间要求无间隙;后座椅与后门饰板之间保证一定的间隙,以防止门"过度关闭"时与座椅干涉;座椅表面应与礼貌灯之间保证一定的间距,防止灯的热量造成座椅面料的提前老化。

为了确保座椅在运动时和周边零件不发生干涉,座椅和周边的零件通常需要保持一定的设计间隙。但是有时为了改善外观等原因,座椅和内饰件间必须保持过盈,例如:对于后排靠背不可翻折的固定座椅,后座靠背和衣帽架之间需要过盈配合以保证这两个零件的紧密贴合,如图 4-23 所示。

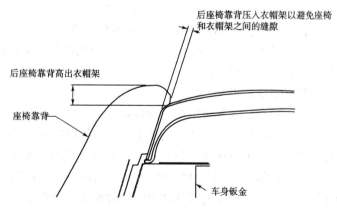

图 4-23 座椅与衣帽架设计界面示意图

如果后座椅靠背高出衣帽架一段距离,可以防止制动时,物品从衣帽架上滑落;但是,如果安全带卷收器布置在衣帽架中,则要求后座椅靠背不能高出衣帽架,为了防止后座椅靠背阻碍安全带路径。具体如何设计需要根据车辆的总布置情况确定。

4.座椅与声学系统之间的界面

座椅系统和声音处理子系统的界面要求如下：

座椅系统在任何调节位置,在不造成令人厌恶的间隙的前提下,必须与地毯及吸声零件保持间隙;如果安装了固定式的后座椅,这种后座椅的座垫是安装在地板上的,那么,地毯及吸声零件和座椅座垫之间不允许有间隙;如果安装的是铰链式后座椅,座垫和地毯及吸声零件之间必须有一定的间隙;如果安装了旋转枢轴的话,旋转枢轴点周围必须有一定半径的间隙,以供后座椅折向行李舱饰板。

5.与座椅安全带子系统的界面

座椅必须提供足够牢固的固定点,在座椅上安装安全带和导向机构。

座椅系统包含了安装在座椅上的安全带和锁止机构,安全带在整个座椅使用位置中都必须能正常工作;不论座椅上是否坐人,座椅的调节操作必须不受座椅安全带的限制;座椅在任何使用位置,必须方便用户自由使用所有座椅安全带元件。在座椅的任何使用位置,所有插锁、按钮等用户界面元件必须是便于操作和触及的。

6.与气囊子系统的界面

座椅如果装备了气囊子系统,应当给气囊子系统提供足够牢固的固定点,并便于气袋顺利快速地展开。

座椅应当遵循在侧撞气囊的相关标准中定义的界面要求;前乘客座椅应当遵循质量传感器和位置传感器的界面要求;对于安装了气囊系统的座椅,则在车辆的目标寿命周期内,座椅在通过所定义温度极限和环境暴露后,座椅的零件(如覆盖件、面板等)应该保持其所设计功能,气囊爆破后不能有对乘客造成伤害的碎片。座椅部件不应对侧气囊爆破造成限制。

7.与空调的界面

对于布置在座椅附近的空调系统管道,座椅和管道的界面应该是:遵循在整车标准中定义的界面;不限制座椅的行程;不限制对后座乘客的空气流动。

8.与车身子系统的界面

以下对界面的要求,将应用于存在于座椅系统和车身系统之间的界面：

所有座椅都应该按整车标准和总装要求进行设计。如总装要求中所指的座椅与车身的连接点:紧固件应该按整车厂紧固件指导方针的要求用于所有座椅;在所有座椅和车身之间的连接点要求金属间的接触;车身应提供足够的强度来满足座椅承载条件,要求没有破裂和变形;对于安装座椅的固定点和锚接点,车身必须承受在任意方向的总变形的1/2。最终的变形必须在座椅组和车身组之间达成一致意见。

9.与电动机及电信号子系统的界面

座椅系统与电动机及电信号分配系统的界面须满足如下接口标准：

座椅必须具有连接口、线束、根据整车要求的安全气囊系统回路;整个座椅的调节范围中,座椅的线束和接口在常规的视角中不能被乘员看见,同时,这些电气件要满足疲劳试验要求;座椅线束必须有效固定,因为运动关系不能固定的线束在座椅的整个调节范围中,不能被周边硬的零件夹到,造成破损;与白车身相接的座椅线束需要遵照整车数据标准。

第四节　座椅系统主要性能和试验及设备要求

产品需要经过验证才能确定它是符合客户要求,同时,通过试验可以评估现有产品以达到帮助持续改进的目的。座椅测试是在不同的条件下进行的,包括试验室测试、场地测试、道路测试。试验的目的是确认座椅的性能达到或超过设计要求。

一、试验室试验

试验室试验可以通过各种台架和设备的帮助,达到对很多产品性能测试的目的。主要有7类测试来评估产品的性能:安全性的要求,性能测试,电子声学测试,舒适性评估,机械测试(调节调角器、带扣),座椅骨架测试和振动测试。以下是一些主要的试验室试验的描述。

(1) GB 11550/GB 15083/FMVSS202A/FMVSS201/ECE R17/ECE R25 头枕系统的性能要求和试验:包含了头枕系统的几何尺寸要求,头枕系统的强度试验和冲击试验,定义了对头部的约束以降低撞击时颈部伤害程度。

(2) GB 15083/ECE R17/FMVSS207 座椅强度试验:设定了对座椅和附件总成及相应的安装,使冲撞时的作用力导致失效的可能性减小。

(3) GB 14167/ECE R14/FMVSS210 安全带固定:设定了安全带系统定位安装在适当的位置,以有效的对乘员有约束作用,并降低它失效的可能性。定位、连接装置及螺栓必须能够承受符合相应标准的力。

(4) GB 14167/FMVSS225/ECE R25/ 儿童约束系统:定义了车辆对儿童约束系统的要求,以降低撞击中儿童的死亡和受伤程度。

(5) FMVSS208 乘员撞击保护:定义了在撞击时对车内乘员的保护的性能要求,以减少死亡和受伤的程度。定义了撞击的数值要求和主动和被动保护系统的装备。

(6) GB 8410/FMVSS302 内饰材料的燃烧特性:定义了材料的阻燃特性和试验方法。

(7) 靠背/坐垫的颠簸和蠕动:模拟车辆在生命周期中承受的带人的颠簸和蠕动的行驶。颠簸相当于乘员上下的运动、反弹。蠕动相当于侧向的乘员运动。一般来说,这个试验是为了发现塑料件、泡沫以及面套的磨损。

(8) 衰减耐久:模拟车辆在生命周期内带人的无蠕动的行驶。通常是在包覆完整的座椅或靠背上试验,以发现泡沫的下陷、支撑损坏或一般的座椅结构损坏。

(9) 振动分析:测量输入范围内的相应频率,以确定衰减特性和轻微声响的问题。

(10) 坐垫耐久:测试泡沫的耐久性和座椅支撑的强度。

(11) 上下车模拟:模拟乘员上下车的过程。通常试验在包覆完整的坐垫、靠背或整椅上进行,以发现塑料件固定强度、面套的磨损和泡沫的下陷。

(12) 座椅靠背疲劳:用来确定一个作用在靠背上的重复的后向载荷造成的影响。

(13) 座椅靠背强度:用来确定一个座椅承受的最大的后向强度。对座椅靠背加载,直到发生失效。

(14) 扭转刚度:确定座椅抗扭转的能力。

二、试验场测试

试验场测试用来得到在不同地形条件下实际行驶的里程,以验证试验室的结果。试验可以是一次3h左右。撞击试验也可以用来评价座椅性能和重力负载要求的一致性。

三、道路试验

道路试验是一个短期的试验,用来发现舒适性和噪声问题。发现的问题被记录下来并在整个设计和开发阶段中不断的改进。

四、道路长途试验

这是一个长时间的试验,比如 2~5 天的长途行驶。试验需要与客户协调,并向他们提供座椅在长时间行驶下的评估。

第五节　座椅系统的设计要求

一、H 点控制和舒适性控制

H 点控制和座椅舒适性的控制几乎是汽车座椅设计过程中最重要的考虑方面。对于制造商来说,成本、制造工艺性无疑很重要,但对于客户,他们关心的只是座椅是否舒适,空间是否足够大。

H 点控制和座椅舒适性考虑早在产品制造之初就应该考虑,如果等样件制造出来后再来检查就太晚,如果发现有不符,再作更改,将浪费太多。

实际上在汽车的设计过程中 H 点和舒适性也是相辅相成的,H 点决定了乘员的位置及舒适性,而人们对座椅舒适性的评价也间接的影响了座椅参数的设定。

1. H 点控制

首先,什么是 H 点？H 点是一个整车数据,它定义了"假人"或是乘客的位置。具体而言,它是指将一个标准身高的乘客(即"假人")投影到座椅的中心平面,此时,中心平面上投影假人的脊椎骨与大腿骨均为直线,这两条直线的交点就是设计 H 点。

若车身环境均已确定,H 点是否控制到位则直接影响乘客的车内空间、活动范围。如果 H 点落在规定范围外,将严重影响座椅控制(按钮、手柄等)、用户视野、乘坐舒适性,甚至会导致安全性问题。所以控制影响 H 点的相关参数,是控制 H 点的关键。

假人嵌入到座椅坐垫 A 面的陷入量是管理 H 点的一个重要标准,如图 4-24 所示。而发泡的厚度和 ILD 直接影响到假人到发泡中的陷入量,所以要根据 STO 面和 H 点要求,选择具有合适的厚度和压陷载荷的发泡。

假人相对于中垫和侧翼的位置非常重要。要能正确地摆放假人到坐垫中,必须考虑到两点,坐垫横向上(即整车坐标系 y 向)需考虑坐垫两翼(即坐垫左右两侧边缘);坐垫纵向上(即整车坐标系 x 向)需考虑每一个 x 坐标点上的坐垫截面形状。有的设计竟然让假人完全坐在侧翼上,而与坐垫根本没有接触,这不仅严重影响舒适性,也会误导 H 点的测量。

靠背角和靠背 A 面与假人之间的关系需要仔细的审核。靠背角指的是假人的靠背角度,是由整车厂所提供。如果靠背角有所偏差,将会使 H 点测量值偏前或者偏后。要纠正这种情形,就必须分析靠背 A 面和假人之间的关系,包括座椅的腰托是否已与假人的腰部对齐等。

除了靠背角,因为坐垫角度会影响大腿的角度,所以也会影响 H 点。坐垫角度有三种:坐

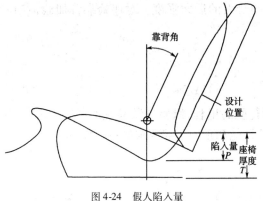

图 4-24　假人陷入量

垫滑道角度,坐垫骨架角度,坐垫 A 面的角度。其中,坐垫 A 面的角度与假人之间的关系对于整车厂来说是最关注的。

如果,坐垫或者靠背中有悬架系统,那么,悬架系统的位置、面,弹簧的位置、刚度也将对 H 点产生影响。

座椅面套对 H 点也影响很大。例如面料类型(皮、革、织物),面料的表面张力、延伸性、面套的张紧度和复合层的材料都会影响到假人的陷入量,从而也就影响到了 H 点。

2. 舒适性控制

对于什么称为座椅的舒适性,每个人都有着不同的观点。但是,有一些因素对座椅的舒适性有必然的影响,我们可以通过调整这些参数来提高座椅舒适性。研究结果表明,下面几项性能对于舒适性有较大影响:

(1)压陷载荷(ILD):座椅太硬会感到不舒服,太软会容易导致乘客疲劳或碰到座椅中的硬物。

(2)自然频率:座椅的自然频率要求低于人的敏感度的范围,但要高于汽车结构件的频率范围。否则,就会产生不舒服的振动,噪声或卡嗒声。

(3)静态压力分布:压力分布均匀的座椅更加符合舒适性的要求,座椅面接触处的血液循环以及肌肉紧张程度也会影响人的感受。

下面是一些对于座椅舒适性开发来说比较重要的特性或者指南:

(1)坐垫及靠背中间部分宽度不得小于 340mm;

(2)假人与靠背和坐垫的中间及两翼之间的关系对于座椅的舒适性非常关键;

(3)假人大腿在坐垫上的离去点,以及背部支撑位置非常重要,必须将它设计在特定区域;

(4)头枕位置和 A 面造型对于假人头的放置位置非常关键;

(5)调角器、滑道、腰托的控制手柄或者控制按钮必须设计在人体工程舒适的位置,对于调角器或者腰托,乘客必须不需要离开靠背往前倾斜就能调节按钮,以便及时感应;

(6)坐垫的 meat-to-metal(身体到座椅内骨架硬点)距离不得小于 50mm,靠背的 meat-to-metal 距离不得小于 35mm;

(7)通常,较硬的发泡具有更均匀的压力分布,较硬的发泡也有利于面套的装配;

(8)腰托的位置和突出量对舒适性有一定影响。

在项目开发阶段,主要通过路试对座椅舒适性进行评估,模拟乘客在前 5min、45min 或 1h 及 90min 或 2h 的乘坐感受。前 5min 的舒适性,又称"汽车展销厅舒适性",指乘客刚坐到座椅上的立即感受;45min 或者 1h 的舒适性,模拟的是平常驾车上下班时,对座椅舒适方面的感觉;90min 或者 2h 的舒适性,是指长途驾驶时,对座椅舒适方面的感觉。

在座椅开发的整个阶段,需要通过一次次的座椅动态舒适性路试,不断调整设计,使座椅的舒适性目标得以保证。

二、至地板的载荷传递路线

座椅任何位置上施加的力最终会传递到车身地板上去,这意味着在力的传递路线经过的每一个座椅骨架部件必须足够牢固,以下是常见的座椅受力情况:发生前撞时的冲击力,起初,座椅主要受和座椅质量相关的瞬时冲击力,随后,乘员将反弹回座椅导致座椅靠背的后向载荷;突然踏制动时,乘员向座椅靠背施加力;拿皮夹或从口袋里拿东西时,乘员向座椅靠背施加力;转身到座椅后面拿东西或和人交谈时,座椅靠背受扭转力;后撞导致乘员向座椅靠背施加巨大力量;乘员随音乐摇摆向座椅施加力;从前座椅侧面的手套箱拿东西时,座椅靠背受扭转力。

所有这些力都施加于座椅部件,通过座椅骨架上的不同部件:头枕杆、靠背骨架、调角器、滑道等传递到地板。好的座椅设计要使载荷能有效地传送到地板上去,因此载荷的传递路线必须仔细考虑,下面是载荷传递的最快捷路线:头枕—靠背骨架—调角器—滑道—地板。知道了这一原理,在保证外观和装配可靠的前提下,在设计时可以考虑把不在力的传递路线上的座椅部件的成本和质量减小到最低。

三、外观

所有乘员进出、乘坐时都可见的每一个部件应根据他们的感知特点(诸如外部型面视觉效果、造型、用户触感等)做到精益求精。零件的设计必须使人耳目一新,给人以高品质和做工精湛的印象。

要满足外观,必须注意以下几点:面料织物类型,固定面套和发泡的尼龙搭扣或者C形环的位置及埋入发泡的深度,面套的张紧程度,两翼和中间部分的高度差,靠背座垫交接线的间隙等。尤其要注意的是:所有金属部件都必须由塑料饰板、面套和地毯零件覆盖。一旦有金属部件无法遮蔽,则应喷涂和内饰颜色匹配的颜色或黑色或以其他方式覆盖,如图4-25所示。

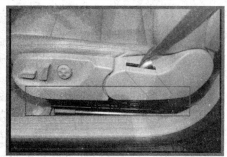

a)滑道用塑料饰板遮住　　　　　　　　b)滑道喷涂黑漆

图4-25　金属部件的遮蔽处理

四、振动和异响

汽车座椅有时会出现振动或噪声,这是客户所不愿意感受到的。

噪声的来源有金属碰金属:坏掉的焊点、锁、转轴点、弹簧钩子等;发泡和金属;发泡和面料,滑道和调角器中的松动零件,面套与面套之间,头枕异响,松动的螺钉和整车其他部件的接口、杯托零件、在放下位置的扶手、悬架和腰托零件等。

座椅受到车辆/道路/共振的激发产生振动。通过改变座椅的自然频率,抑制或隔绝振动,减少振动能量可以解决相应的问题。

以某车的座椅头枕异响问题为例加以说明。

问题描述:

某设计开发中的车在经过坏路时,有座椅头枕晃动现象,同时伴有噪声异响。由于该噪声源距离客户耳朵很近,故易影响客户抱怨。

问题分析:

通过筛选引起振动的主要因素:头枕质量、导杆直径、头枕导套形式、孔径配合参数。运用 DFSS(Design For Six Sigma,面向设计的六西格玛)的设计理念,选取样本进行统计分析,找出影响振动的敏感元素——头枕插杆形式。

经过对比不同形式的插杆在抑制振动方面的表现,决定采用空间异面型的头枕插杆来加大头枕杆和导套间的阻尼/摩擦。

方案实施:

通过制造一定数量的样件,在多辆样车上试装并在坏路上测试,证明座椅异响有明显改善。由此确定更改模具的方案并完成头枕异响问题的解决。

这个例子是通过改变零件的设计来消除异响,但许多时候,这种方法很难找出异响的根源。常用的消除异响的方法是用隔离法,比如在发泡和骨架之间放一层无纺布。

五、总布置

根据车辆的价格、市场定位和流行趋势,整车厂的造型设计部门制订车辆的外形风格、车身内部空间参数。车身内部内饰零件的尺寸和留给乘员的空间在这一阶段初步确定,整车集成部门把二维人体模型放到车身数模内,综合法规、安全性、舒适性、空间、造型等要求,标注尺寸规范,发布总布置图,如图2-5所示。座椅和其他内饰零部件的尺寸参数必须满足布置图中定义的要求,总布置图中和座椅相关的参数有:H点、脚跟点、设计位置的靠背角度、座椅的前后上下运动区域、座椅靠背的行程、靠背旋转点位置、头部空间等。

六、座椅系统的装配和安装要求

在过去,座椅装车要靠人工完成,但座椅总成是个比较大且比较重的零件,人工安装不仅影响工作效率而且会给安装工人带来相当大的工作强度,所以目前基本不用这种安装方式。

取而代之的是在装车时采用机械手臂辅助,将座椅托举入车身。为了方便座椅安装,要求座椅在通过车门时要与车门框及IP之间留有适当的间隙,如图4-26所示。

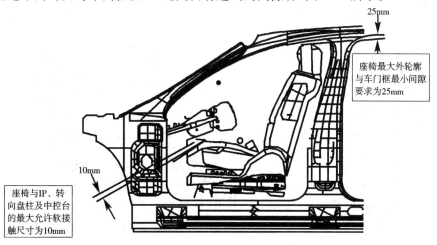

图4-26 座椅装入车身的要求

七、座椅造型设计

座椅的造型设计非常重要。首先座椅造型直接关系到座椅是否漂亮,用户打开车门,首先看到的是座椅,座椅给人整个内饰的第一印象。座椅造型还关系到座椅的舒适性和乘坐空间的宽敞性。

在座椅造型过程中,会用到二维渲染图、ICON(硬质模型)座椅、Soft Trim(软质模型)座椅和STO(Seat Trim Outline,座椅面套外轮廓)面。

1. 二维渲染图

二维渲染图(图4-27)包含了座椅外形的信息,这些信息包括:座椅面套材料(布、人造革、真皮)的区域分布,缝线的分布和风格,座椅外露件的皮纹风格和颜色,座椅的塑料饰板的形状和覆盖区域,座椅上功能件(调高器手轮、腰托手柄、调角器手柄、电动控制开关)的形状和分布区域。

图4-27 座椅二维渲染图

2. ICON(硬质模型)座椅和Soft Trim(软质模型)座椅

ICON座椅(图4-28)是反映座椅造型意图的三维座椅样件,在外观上,ICON座椅有和真实座椅一样的缝线的分布和风格,座椅面料、塑料饰板、座椅上功能件(调高器手轮、腰托手柄、调角器手柄、电动控制开关)的形状和分布区域均在ICON座椅上体现。ICON座椅是不可乘座的,因为ICON座椅用木头制作,只体现座椅的造型设计意图。

Soft Trim(软质模型)座椅是使用真实的面料和发泡制作的座椅样件,样件上的塑料饰板、功能件一般都是快速成型件,Soft Trim座椅和真实状态的座椅外观和触感基本一致,所以比ICON座椅更能体现真实的设计意图,Soft Trim座椅一般用于最终的座椅造型评审。

3. STO(Seat Trim Outline 座椅外轮廓)面

座椅造型确定后,需要发布STO(座椅外轮廓)面,如图4-29所示。

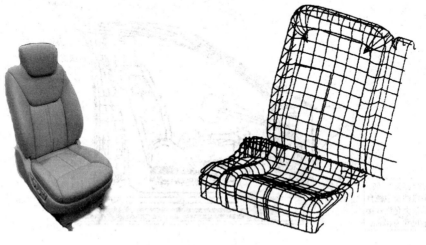

图4-28 ICON座椅　　　　　　　　图4-29 座椅STO面

STO面必须包含座椅外形的足够的信息:外形、造型表面和造型特征上的关键点。STO面用许多不同的截面(STO线)反映了造型的期望,原始的STO线是由三维扫描机从座椅的造型模型上扫描得到的,它仅仅能用于座椅的总布置工作,原始的STO线中有许多问题需要解决,如:人机工程学的问题、价格、面套和装配可行性、舒适性、造型的妥协等,这需要供应商和整车厂分析交流并修改原始STO,在这些问题解决后,STO可以用于三维实体的造型。

习题与思考

1. 座椅调角器有哪些类型?哪种调角器有电动形式?
2. 简述MDI、TDI的特点。
3. 涉及座椅的强制性国家标准有哪些?
4. 请说出至少6种座椅面套的风格线缝制方法。
5. 简述座椅在整车系统中所起的作用。

第五章 侧围饰件系统

内饰侧围饰件系统是指分布在汽车内饰侧面起装饰和功能作用的零件系统,通常可分为门饰板系统和立柱饰板系统。

第一节 门饰板系统

一、门饰板系统概述

门饰板系统,在下文中简称门饰板,包括左前门饰板、右前门饰板、左后门饰板、右后门饰板等。在有些中高档车上还可能包括门框饰条。

门饰板的主要功能是包覆金属门板,提供优美外观,并满足人机工程、舒适性、功能性和方便性等要求。门饰板上的地图袋是车内的主要储物空间之一,有时门饰板上还会有卡片夹、烟灰缸等以满足更多的储物要求。此外,门饰板还在侧撞时提供适当的吸能保护、隔声降噪等作用。

二、门饰板的典型结构、工艺和材料

1. 门饰板的典型结构

门饰板一般由本体、上饰板、嵌饰板、扶手、装饰件、地图袋及相关紧固件构成。

最简单的门饰板可以是一块简单的平板包覆面料后连接到车身门上,该板可以是纸板、木粉板或塑料板。然后装上必要的功能件,如门内拉手、扶手、拉手盖板、摇窗手柄或扬声器盖板等(图 5-1),这种设计制作方法一般在轿车上很少见。

较复杂的门饰板的典型结构一般是在本体基础上加上饰板、嵌饰板、地图袋、门内拉手盖板、锁扣盖板、木纹饰条和礼貌灯等。为了尽量减短尺寸链达到最好的配合效果,建议尽量把门饰板的其他零部件直接装在门饰板本体上。它既可以提供更美观豪华的外观,也可以提供更多样的储物和功能件布置等,如图 5-2 所示。

1) 本体的典型结构

本体,又称基板或门饰板骨架,是连接和安装门饰板系统中其他子零件包括功能件和装饰件(如地图袋、嵌饰板、上饰板、扶手等)的载体;并且设计有定位和紧固结构,使整个门饰板系统安装到门钣金上。本体典型结构如图 5-3 所示。

通常门饰板本体采用注塑或热压工艺。本

图 5-1 简单的门饰板示意图

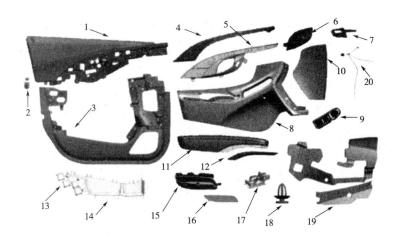

图5-2 复杂的门饰板零件图

1-上饰板;2-锁杆导套;3-本体;4-木纹饰板;5-拉手盖板;6-门内拉手;7-环境灯;8-嵌饰板;9-开关面板;10-前端盖板;11-扶手;12-装饰件;13-吸能块;14-地图袋;15-拉手杯;16-螺钉盖板;17-礼貌灯;18-卡扣;19-吸声棉;20-跳线

体需有足够的强度和刚度,以保持门饰板总成的形状;需有布置合理的紧固点位置和设计合理的紧固件,使门饰板在安装时不能有太大的插入力同时又必须保持足够大的保持力,保证门饰板不脱落并与周边零件的紧密配合;还必须有足够的吸能强度和一定的变形空间,以达到在碰撞时减少乘员受到伤害的目的。

2) 上饰板的典型结构

上饰板通常分为硬质与软质两类。通常硬质上饰板采用注塑或热压工艺,可单独分块,若无造型或材

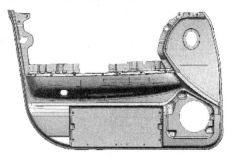

图5-3 本体典型结构示意图

料、颜色等特殊要求,也可与本体合为一个零件;软质上饰板通常由表皮(面料、人造革或真皮)、发泡层和骨架三部分组成。表皮的工艺可以是阳模真空成型或手工包覆,对皮纹、圆角等外观要求较高的中高档轿车,则可采用搪塑或阴模真空成型,PU喷涂(PU Spray)、表皮工艺详见第8章。

上饰板与骨架通过孔销定位,用焊接或螺钉连接方式连接,如图5-4所示。

图5-4 上饰板示意图

3) 嵌饰板的典型结构

嵌饰板用以提供手肘的倚靠,以软包覆居多。分层结构由表皮(面料、人造革或真皮)、发泡层和骨架等三部分组成。

嵌饰板有分离式和整体式两种。顾名思义,分离式嵌饰板为单独成型,后与本体连接;整体式嵌饰板自身为本体的一部分,与本体一起成型。

分离式嵌饰板与骨架连接方式有背装和前装两种,通过孔销定位,用焊接或螺钉连接,如图5-5、图5-6所示。

分离式嵌饰板可以有较为自由的连接方式,表皮、发泡层与骨架的连接可采用多种工艺方式实现,因此可以用于特征相对复杂,甚至实现一些特殊的效果。如皮革打皱、添加缝纫线等,被广泛用于各种车型上。分离式嵌饰板的表皮通常以手包为主,也有采用热压或真空吸附的。嵌饰板的本体多采用注塑或热压工艺,其中热压成型的木粉板或麻纤维板既便宜又轻巧,在日系车上广泛使用。随着汽车工业技术的不断发展,一些新的工艺逐渐得到广泛应用,比如低压注塑可以将面料或表皮置入模腔,然后再注塑成型。

整体式嵌饰板与门板本体合为同一整体,无单独分块的骨架,骨架多为热压或注塑件,采用面料嵌入工艺(Kimekomi)(图5-7)或手工方式将表层和发泡层黏结包覆于本体之上,表层的毛边藏于本体的沟槽结构中,以取得不同于本体的触感和外观效果。

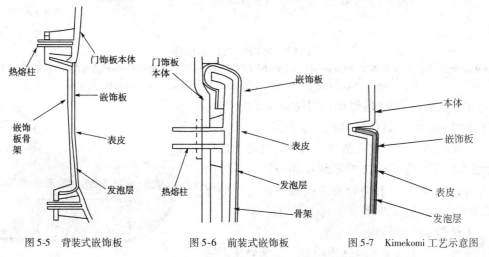

图5-5 背装式嵌饰板　　图5-6 前装式嵌饰板　　图5-7 Kimekomi工艺示意图

受工艺局限,整体式嵌饰板造型特征比较简单,多用于低成本的车型上。

4)扶手的结构

扶手的形式可以分为整体式(图5-8)和分离式(图5-9)。整体式扶手一般与门饰板或嵌饰板一起成型。这种扶手形式流行于各个层次的轿车,如上海通用汽车的乐骋、乐风和凯迪拉克赛威轿车都采用了整体式扶手。分离式扶手一般独立成型,然后装配到门饰板总成。整体式扶手结构简单紧凑,造价便宜,一般整体式扶手是低档车首选的设计形式。分离式扶手是在整体式扶手不能满足造型或功能要求的情况下,将扶手从本体或嵌饰板分离出来,不但单件成本上升,零件的装配、配合要求也更高。

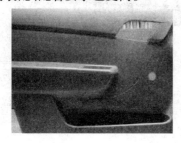 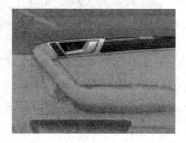

图5-8 整体式扶手　　图5-9 分离式扶手C

一般来讲,典型的扶手由扶手骨架、发泡层、包覆材料等部分组成。

(1)扶手骨架。通常扶手骨架由注塑而成,原材料多采用聚丙烯(PP)或ABS等。部分整体式扶手也采用纤维板热压成型的扶手骨架替代注塑工艺,以降低零件质量。

扶手的上表面主要起到承托乘员小臂的作用,需要承受垂直方向的载荷,为乘员提供足够的舒适性。强度高、结实耐用是主要考虑的因素之一。同时,随着近年来汽车的日益普及,人们对汽车的安全性也越来越关注。国家在参考了美国 FMVSS214、欧洲经济合作组织 ECE R95 标准后,在原有正碰强制标准的基础上制定并已从 2006 年 7 月开始强制实施国家标准《汽车侧面碰撞安全法规》(GB 20071—2006),并引进了国际通行的 NCAP 第三方碰撞安全评价体系。侧撞标准的提出,要求门饰板扶手骨架在满足垂直向加载的同时,还要能够在承受沿着乘员进出方向上的侧撞力时迅速变形吸收能量又不能发生碎裂和飞溅。因此扶手骨架的弱化设计在门饰板设计中占有越来越重要的地位。

一种常见的扶手弱化结构是在扶手骨架的背面沿着整车的前后方向增加一些截面成 V 形的凹槽(图 5-10)。在侧撞事故发生时,这些 V 形弱化槽作为扶手上强度相对较弱的区域,在巨大撞击力的作用下发生断裂,以避免力量直接传递给车内的乘员。

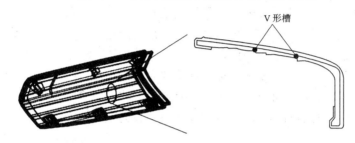

图 5-10　V 形槽扶手骨架

之后又出现了在扶手骨架上表面沿整车前后方向挖通槽,如图 5-11 所示。相比不挖通整个零件壁厚的 V 形弱化槽,新的通槽形式的扶手骨架在侧撞时的受力结构、性能稳定性等方面都要更胜一等。但是因为通槽的作用,这种扶手在垂直方向上的受力性能有一定损失,要满足原有的要求可能需要更换强度更高的原材料。

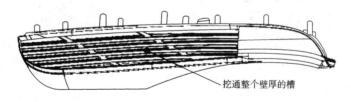

图 5-11　通槽扶手骨架

更多的扶手骨架结构形式被设计人员开发出来以满足承受垂直载荷和侧撞吸能的双重要求。

(2)发泡层。为了给车内乘员提供足够的舒适性,提高车辆档次,除了少部分直接采用注塑工艺的扶手以外,大部分门饰板会采用软质填充物来提供有弹性的扶手触感。最常见的软质填充物是已经成型好的各类发泡片材,根据扶手形状和厚度要求冲切后粘贴在扶手骨架上,之后再进行表面包覆。这种形式工艺简单,成本较低,但是对泡棉的厚度规格有一定限制,同时形状的保持性比较差。另一种是根据扶手形状单独制作一副发泡模具,这样的发泡零件与骨架和表皮贴合程度高,成本也会相应增加。另有一部分中高档车型也会采用在扶手骨架上运用发泡工艺获得软质填充,也就是将扶手骨架放入开模或者闭模型的发泡模具内,发泡可以直接成型为设计需要的形状并与骨架复合。这种工艺的尺寸精度高、保持性好、触感舒适,但是设备投入大,零件成本高。

(3)包覆材料。针对低端市场的轿车,其扶手一般的处理方式是注塑成型,辅以外观皮纹,或者喷漆。针对中高档轿车,其扶手一般通过手工工艺包覆软质材料,如纺织材料、聚氯乙烯(PVC)、聚氨酯(PU)甚至真皮等,既美观又舒适。这些包覆材料背面通常带等厚均匀的泡棉以提高扶手柔软的手感。针对聚氯乙烯(PVC)质地的包覆材料还可以采用注塑或者搪塑工艺制作包覆的表皮。用注塑模具成型需要的表皮后通过扶手骨架上的装接结构安装到已经复合完发泡的骨架上。因为模具的限制,这一工艺对扶手外形有一定要求,同时因为装接结构,也提高了扶手骨架注塑模具的复杂度。搪塑工艺是制造PVC表皮的一种工艺,完成后的表皮具有需要的扶手形状和细腻逼真的皮纹效果,之后将骨架和表皮一起放入发泡模具,通过发泡将骨架和表皮复合在一起。由于搪塑和模具发泡工艺的设备和模具投入大,工艺复杂,成本较高,所以该工艺一般应用于中高档豪华车。

在汽车内饰中,扶手要满足安全、强度、可靠性和人机要求。位置合理和软硬度适中的扶手不但给乘员提供了肘部的倚靠避免驾驶疲劳,还在侧撞过程中起着非常重要的压溃吸能作用,最大程度减少撞击给乘员造成的伤害。

随着汽车使用的日益广泛,安全性越来越受到人们的关注,研究和事实也证明:在结构设计时巧妙运用某些结构特征,可以在车辆受到撞击的过程中减少乘员所受的冲击能量以提高对乘员的被动安全保护,如局部减薄、加吸能块(图5-12)或将紧固点弱化成可溃缩的结构(图5-13)。

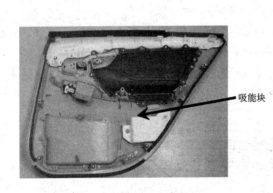

图5-12　门饰板上的吸能块　　　　　图5-13　弱化的卡子座结构

(4)地图袋的典型结构。门饰板下部储物空间通常称为地图袋。地图袋一般分为固定式地图袋和折叠式地图袋。

图5-14　背装式地图袋连接示意图

固定式地图袋可分为前装和背装两种方式。背装式地图袋一般由从本体背面装配地图袋的腔体(又称背板),与本体共同构成完整的地图袋。背装式地图袋的优点是门饰板表面不易察觉到明显的零件分块线。背板与门基板的典型连接方式为热铆焊。也有卡接和热铆焊相结合的连接方式,如图5-14所示,该地图袋由7个热铆焊点和4个卡接点连接而成。

前装式地图袋则由正面装配地图袋腔体,本体作为背板,构成完整的地图袋。前装式地图袋在门饰板表面可以看见明显的零件分块线。

一般而言,前门饰板总会带有地图袋。为了提供更多的车内储物空间,越来越多的地图袋还带有杯托的功能,如图 5-15 所示。

折叠式地图袋既可以满足储物的要求(必要时可以打开地图袋以放置更多的东西,取放物品也更为方便)又能满足座椅调节人机工程的要求(关上地图袋就可以让出足够的手部操作空间),如图 5-16 所示。

图 5-15　带有杯托功能的地图袋　　　　图 5-16　可折叠地图袋示意图

地图袋工艺一般为注塑。为了保证使用中的刚度和强度,一部分地图袋采用气辅工艺。

雪铁龙(Citroen)C6 的上下移动的地图袋很有特色,有别于一般可折叠的地图袋,雪铁龙 C6 的地图袋门是沿着上下运动的导轨平移的,当地图袋门移到最下面位置时,地图袋处于打开状态;当地图袋门移到最上面位置,地图袋门关闭,如图 5-17 所示。

 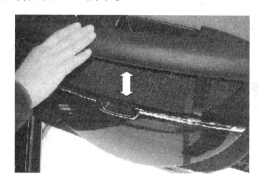

图 5-17　雪铁龙(Citroen)C6 的地图袋

(5)门饰板的定位和固定。门板安装主要靠卡子和螺栓连接,装配方式分为悬挂式(图 5-18)和水平安装式(图 5-19)两种。其中悬挂式又可分为两种,一种是直接将门板挂在门钣金边上,另一种是将卡子装在门钣金边上,然后将门饰板挂在卡子上。水平安装式就是把门饰板按照门钣金的法线方向直接将门饰板安装卡子拍入门钣金安装孔中。

门饰板的定位推荐使用图 5-20 和图 5-21 所示的定位方式。一般以门饰板的上端为上下定位,前端的一个定位销或卡子做前后定位,以保证与仪表板的流线型配合关系,以卡子座的外侧面做左右定位。

门板周圈的紧固点通常均布在门饰板的前、后、下边界附近(图 5-22),通常要在门板装配的便利性和紧固可靠性两者之间平衡。为了保证门板与钣金间隙以及在开关门试验中卡子不脱开,卡子之间的间距不宜过大。同时卡子与钣金腰线的间距如果太小,可能会导致装配困难。一般说来,在前下端和后下端的卡子越靠边界越好。

图 5-18 悬挂式

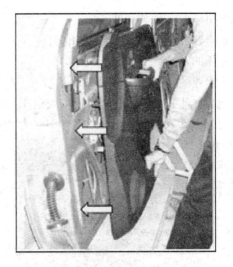
图 5-19 水平安装式

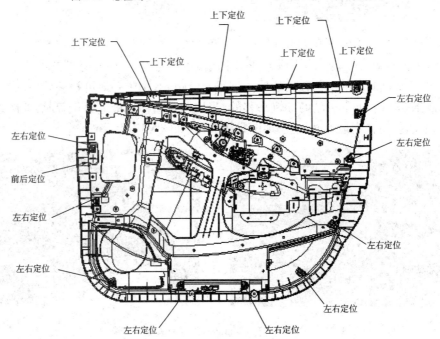
图 5-20 门饰板定位基准示意图

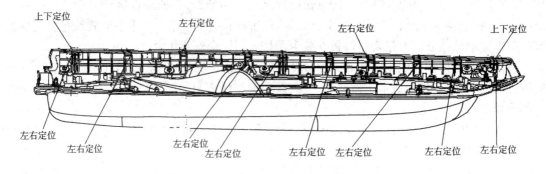
图 5-21 门饰板定位基准示意图(仰视图)

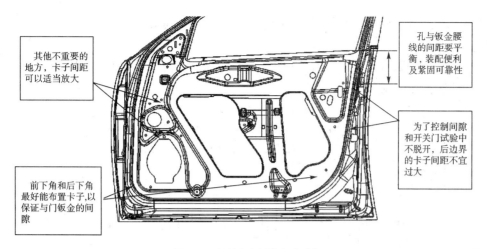

图 5-22　门钣金卡子孔布置要求

门饰板到钣金的紧固通常采用鸟嘴形的卡子(图 5-23),既简单又便宜,而且合理的设计能保证推入力小,拔出力大。要引起注意的是门钣金上卡子孔的冲压方向一定要从里往外冲,钣金冲切孔的毛边也有一定的尺寸要求,如图 5-24 所示。

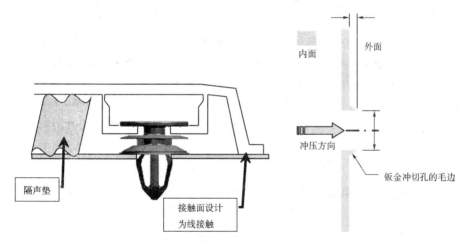

图 5-23　鸟嘴形卡子示意图　　　　图 5-24　门钣金冲切孔设计要求

2. 门饰板的典型工艺

由于内饰设计要求和谐连贯,一般要求门饰板材料、工艺与仪表板基本相同。鉴于产品成本的压力,一些日系中高档车的门饰板的工艺已简化为上部有表皮覆盖而下部是普通的注塑,如 2006 款佳美轿车。

门饰板按工艺可分为硬质、半硬质和软质等三种类型。

门饰板本体以注塑工艺制成的为硬质门饰板,因其工艺简单、投资低等优势而被广泛应用,尤其是中低档车。可局部或全部喷装饰漆或软触漆,以改善外观、增加色调或提高质感。

半硬质门饰板是在注塑或热压成型的骨架上直接吸附并黏结表皮或带背泡表皮,使其外观有皮质感。

软质门饰板是在表皮和骨架之间填充聚氨酯泡沫,既提升触感又增加吸能性。目前软质门饰板的表皮主要有阳模真空成型、阴模真空成型、搪塑成型和喷塑成型等。前者是传统的仿真皮工艺;后三者在近年因其花纹均匀、无内应力、设计宽容度高等特点被广泛应用,并得到客户高度认可,为中高档车主导工艺。

针对不同门饰板,涉及的工艺及流程也有较大差异,可粗略归纳为以下几种:

(1)硬质门饰板工艺流程图:

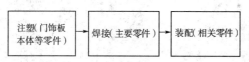

(2)半硬质门饰板工艺流程图:

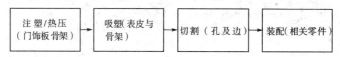

(3)软质门饰板工艺流程图:

1)表皮成型工艺

最初门饰板的表皮采用真空热成型工艺或热压复合成型工艺。表皮经过不均匀的拉伸,使皮纹变形不一,影响到美观。后来对外观的要求越来越高,出现了搪塑、阴模真空成型和低压注塑等。搪塑和阴模真空成型表皮的皮纹是刻在模具上的,所产生的皮纹均匀、清晰、美观、外形圆角小和立体感强。

(1)热压复合成型。将表皮片材加热到玻璃化温度后再施加压力使其得到一定的拉伸成型。

(2)阳模真空成型工艺。该工艺将表皮片材加热到玻璃化温度,在密闭的型腔内加注气体使其得到一定拉伸,真空吸附于骨架后冷却并得到产品。主要用于门饰板表皮和外观要求高的零件。

(3)阴模真空成型工艺(In Mold Grain,简称IMG)。该工艺与阳模真空成型的原理一样,只不过皮纹在模具上,不在表皮片材上。该工艺实质上是将三种工艺结合在一起,其一是覆皮材料利用真空负压将表皮吸附在凹模上初步成型;其二是初步成型的表皮与放置在凸模上的基材相结合;其三是将凹模下压到凸模之上的工件上,由于凹模壁上已加工出指定的皮纹花纹,这样在一定的温度加热作用下就可以在表皮上压印出所希望的皮纹,而且这种压印所获得的皮纹深浅均一,尤其美观,加工性和经济性俱佳。

(4)Kimekomi。这是一种直接在本体上复合面料或皮的工艺,一般用于嵌饰板区域覆皮。只要在覆面料区的边界处设计一定深度、一定宽度的槽,插入面料的边界即可实现。该工艺对面料的切边精度、面料的定位有较高的要求。

(5)搪塑工艺(见第八章第二节)。

(6)低压注塑(见本章第二节的立柱饰板的典型工艺)。

2)发泡工艺

发泡工艺是将聚醚和异氰酸酯充分混合后注入模具的表皮与骨架中间、交联固化,在其间形成所要求形状的泡沫的加工工艺,泡沫既连接了表皮与骨架,又改善了零件的手感。发泡工艺介绍详见第八章。

3）基材成型工艺

基材成型基本工艺主要有热压成型和注塑成型，当产品要求不高、形状简单且产量较低时，推荐使用热压成型工艺，该工艺模具简单、单件成本相对较低、模具生产周期短。在中高档车上广泛使用的是注塑成型工艺，它没有边角料，可以注塑出复杂结构，当产量较大、模具成本只占产品成本的很小比例时，注塑成型件比热压成型件成本更低。当需要在局部实现不等截面时，可以采用气体辅助成型，以提高刚度减少成型缺陷。

(1) 热压成型。热压成型是将热塑性塑料片材加热，并成型为制品的一种方法。成型时，将塑料片材加热至热弹状态后立即用真空、低压或者两者结合的方法使之成型。成型制品冷却至玻璃化温度之下，将其从模具中取出并修边。

(2) 注塑工艺。注塑工艺是将干燥后塑料粒子在注塑机中通过螺杆剪切和料桶加热熔融后注入模具中冷却成型，是门饰板制造应用最广泛的加工工艺，用来制造硬质、半硬质和软质门饰板的骨架及其他相关零件。硬质门饰板材料多使用PP，软质门饰板骨架的材料主要有PC/ABS、PP、SMA、PPO(PPE)等改性材料。注塑工艺在20世纪40~50年代迅速兴起后，得到了大力发展。

(3) 气体辅助注塑。气体辅助注塑是树脂欠注塑工艺。当气体通入熔融物料时，从阻力最小的通道进入压力低、温度高的区域。当气体从塑料件中穿过时，重新分布熔融的物料，产生中空的有一定厚度的截面。充满后，气体还可以起到预防物料收缩的保压作用。

4）门板装饰件的表面处理工艺

为了提高门饰板的多样化、个性化，除了进行零件分块和采用不同颜色、不同工艺等方法实现之外，很多汽车往往会增加不同的装饰件起到画龙点睛的效果。装饰件一般在门内拉手区域、扶手区域、嵌饰板和上饰板之间。这些装饰件通常采用水转印、IMD、INS、电镀、喷漆、实木等工艺，工艺介绍参考第八章。

三、门饰板与周边零件的典型界面

门饰板与仪表板、座椅和安全件间不仅要满足静态的配合关系，还要满足运动过程中不干涉、无噪声的要求。门饰板装在车门内钣金上，与车门内钣金更是关系密切。

1. 门饰板与周边内饰件

1）门饰板与仪表板

门饰板与仪表板是乘客坐在车上注目最多、接触最多的两个零件，这两个零件间的协调统一、良好配合体现出整个内饰的风格和品位。门饰板和仪表板间皮纹、颜色的一致性和相关子零件间对齐度、高低差、间隙一致性一直是内饰难题之一。

由于门饰板是个运动件，既要考虑门关闭状态与仪表板及周边零件的配合关系，还要考虑在整个开关门过程中与其他零件不干涉不刮擦，所以在设计门饰板的时候，要考虑过度关门的情况，在门饰板与仪表板之间留足间隙，具体数值一般根据车身精度和饰板制造精度计算确定。

随着对内饰设计的越来越重视，人们对门饰板和仪表板的要求也越来越高，在中高档车上提出了流线型内饰的概念，要求仪表板和门板的配合关系保持连贯性和协调性，如图5-25所示，仪表板上饰板配同色门饰板上饰板，仪表板下饰板配同色门饰板下饰板，两者的木纹饰板对齐。

图 5-25　仪表板与门板流线型配合示意图

2）门饰板和座椅

门饰板应在座椅的整个移动行程和靠背翻转中保持足够的间隙，当座椅侧面布置有座椅调节旋钮时，应留足够的手操作空间用来操作旋钮调节座椅；当座椅侧面布置安全气囊时，应留足够间隙保证气囊的顺利展开；同时门饰板的扶手和座椅、副仪表板的扶手一样，其高度和倾斜角度应满足人机要求。

3）门饰板和内饰灯

门饰板上一般都装有礼貌灯，礼貌灯的设计要考虑维修性和装配性，灯罩的设计要考虑不能有漏光现象。

4）门饰板、侧饰板和侧安全气囊

门饰板不能限制侧安全气囊的展开。在气囊展开过程中门饰板不能飞出碎片，门饰板上的零件不能有松脱现象，门饰板不能与钣金脱开。

2. 门饰板与主要的车身系统

1）门饰板、侧饰板和车身

车身提供给门饰板安装孔的尺寸要严格控制，孔径过大会造成门饰板在开关门过程中卡子容易松脱，孔径过小又会导致卡子难安装，插入力过大。另外还要注意车身油漆也会对插拔力产生很大的影响。

玻璃在升降过程中与门饰板要保持一定的间隙（注：此要求不包括门饰板上的腰线密封条）。

门内拉手在运动过程中不能与门内拉手盖板干涉，特别是在把手回弹时不能与门内拉手盖板干涉，导致刮擦和噪声。

2）门饰板和密封条

门饰板不能降低密封条的密封性能。门饰板和周边零件前后方向和上下方向应保持足够的间隙（图 5-26～图 5-28），以防止门饰板与密封条刮擦及预防门系统下沉与周围零件干涉。

对于滑移门，门饰板在运动过程中应与车身外钣金保持一定的间隙。

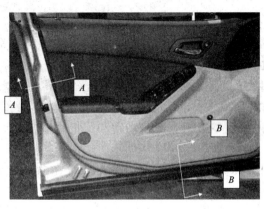

图 5-26　截面位置示意图

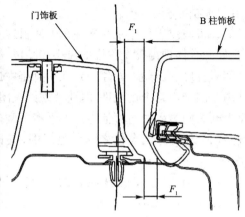

图 5-27　截面 A—A

3.门饰板和乘客信息/控制子系统

门饰板要给开关按钮和娱乐系统提供足够的固定空间和间隙。开关的位置和运动行程应满足人机工程要求。例如:开关按钮、后视镜控制手柄等。线束和线束插头应固定到门饰板或门钣金上,以避免在行车过程中产生噪声。

门饰板要提供合适的喇叭罩盖来覆盖喇叭,喇叭罩盖面的角度、间隙和孔的大小都应满足透音率的要求。此外还要给喇叭留有足够的布置空间,同时要充分考虑乘客的进出方便性,与手动摇窗手柄间隙等。

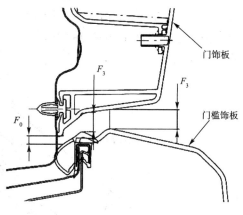

图 5-28　截面 $B-B$

四、门饰板主要性能试验及设备要求

门饰板的主要性能试验包括设计验证和产品验证。设计验证主要是门内拉手、地图袋、扶手等零部件的耐久性和破坏性试验,以及侧撞、气囊爆破等安全性试验。产品验证主要是验证生产工艺、材料、生产模具。主要的试验有尺寸稳定性、气味和色牢度、零部件的物理性能。以下主要介绍门饰板特有的几个试验:开关门试验、侧撞试验、振动耐久试验等。

1.开关门试验(DOOR SLAM TEST)

开关门试验是针对整个门系统的试验,包括门内外钣金、门内外拉手、门饰板、密封条、门窗玻璃、摇窗机、门锁等零件均需要进行该试验。试验装置包括气体发生器、机械传动装置和开关门装置。气体发生器是通用且独立的设备,气体发生器将气体输入机械传动装置。机械传动装置如图 5-29 所示。

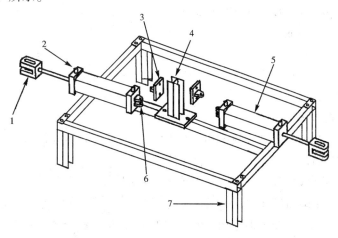

图 5-29　开关门试验机械传动装置
1-连杆;2-缩进装置;3-延伸装置;4-垂直支架;5-气缸;6-U 形夹;7-支撑框架

机械传动装置一般安装在车内底盘上。通过气缸引导连杆作循环往复运动。

开关门装置一般安装在车门系统上,这里仅对涉及门饰板的装置进行描述,典型的开关门装置如图 5-30 所示。

图中,区域 1 是内关门装置示意图,该装置装在扶手上,通过连杆与气缸相连,通过气缸的运动,拉门饰板,使得门关闭。区域 2 是外关门装置示意图,该装置装在门内钣金上,通过绳索与气缸相连,通过气缸运动,拉门内钣金,使得门关闭。区域3是内开门装置,通过滚筒对门饰板由前向后施以向车外方向的力,使得门打开。这些装置配合高低温箱能适应标准中要求的所有试验工况。

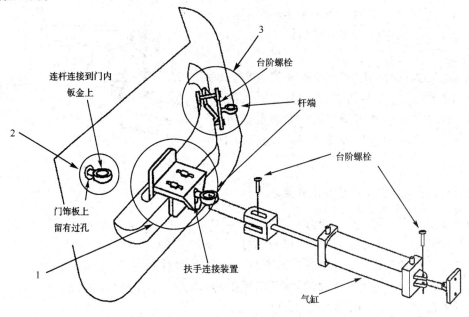

图 5-30　开关门试验装置
1-内关门装置;2-外关门装置;3-内开门装置

试验的条件针对不同的车型项目有所差别,这需要内饰工程师、车身工程师和电子工程师讨论决定。

试验过程中主要考核门系统的以下几点:
(1)零件部分分离或脱开;
(2)零件功能失效;
(3)无法完全开关门;
(4)钣金开裂;
(5)密封条磨损或损坏。

如发现以上故障,则需出试验故障报告(TIR),更换零件后继续试验。

2.门饰板侧撞试验

门饰板侧撞试验可以测试门饰板的受撞击后变形性能,它可以间接评价门饰板侧撞性能的好坏,可以提供整车碰撞试验(C-NCAP)改进的方向。其所需的试验设备主要有:BIA多功能冲击试验系统,导向头型冲击器模块,激光测速仪,高速摄像机,高速摄像灯光,普通照相机,门板胎膜工装等。试验设备如图5-31和图5-32所示。

其中金属冲击头为一定直径、一定厚度的圆柱。试验过程为:
(1)将胎膜固定到相应的工装上,并使其方向与导向头型冲击方向垂直;
(2)将需要试验的门内饰板标记目标点(由试验需求方提出),并安装至胎膜工装上;
(3)冲击头对准目标点,接触到门板后,摆设外部激光测速仪,然后退回一定距离;
(4)粘贴试验编号,拍摄试验前静态照片;
(5)在合适位置摆放高速摄像机及高速摄像灯光,并调整摄像灯光;

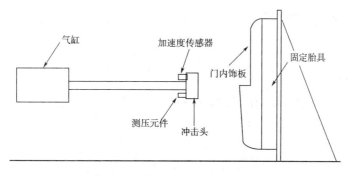

图 5-31　门饰板侧撞试验装置示意图

（6）在试验系统中输入速度、加速距离、飞行距离等参数，开启设备；

（7）当设备温度和压力到达一定值时，确认高速摄像机、传感器线束等相关设置后，点击按钮发射；

（8）拍摄试验后静态照片，下载高速摄像数据；

（9）整理试验现场；

（10）物料报废，试验报告及表单归档。

门饰板的碰撞部位一般应通过 C-NCAP 试验中假人胸部和腹部碰撞门板的位置来确定。一般位于门饰板的嵌饰板后端和扶手（下饰板）后端。图 5-33 所示是通过实车碰撞试验所得到的胸部和腹部碰撞区域。在侧撞试验时就选取这两个区域分别测定应力-应变曲线。

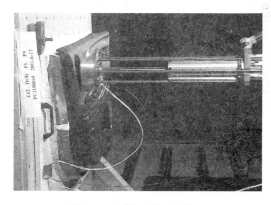

图 5-32　门饰板侧撞试验装置

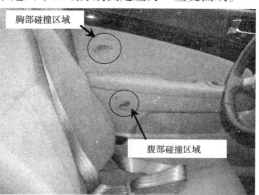

图 5-33　胸部和腹部碰撞区域

3. 振动耐久试验（SHOCK TEST）

振动耐久试验是开关门试验的加速模拟试验，该试验用于考核门饰板子系统的性能，对于门饰板来说，可以替代开关门试验。试验装置包括振动台、环境箱、加速度传感器等，如图5-34所示。

门总成水平固定在振动台上，振动台按照一定频率进行振动，加速度传感器用于探测信号，确保门饰板上的加速度达到某个量值。

试验主要考核以下几点：

（1）卡扣松脱或断裂；

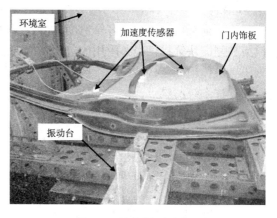

图 5-34　振动耐久试验台

（2）卡接结构脱落或者断裂；

（3）卡扣座破裂；

（4）开关面板受力变形；

（5）扬声器松脱；

（6）在扶手上施加一定的作用力之后观察门饰板的完整性。

若出现以上失效，则需出故障报告，或者更换门板后继续试验。

第二节　立柱饰板系统

一、立柱饰板系统概述

立柱饰板系统，简称立柱饰板，因车型不同，其零件分块策略略有不同。通常三厢车包括A柱上饰板、B柱上饰板、C柱上饰板、D柱饰板、A柱下饰板、B柱下饰板、C柱下饰板、后风窗顶饰条、内门槛板、尾门门槛板以及其他侧围装饰件，门板和衣帽架不包括在内。图5-35所示为典型的立柱饰板示意图。此外，SUV/MPV等车型的立柱系统通常还包括后侧围总成。而在两箱车中，举升门总成也属于立柱系统。

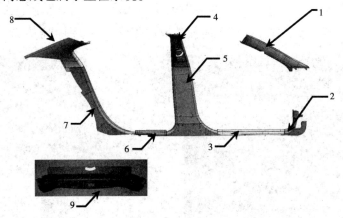

图5-35　三厢车立柱饰板示意图

1-A柱上饰板；2-A柱下饰板；3-前门槛饰板；4-B柱上饰板；5-B柱下饰板；6-后门槛饰板；7-C柱下饰板；8-C柱下饰板；9-C柱下饰板

立柱饰板可以增加乘客舒适度，提供优雅的内饰外观。立柱饰板对钣金、车身零件、电子线束和侧撞块等提供经久耐用的包覆功能，并为功能件如杯托、储物盒等提供装接面，还可为喇叭提供传输和装接结构。

立柱系统的难点：

（1）配合界面多，配合要求越来越高；

（2）装配难度大；

（3）安装点要求受到车身限制；

（4）变化因素多（车身精度、线束尺寸和布置、顶衬和地毯精度）。

二、立柱饰板典型结构、工艺及材料

1. 立柱饰板典型结构

立柱饰板的设计并不像看上去那么简单。不管在生产启动阶段还是在正常生产时期,立柱饰板都是内饰系统中问题最多、最不容易稳定的零件。由于立柱饰板与车身直接配合,车身的任何一个小的波动就会影响到立柱饰板。立柱饰板上顶顶衬,下压地毯,设计配合面时既要有足够的过盈量,又不能过盈量太大,尤其要注意过盈量在同一个配合界面的一致性。立柱饰板与密封条的配合也非常重要,根据密封条横断面的不同,立柱饰板与密封条的配合关系也各不相同。

1) A柱上饰板

A柱上饰板又称前风窗饰板,它包覆了从顶衬到仪表板之间的钣金、线束、气帘、水管等,同时也在侧撞时起到重要的头部保护和碰撞吸能作用。

(1) 立柱饰板与顶衬配合结构。立柱饰板与顶衬的配合关系一般有对接和搭接两种。一般A柱上饰板与顶衬、C柱上饰板与顶衬都采用搭接配合,搭接长度是关键控制尺寸,太长有可能影响顶气帘爆破,导致顶气帘爆破速度变慢或拉带拉不出;太短则立柱饰板可能盖不住顶衬的毛边,导致顶衬边界外露,甚至露钣金。

对接通常出现在B柱上饰板与顶衬配合的中间段,特别是在B柱上设计了给顶气帘导向的斜面(RAMP)结构时。

立柱饰板与顶衬间要设计充分的过盈量,通常为顶衬面料厚度的3/4。在与顶衬的配合段,推荐把立柱饰板设计成局部减薄,并在顶端设计翻边咬进顶衬,使与顶衬配合零间隙效果最好。

(2) 立柱饰板与顶气帘配合要求。对于有顶气帘的车,立柱饰板的设计应满足相关设计规范的要求:

① 与顶衬的分界线越低越好,使气帘得以顺利展开;

② 立柱饰板的装接点应足够多和足够牢靠,能承受顶气帘的爆开力而不松脱(除非设计成可以脱开,如果设计成气帘爆破时脱开则立柱饰板与钣金间应设计有织带连接,防止立柱饰板脱落进入乘客区)。紧固件数量和位置取决于零件尺寸和爆破力的大小。

③ 立柱饰板的设计应具备足够的弹性以适应气帘爆破的要求。可以调整原材料成分、切割V形槽,或者设计使立柱饰板翻折的铰链,使气帘容易展开。也可以设计斜坡结构引导气帘爆出。

④ 所有带气帘的车都应在明显的位置标志"AIRBAG",一般把标志放在立柱饰板顶部或接近气帘爆出的位置。可以在A、B、C柱上饰板上,也可以只在B柱上饰板上或A柱上饰板和C柱上饰板上。标志应足够大,容易被乘客看到。

⑤ -30℃ ~ +85℃温度范围内,立柱饰板对气帘展开的延迟不得超过超过一定范围(与没有饰板时的展开时间比较)。顶气帘的展开过程不应被立柱饰板阻碍或干扰。任何从立柱饰板松脱或分离的子零件和碎片都应作评估是否会导致功能缺陷或对乘员导致伤害。任何可能导致顶气帘功能失效或对乘员导致伤害的问题都应采取措施改正。

(3) 立柱饰板与密封条的配合结构。目前立柱饰板与密封条的配合关系因不同的整车厂而异,日系车一般在立柱饰板上设计一个直接卡入密封条的卡接结构(图5-36),既保证跟密封条的配合关系又可以防止立柱饰板转动和增加立柱饰板定位可靠性。此种安装方式要求先安装立柱饰板,后安装密封条。图5-35b)所示为卡接结构放大图。

而欧美车系通常采用先装密封条,后装饰板,其典型结构如图5-37所示。

(4) A柱上饰板与仪表板的连接结构。A柱上饰板与仪表板的配合面由于在高可视区,

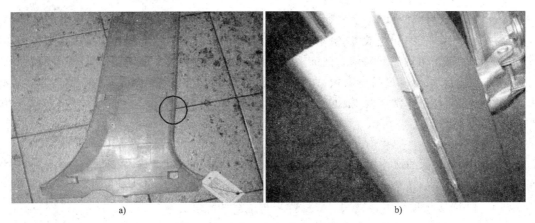

图5-36 日系车立柱饰板直接卡入密封条的卡接结构

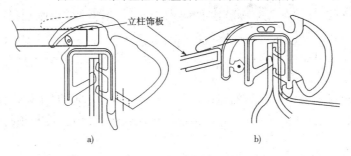

图5-37 欧美车系立柱饰板与密封条的典型结构

通常都要求左右、前后方向均达到零间隙。为了做到零间隙并保持可靠性,通常设计以下两种结构:

结构实例1:如图5-38所示,在仪表板与A柱上饰板连接处做一个槽,A柱上饰板插入该槽内,在A柱上饰板背后做筋。调整该筋的高度以便控制A柱上饰板与仪表板的左右方向间隙。该槽的翻边尽量高一些,起到A柱上饰板装配的导向作用。

结构实例2:如图5-39所示,在仪表板的端部做一个长槽孔,A柱上饰板长出相应的插脚,调整该插脚的尺寸,以便控制左右、前后方向的间隙。

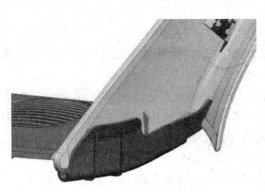

图5-38 A柱上饰板与仪表板连接结构实例1

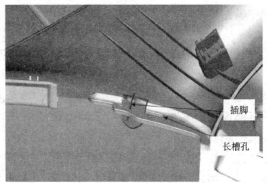

图5-39 A柱上饰板与仪表板连接结构实例2

结构实例1比较容易装配,而结构实例2则有利于控制前后位置,以保证A柱上饰板后端与仪表板有较好的间隙和平面度。有时我们会在前端采用结构实例1,后半段采用结构实例2,以综合利用两者的优点。

2)B柱上饰板

B柱上饰板包覆了中间立柱饰板的钣金、安全带高调器,提供安全带高度调节的滑板和安全带出口,在汽车侧撞过程中保护头部不受伤。

(1)B柱上饰板与高调器的配合结构。高调器滑板及其配合结构的设计既要满足人机要求便于操作,又要满足高调器的调节范围,使第5百分位的女性和第95百分位的男性都能方便地使用。高调器与本体的连接应该滑动自如,避免产生异响。安全带受力拉紧时饰板不应受力,同时安全带出口位置和大小要设计合理。

(2)立柱饰板与安全带的配合结构。通常B柱上饰板、C柱上饰板都会有安全带出口,立柱饰板的设计不应阻碍安全带或安全带卷收器的正常工作,安全带出口应设计成足够大,使安全带能在各个可能的位置(前后左右相对第5百分位、第95百分位人体位置)不受阻滞。如果立柱饰板对安全带有改变方向的作用,立柱饰板不应损坏安全带。

(3)立柱饰板与侧安全气囊。对于有侧安全气囊的车型,立柱饰板的设计应满足以下要求:

①立柱饰板不应限制气囊的展开;
②在气囊爆破过程中,立柱饰板不应有尖角或锐边,否则会导致气囊被撕裂或切破;
③在气囊爆破过程中,立柱饰板不应脱离钣金或产生飞出的碎片伤及乘员;
④座椅和B柱间应留有足够间隙,避免阻滞气囊正常展开。

(4)B柱上饰板与B柱下饰板的连接结构。为确保上下零件连接牢固,不出现错位、间隙等现象,最常用的连接方式如图5-40所示,采用一体式注塑卡扣的连接方式,即:前侧和后侧采用锲形卡扣保证上下两个零件的左右平面度和上下间隙,中间的欧米加卡子直接注塑在B柱下饰板上,连接上下饰板起到前后定位和左右拉紧的作用。

3)C/D柱饰板

C/D柱饰板包覆了顶衬与衣帽架间的钣金、线束、线束插头、气帘等,有时第三排安全带的出口也在C/D柱饰板上。C/D柱饰板与顶衬、密封条的配合要求同A柱上饰板。

C/D柱饰板与衣帽架的配合结构。为确保立柱饰板与衣帽架左右间隙为零且便于装配,通常在衣帽架上开两个长槽孔,如图5-41所示,立柱饰板上做两个相应的插脚,插入该槽。与A柱上饰板类似,通过调整该插脚背部的加强筋高度来控制与衣帽架的间隙,并且该插脚应该具有一定的导向作用以便于装配。

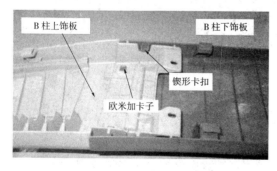

图5-40 B柱上饰板与B柱下饰板的连接结构

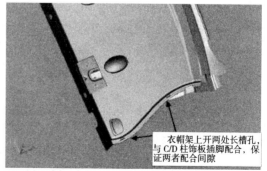

图5-41 C/D柱与衣帽架结构实例

4)门槛饰板

门槛饰板又称地毯压板,包覆了钣金锐边和地毯边界,同时保护密封条不被踩脏压坏。门槛饰板有很多种分块方式,欧系车型如大众奥迪、欧宝威达等通常把前门槛板和后门槛板做成一体,从 A 柱下饰板一直到后门槛板为一个大门槛板零件。这样做的好处是中间没有分块,不会出现配合间隙和配合平面度问题,但缺点是只能设计成密封条压门槛饰板的形式,密封条容易被踩脏;由于零件太大,也会导致零件难装、模具费用昂贵和加工周期长等问题。

由于门槛饰板处经常会被脚踩,大部分车都采用门槛饰板压密封条的形式,如凯美瑞的前后门槛饰板设计,把内外门槛饰板做成一体,密封条在门槛饰板下断开,既节省了密封条的单件成本,又改进了门槛饰板的定位方式,如图 5-42 所示。

图 5-42 内外门槛饰板集成在一起的后门槛板

门槛饰板与其他立柱饰板零件的配合,一般使用一端对接一端搭接(图 5-43)或两端都采用对接的方式,但有一处的配合间隙需要根据误差积累计算设定。

图 5-43 门槛饰板与 B 下设计成对接配合,门槛饰板与 A 下设计成搭接配合

5)尾门槛饰板

尾门槛饰板的作用与内门槛饰板基本相同,包覆行李舱门槛处的钣金和地毯边界。

尾门槛饰板上锁盖板结构。尾门槛饰板的锁盖板区域通常是设计质量检查时高度关注的区域,要求在保证锁的功能的前提下做到最少的钣金外露。盖板设计一般有可转动盖板、固定盖板和橡胶盖板等。其中橡胶盖板简单廉价,广泛应用在低成本车上。

①可转动盖板。可转动盖板结构如图 5-44 所示,当尾门打开时,由于弹簧的回弹作用,可转动盖板回到关闭状态,从而使尾门槛饰板下面的钣金外露面最少。当尾门关闭时,可转动盖板由于尾门锁的作用力而往下运动。

②不可转动盖板:顾名思义,这种盖板是固定在尾门槛板上,不能转动的。

目前常见的不可翻转锁舌盖板有如下几种:

a. 螺钉隐藏式,外观比较简洁,成本不高,如图 5-45 所示。

图 5-44 可转动盖板的结构

图 5-45 螺钉隐藏式

b. 锁舌及螺钉外露式设计,能直接看到里面的零件,这样做成本较低,如图 5-46 所示。

c. 锁舌及螺钉隐藏式设计,看不到里面的零件,这样做比较美观,但成本较高,如图 5-47 所示。

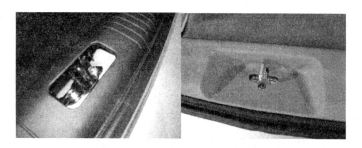

图5-46 锁舌及螺钉外露式设计

d. 锁舌在举升门上的设计,这种形式比较少见,如图5-48所示。

图5-47 锁舌及螺钉隐藏式设计(橡胶)　　　　图5-48 锁舌在举升门上的设计

6)立柱饰板常用紧固件

立柱饰板的紧固件选用也很有讲究,由于立柱饰板形状偏狭长,通常又直接固定在钣金上,立柱饰板上的卡子一般选用有密封功能的卡子(图5-49)或鸟嘴形卡子(图5-50)。如果选用金属卡子(图5-51),则在漏水区要注意防水。

图5-49 带密封的卡子　　　图5-50 带密封的鸟嘴形卡子　　　图5-51 金属卡子

对于有顶气帘的车,通常会选用针对气帘爆破的高强度卡子和带织带的卡子(图5-52)等,每个整车厂都有特有的紧固件解决方案。

2. 立柱饰板的典型工艺

立柱饰板按工艺分可分为纯注塑件和面料包覆。面料包覆又可分为面料热压复合、植绒、低压注塑等。通常面料包覆多出现在与顶衬配合的上饰板上。

1)低压注塑

低压注塑是高压注塑的一种替代工艺,采用自锁模具和多点控制体积注射,使注射压力和夹具压力降低到传统高压注塑的2/3,该系统保持着恒定有效的推进速度和压力,可以生产微孔结构、薄壁制件或在

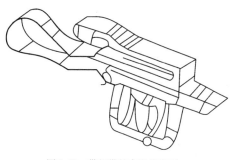

图5-52 带织带的高强度卡子

其中一个操作过程中带薄膜和织物注塑。

2）面料热压复合

面料热压复合是在注塑骨架上喷胶加热，是手工包覆面料的一种工艺。热压复合的面料一般带背泡和无纺布，复合时无纺布可以阻止胶水渗透到泡棉或布料，避免面料厚度不均匀和面料表面不平整。

3. 立柱饰板的材料与推荐厚度

立柱饰板的推荐材料为填充橡胶和滑石粉的聚丙烯，厚度因工艺、用途和零件尺寸不同而各不相同。通常对于低压注塑工艺，总厚度（包括面料）一般为2.8mm。一般一体式的门槛板和尾门槛板推荐厚度为3mm，其他立柱饰板饰件推荐2.5mm。

习题与思考

1. 简述汽车门内扶手的结构和功能。
2. 简述门板安装方式及总成装配过程。
3. 简述门饰板侧撞试验过程。
4. 门板的典型工艺有哪些（列举5种）？
5. 通常的立柱系统有哪些零件组成？
6. 立柱系统与密封条的配合形式通常有哪些？各有何特点？
7. 立柱常用紧固件有哪些？
8. 立柱的典型工艺有哪些？

第六章　顶饰与声学饰件系统

目前,内饰中顶饰系统的模块化技术已经较为成熟,可以将大部分的相关零件集成到顶衬上,顶衬就是整个模块最重要的载体,集成供应商将这些装配在一起后作为模块供货。对于整个顶饰系统的整体布置和结构设计,要综合考虑各方面的因素,如人机工程、乘客头部空间、安全碰撞性能、结构强度和便于安装等。

声学饰件系统是内饰所有的主要功能为声学处理的零件总称。一般包括地毯、隔声隔热垫、衣帽架、行李舱和发动机舱内的部分零件。根据车型的配置和定位不同,这些零件需要作设计集成,综合考虑,为整车提供一个价格合理、功能满足整车声学指标的内饰声学系统。

第一节　顶　　衬

一、顶衬概述

顶衬作为顶饰系统的载体,它是主要的功能零件。所选择的顶衬基材不仅要考虑顶衬的刚性足够承受自身的重力,还要考虑其他集成零件对顶衬的影响,使顶衬的下垂量能够保证在设计范围内。顶衬和其他零部件搭接方式的设计主要体现在顶衬的设计上。顶衬的结构设计要基于工艺和材料的正确使用,不同的顶衬面料、基材和工艺的选择对零件的性能影响很大。

顶衬上集成的其他零件一般包括车顶控制台、遮阳板、辅助拉手、空调风道、车顶线束、头部吸能块和一些吸声及隔声零件,如图6-1所示。

二、顶衬的典型结构、材料和工艺

顶衬一般分为软顶衬和成型顶衬两类。

软顶衬的结构非常简单,可以是单层表皮,也可以是复合衬垫的表皮。软顶衬可以直接黏结在车顶上,顶衬材料一般由表面的PVC、无纺布和针织面料和背面的海绵层复合而成。

软顶衬质量轻,价格低廉,比较柔软,但是安装费时费力,装配要求较高,外观不佳,隔声隔热性能差,很难满足车内整洁、安静、安装方便的要求。所以目前只有一些客货两用车和低档次的乘用车上仍使用软顶衬,轿车市场大多采用成型顶衬。下文中提到的顶衬均指成型顶衬。

成型顶衬的结构由表皮和基材组成,成型的工艺根据基材的材质而定,大多采用将表皮材料和顶衬基材复合,可用模具成型制成。成型顶衬经过模具成型后,都能保持形状,具有一定的刚性和韧性。表皮和基材的选择是成型顶衬的关键因素,尤其是基材,对成型顶衬的成型工艺影响很大,对于顶衬的隔声、隔热、耐久性和抗变形性起着决定性的作用。

1. 顶衬材料

成型顶衬的表皮材料一般有PVC薄膜、无纺布或针织面料,通常会在表皮后面复合一层软质海棉来改善顶衬成型后的外观效果及触感。

成型顶衬的基材种类很多,有热塑性类、热固性类和复合类板材等。热塑性板材,如改性

PS、PP、PU，不经发泡的 PP 木粉板、ABS 板等。热固性板材有经过热固性树脂填充的再生纤维毡、麻纤维、玻璃纤维、玻璃棉等。复合类板材有用发泡的 PE、PU、玻璃纤维、无纺布等多层材料复合而成，再经模压成型。

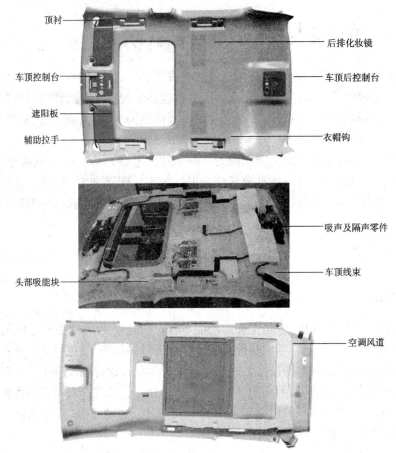

图 6-1　顶饰示意图

目前常用的基材有 PU 复合板材、PP + 玻璃纤维、PF（酚醛树脂）+ 纤维和瓦楞纸等，成型顶衬的基材决定了它的加工方法和使用性能。

PU 复合板材一般是由无纺布、玻璃纤维、胶膜或胶水和 PU 泡沫复合成的多层材料。其顶衬具有良好的吸声性和耐热性、高温尺寸稳定性和自增强特性等优点。

PP + 玻璃纤维基材，可以认为是玻璃纤维填充的 PP 薄板，具有弯曲和抗拉强度高、热膨胀系数小和可回收等优点。

PF + 纤维是将 PF、填充剂（如麻纤维、木纤维或玻璃纤维等）和固化剂混合后，在高温模具中固化成型。

瓦楞纸基材对于纸质的要求较高，比如防水、阻燃等。

2. 顶衬的加工工艺

顶衬的加工主要包括面料与基材的复合、顶衬成型、孔位及边界的切割、翻边和附件安装等。

顶衬使用模压成型，按照模具及基材的温度工艺可以分为热材冷模法及冷材热模法。热材冷模法通常又称干法，首先将 PU、胶粉、玻璃纤维、胶片、无纺布（面料）复合成多层板材，然后将多层复合板加热至软化温度后进入冷态模具压制成型。冷材热模法通常称为湿法工艺,将胶水滚涂至 PU 板表面并喷洒固化剂和水,使之与玻毡、无纺布、胶片及面料等材料叠合后送入高温模具压制成型。

按照顶衬基材与面料的成型步骤,又可分为一步法和两步法。一步法是指面料与基材同时模压成型,根据使用黏合剂的不同又可分为干法(图 6-2a)和湿法(图 6-2b)。两步法则是先成型基材,再复合面料,如图 6-2c)所示。

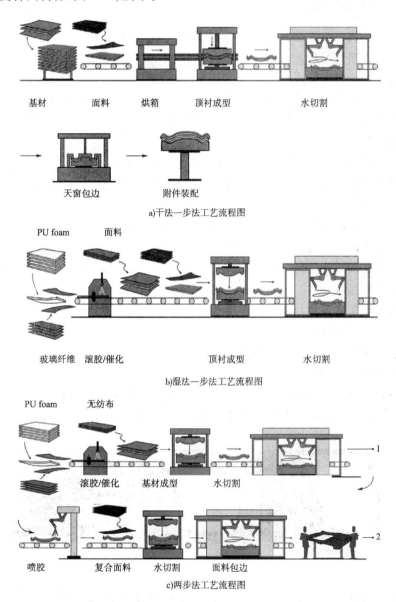

图 6-2 顶衬工艺流程图

孔位及边界的切割主要采用水切割或者模切的工艺。水切割工艺,是通过编程控制高压水刀的走向,对材料进行裁切的工艺,便于调整供货状态。而模切,是通过在热压模上复合刀口,将面料和基材切断,可以一步到位,但由于不便于调整,模内冲切一般作为基准孔位的冲切方式。由于顶衬的制造公差比较大,型面及轮廓线一般只能控制在 ±1.5mm,由于装配调整的需要,一般采用水切割工艺较为简单灵活,易于修改,所以国内目前基本都采用水切割方法。

翻边主要是对于顶衬的天窗开口及前后缘,主要目的是获得更好的外观或者与其他零件的连接需要。针对不同的基材可以只进行面料的翻边,面料翻折之后,使用胶水和顶衬基材黏合;可以将基材和面料一起翻折。

附件主要为了满足某些特殊功能,或实现顶衬与车身的连接,比如空调出风口、头部吸能块、固定卡子和尼龙搭扣等。附件的安装主要采用胶水胶带黏结或者焊接工艺。

三、顶衬的安装和连接

安装顶衬就是将顶衬连接到车身上,由于顶衬面积较大,整体的刚性较差,所以需要较多的固定点将顶衬连接到车身上。

1. 通过其他功能件进行连接

由于顶衬区域有较多的功能件,通过将这些功能件连接到车身,起到固定顶衬的作用。这些功能件主要包括遮阳板、辅助拉手、顶灯、控制台等。

2. 顶衬自身的连接

对于顶衬的连接,通过其他功能件连接往往还不足以将顶衬完全固定于车身上,所以对于没有其他功能件的区域需要适当的增加固定点连接顶衬与车身。目前较为常用的方法是增加卡子或者尼龙搭扣。

常用的卡子有圣诞树形状的塑料卡扣以及金属卡子等。卡子连接通常又可分为两类,可以使用单独的卡子固定顶衬,结构和安装较为简单,但是卡子外露;也可以通过增加卡子座等零件将卡子预装在顶衬上,再实现和车身的连接,这种形式可以获得较好的外观,但是结构相对复杂,而且需要盲装。

尼龙搭扣的连接需要顶衬和车身连接处都安装对应的尼龙搭扣,通过胶粘在顶衬和车身上。尼龙搭扣对于安装的位置要求较低,安装较为容易。

3. 顶衬与天窗的连接

对于天窗版的顶衬,与天窗的连接就显得非常的重要。由于天窗版顶衬在天窗遮阳板区域有较大的开口而刚度有所减弱,并且顶衬开口与天窗遮阳板的配合对于外观有较大影响,如图6-3所示。好的连接方式既可以增强顶衬在这一区域的刚度,同时可以获得很好的外观效果。

a)顶衬开口翻边　　　b)密封条连接　　　c)塑料饰圈

图6-3　顶饰与天窗连接示意图

根据车的经济性和外观要求的不同,目前常见的顶衬和天窗的连接方式有以下三种:

(1)顶衬开口处翻边,顶衬通过自带的连接件与天窗连接。

连接方式如图6-3a)所示,连接件通常有尼龙搭扣、蘑菇扣、磁铁和卡子等,如图6-4所示。连接件通过胶水和胶带黏结在顶衬基材上。这种方式较容易安装,但是较难控制顶衬翻边与天窗遮阳板之间的间隙。

(2)通过密封条连接。连接方式如图6-3b)所示,顶衬不需要翻边,使用密封条将开口区域的顶衬包入实现连接,容易控制顶衬与天窗遮阳板的间隙,较易安装;但是密封条的外观相对较差。现在也有通过对密封条的植绒来实现和顶饰面料的外观匹配。

（3）通过增加塑料饰圈连接。连接方式如图6-3c)所示,这种方式需要单独增加一个饰圈零件实现连接,外观效果较好,但是安装较为困难。

a)尼龙搭扣　　　b)蘑菇扣　　　c)磁铁

图6-4　顶衬上自带的连接件

四、顶衬的主要性能和试验要求

顶衬作为大型的内饰件,除了需要满足内饰零件的共性要求外,还需要满足面料的要求和吸声性要求等,顶衬主要性能和试验要求见表6-1。

顶衬主要性能和试验表　　　　表6-1

主要性能	试验要求
内饰件性能	燃烧性能、耐光色牢度、气味等试验
吸声性	吸声性试验
外观	面料剥离强度、耐水解性、压痕恢复、尺寸稳定性、环境循环后的下垂量和霉变等试验
承载性	刚性、冷冲击和环境循环等试验

第二节　遮　阳　板

遮阳板总成给驾驶员和乘客提供了一个可以调节的用于挡住太阳光和刺眼光线的一道屏障。它一般在基板上可以附加很多其他的功能,比如化妆镜、票夹、地图袋、可折叠加长板和侧抽板等。遮阳板总成可以单独安装在车身钣金上,由总装工人安装自攻螺钉来固定遮阳板,也可以先预装在顶衬上,然后再和顶衬一起通过预装的卡子装配到车身钣金上。

一、遮阳板的结构、材料和工艺

1. 遮阳板的主要结构

遮阳板从外部看,主要分遮阳板本体和挂钩两部分,如图6-5所示。

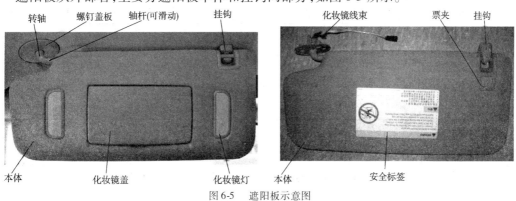

图6-5　遮阳板示意图

遮阳板本体由表面装饰和内部骨架组成。骨架是其他功能件固定连接的基础,根据本体结构的不同,骨架用于固定化妆镜、票夹等结构的方式也会有所不同,所以要根据客户输入的要求选择不同的本体结构。

遮阳板挂钩作为遮阳板的另一个固定点和转轴支持点,为了卡紧转轴,需要设计一定的弹性结构,一般有三种途径:

(1)通过增加凸台,依靠材料本身的弹性变形实现卡紧;

(2)通过悬臂梁结构,靠弹片结构实现变形;

(3)通过内置金属簧片,实现弹性变形。

2.遮阳板的附加功能和结构

遮阳板除了本体和面料外,为了达到翻转和遮阳的功能,它有一些基本的结构,如转动轴和卡簧等,还有下述典型的功能和结构:

(1)滑动式转轴,两端有限位,可以随意调节遮阳板的工作位置。

(2)票夹功能,可以将发票和单据插入固定槽。

(3)地图织带,用有一定弹性的织带或PVC带状物缝在遮阳板的接合处。

(4)为方便驾驶员和乘客使用,遮阳板还会在背安装化妆镜,根据镜片材料的不同,分为玻璃镜片和树脂镜片。为保护镜片,还可安装有可翻转镜盖或滑移式镜盖。化妆镜还可安装有可调节灯光亮度和不可调节灯光亮度的照明灯,也可不带照明灯。对于有照明灯的遮阳板,需要有线束和车身线束连接,保证供电。

(5)可滑动式遮阳板,当遮阳板翻转至侧面时,可以根据阳光照射的位置,滑动遮阳板至需要位置。

(6)可延长式抽板,当遮阳板转至侧边工作时,可以从侧边抽出,扩大遮阳面积。

(7)安全警示标签,遮阳板在装车贴顶状态下,乘客会看到有关安全气囊和安全带的安全警示。

3.遮阳板的材料

遮阳板本体的表面材料主要有PVC、织物面料等。

遮阳板本体的骨架一般采用以下三种材料:PP吹塑或注塑件、PU发泡件或EPP发泡件。

遮阳板挂钩一般采用注塑件,有时还会采用金属嵌件作为弹片结构,实现遮阳板卡紧的功能。

遮阳板的相关附件也以注塑件为主,遮阳板塑料件主要材料见表6-2。

遮阳板塑料件主要材料表 表6-2

零件名称	材料名称	零件名称	材料名称
轴座	POM	灯座、镜盖板	ABS
转轴	PA6/PA66	侧抽板	ABS
吊钩	PA66/PE/POM	盖板帽/开关架	PP
轴套	PA6GF30/ABS		

4.遮阳板的工艺

1)遮阳板本体骨架的多种生产工艺

(1)吹塑本体,结构简单,但由于吹塑零件工艺所限,导致强度较弱,无法满足很多功能件的连接,但成本较低。

(2)注塑本体,可以进行复杂的结构设计同时保证足够的强度,通过两个半片合成一个完整的整体,但制造成本较高。

(3)PU发泡本体,将钢丝骨架弯曲成一定形状,嵌入模具,在模内实施PU发泡,形状光顺、简单;但无法完成复杂结构的设计。

(4)EPP发泡本体,在模具内填入EPP发泡粒子,通过高温蒸汽成型成两片本体,在本体中嵌入塑料骨架,再黏结成型。此种结构零件质量轻、强度高、耐冲击、抗变形。

2)遮阳板表皮及包覆工艺

表面一般由PVC表皮和面料两种装饰物,可以根据车型定位和内饰风格来选择。一般比较廉价的车可以采用PVC作为面料,而中高档的车则采用和顶衬相同的面料包覆遮阳板本体。

PVC表皮采用热切的方式将本体结构包裹起来,造型比较简单。

对于用面料装饰的遮阳板,可采用两种包裹方式:

(1)采用反面缝制后将毛边翻折在里面,留一边作为开口后,将本体套入面料,最后将面料塞进两片塑料夹层中,利用塑料内部的结构将面料夹紧。

(2)将面料裁片,对折后将边沿折入EPP两片式本体的中间部位,在折边区采用胶粘的方式完成包裹。

二、遮阳板的固定和安装

当前遮阳板一般都通过顶饰的模块化供货上线装配。这样就需要将遮阳板先和顶衬固定在一起。遮阳板一般通过两个或三个螺钉,将轴座、顶衬和金属卡子连接在一起,然后再将顶衬和遮阳板一起固定到车身上。遮阳板吊钩也需要通过螺钉固定到另一个金属卡子上,然后再将它推入车身的固定孔。

三、遮阳板的设计及试验要求

1. 遮阳板的设计要求

对遮阳板来说,遮挡阳光为其主要功能,遮阳面积需要达到一定的要求。遮阳板在设计时除了要进行结构、功能的布置外,还要进行视野的检查。根据整车的SGRP点对其在装车时的状态和打开使用时的状态分别进行乘员的视野校核,以达到不影响乘员使用环境的目的。既要避免遮阳板在使用时遮挡住过多的有效视野,影响安全;也要防止过多的光线从遮阳板与A柱和内后视镜之间穿出。

2. 遮阳板的试验要求

为了满足遮阳板的功能和使用特性,还须符合以下试验要求,见表6-3。

遮阳板的试验要求 表6-3

主要性能	试验要求
环境循环	在高温、低温和常温下工作一定循环次数后,不能有外观和功能的失效
耐光色牢度	在接收指定的能量照射后,零件表面的颜色变化需要满足指定的级别
抗霉性	在指定的环境下,零件不允许产生霉变情况
压痕恢复	在指定大小的力和作用时间后,零件表面需能100%恢复
插拔力	在指定的温度循环下,零件的操作力需始终满足要求

续上表

主 要 性 能	试 验 要 求
旋转/折叠操作力	在指定的温度循环下,零件的操作力需始终满足要求
侧翻操作力	在指定的温度循环下,零件的操作力需始终满足要求
化妆镜灯连续点亮试验	室温、高温下连续工作一定时间后,零件材料不发生损坏和化妆镜灯不失去功能
化妆镜灯透镜承载	在指定载荷下,化妆镜灯透镜不允许脱落
化妆镜变形	化妆镜最大变形量需小于指定百分比
化妆镜盖操作	化妆镜盖需在指定角度下能够完成自动开启和闭合
化妆镜盖操作力	在指定的温度循环下,化妆镜盖的操作力需始终满足要求
化妆镜盖承载	在指定载荷下,化妆镜盖不允许有功能丧失

第三节 辅助拉手

辅助拉手总成安装在乘客进出车的入口处。为乘客进出车或车辆行驶时提供一个辅助承力的工具。它可单独为一个零件,也可和其他功能的附件整合在一起组成,如衣帽钩和阅读灯等。辅助拉手一般可以分为两类:

(1)折叠式。可根据客户的需要和位置来调整辅助拉手本体的使用角度。即拉手在不被使用的情况下拉手本体处于关闭状态紧贴顶饰。在被使用的情况下,根据客户的位置和需要的角度拉手本体处于张开状态,如图6-6所示。

(2)固定式。即拉手本体与顶饰的相对位置关系是相对固定的。位置和结构如图6-7所示。

图6-6 折叠式辅助拉手示意图

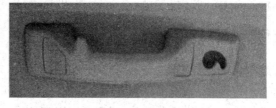
图6-7 固定式辅助拉手示意图

一、辅助拉手的结构、材料和工艺

辅助拉手的主要部件是拉手本体、固定螺栓、闷盖(视外观要求而定)、附加功能件(衣帽钩、礼貌灯、阅读灯)等。

1. 拉手的主要结构

根据车的不同配置和客户人群的不同,拉手一般是以下几种特征的组合:

(1)大尺寸拉手/小尺寸拉手(两连接点之间的距离);

(2)固定式/折叠式;

(3)带阻尼/不带阻尼;

(4)带衣帽钩;

(5)可否用于带侧气帘的车身结构;

(6)隐藏式结构/可见连接板;

（7）可做不同的外观效果，如注塑皮纹，PVC或真皮等。

2. 拉手的材料

由于拉手是受力承载部件，一般本体使用尼龙和聚甲醛等材料。对于有侧气帘的车型，更需要考虑拉手的材料和基座结构的强度，不允许在气帘爆破时有任何的材料飞出，避免伤害乘员。

3. 拉手的附属特征

拉手还可具有其他两个功能：礼貌灯和衣帽钩。这样就不需要在顶衬后部安装礼貌灯，可简化车顶结构，节约空间，如图6-8所示。如果整车有较高的灯光照明要求，可通过加大礼貌灯光源功率和改进配光增加照明亮度。

4. 拉手的工艺

拉手的制造工艺主要是注塑工艺，然后将各附

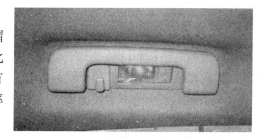

图6-8　带照明灯的辅助拉手示意图

件进行组装。为增加其强度，在拉手本体中可预埋金属加强件。为了减少材料的用量和增加刚性，拉手本体也常采用气辅工艺，使本体内部为中空状态。

衣帽钩的类型有和拉手一体式的，或单独安装的，还有可回弹收放的，如图6-9所示。要根据不同车型的内饰造型和使用要求进行选样。无论在何种状况的路面条件下，衣帽钩都必须能够挂住衣物。

图6-9　衣帽钩类型示意图

二、辅助拉手的固定

拉手作为一个受力部件，通常有两种紧固方式：金属卡接和螺栓紧固。当采用金属卡接结构时，由总装工人将辅助拉手基座后的U形金属卡子推入钣金支架孔，再从基座正面插入塑料插件，保证U形金属卡子与钣金连接紧固。当采用螺栓连接时，由总装工人将辅助拉手本体自带的定位销卡入车身支架，再用工具将螺栓打紧。对有侧气帘的车型会优先选择这种连接方式。

三、辅助拉手的主要性能及试验要求

安装在车身上的辅助拉手总成应该能够承受向下垂直于路面或制动时向车前方向的冲击，一般要求在承受一个人质量的情况下，不能出现破裂、磨损、凹陷或者其他损坏情况。同时拉手还需要满足耐久使用，在进行室温和高低温一定循环次数的耐久性试验之后，辅助拉手总成依然能够正常使用。

第四节　地板地毯

地板地毯的主要作用是用来覆盖地板钣金、侧面门槛钣金和前围下部钣金。其主要性能

是耐用和美观,也是主要的声学零件,对整车的声学性能有着重要的贡献。轿车地毯的通常覆盖区域为:前后方向,从前围钣金下部(要求一般为坐在后座椅上,不能看到地毯前部上边缘)到后座椅座垫下;左右方向,从左侧门槛饰板下面到右侧门槛下面。地毯的周边零件的配合,以及和地板的贴合程度影响整个地毯的装车效果。地毯的设计通常从毯面的风格选择、结构、厚度以及声学性能等方面来考虑。地毯的形状如图6-10所示。

一、地毯的典型结构、工艺和材料

1. 地毯的结构和材料

地毯按装配到整车上的形式可以分为:整体式和分块式。各个不同档次车型的要求不同,有时为了满足很高的声学性能和舒适性能要求,设计中会使用较高密度的材料,这时如果整个地毯的质量超过了8kg,不能满足安装地毯的人机要求,对于总装工人的安装难度就很大,这时就需要考虑将地毯设计成分块式,如图6-11所示。

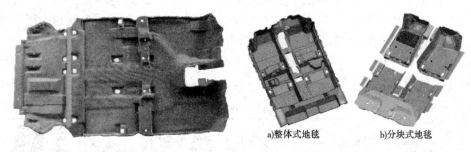

图6-10 地毯示意图　　　　图6-11 整体式地毯和分块式地毯示意图

地毯的结构有多种多样,比较典型的结构是分为三层:毯面、骨架层、吸声层,如图6-12所示。

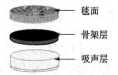

图6-12 地毯结构示意图

常见的毯面主要有簇绒地毯、针刺地毯和PVC地毯等。通常簇绒地毯用于中高档轿车,簇绒层厚度,约为6mm,底层有发泡,脚踩上去比较松软,整个地毯比较厚,与地板和侧围饰件配合较好;针刺地毯多用于中低档车,针刺层较薄,约为2mm,另外还有一层基材,整个地毯为均匀厚度;PVC地毯由于容易清洗而常用于卡车和出租车等车辆上。

骨架层主要是使柔软的毯面具有可成型性,成型之后能保持固定的形状,便于安装到车上,并能为车辆提供一个整洁、美观的外观。骨架层的材料一般是一些高致密或热固性材料,如EVA重涂层、TPO、PP/PE膜、成型毡以及成型胶等。骨架层除了保持地毯的形状之外,大多数材料还能为地毯提供良好的隔声性能。

吸声层的主要作用是配合具有隔声效果的骨架层形成一个复合的隔声结构。为地毯提供高性能的隔声效果。躲在中、高端及对声学性能有特殊要求的车型上。其主要材料有:PU发泡,棉毡,PET毡等。

2. 地毯的工艺

比较典型的地毯生产工艺有以下几个步骤:毯面与骨架层加热后成型,然后在成型后的地毯背部发泡或者复合棉毡/PET毡层,之后进行切割和安装附件,如图6-13所示。

由于地毯成型的拉伸量较大,对地毯材料的延伸性要求较高。此外,由于驾驶员操作的需要,对地毯耐摩擦性有很高的要求。

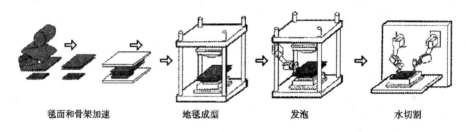

图 6-13 地毯生产工艺示意图

二、地毯的设计要求

1. 地毯的颜色要求

地毯是车辆内饰重要的外观零件,因此地毯颜色是整个内饰系统颜色的重要组成部分,要满足整个内饰系统的要求。为了满足耐脏要求,颜色一般采用深色系,只有在使用条件比较良好的豪华车上才用浅色系。簇绒地毯和针刺地毯的颜色由丝的颜色决定,先将原材料配好色,做成丝,然后再织成地毯,一般丝的颜色会比地毯颜色稍浅,但客户评估的是最终地毯的颜色,因此设计地毯时要考虑这一颜色的变化因素。此外,地毯的材料和颜色还要考虑容易清洗。

2. 地毯的环境和安全要求

地毯的使用环境比较恶劣,所以需要考虑它的环境要求,包括使用温度(包括热带和寒带)、尘土、湿度、耐腐蚀性和色牢度等。地毯的法规要求是满足内饰材料燃烧性和车辆碰撞时的乘员保护等安全要求。

3. 地毯的定位以及与周边零件的配合要求

地毯一般由地毯的型面贴合钣金定位,必要时可在地毯上增加固定件。地毯的制造公差比较大,包括型面公差和边界公差,所以地毯设计时在前后/左右方向与钣金和线束等零件应保留适当的距离,否则地毯就会产生褶皱。对于地毯上面的覆盖件,如门槛饰板、副仪表板和座椅滑轨饰板等,设计时需要与地毯留有足够的搭接量与过盈量,保证地毯被踩踏后不会露出毛边和间隙。

由于地毯成型工艺的影响,它的边界一般由水切割裁剪得到。这样便于调整地毯边界,保证和门槛饰板、座椅饰盖板和副仪表板有足够的搭接量。考虑到地毯的定位面多在发泡面或型面,地毯的安装精度较难控制,所以在设计时不仅要考虑地毯的制造公差,还要考虑地毯的安装误差。

设计被地毯覆盖的零件(如线束)时,需要控制零件占用空间的大小,必要时需要更改钣金形状和被覆盖件的位置。地板上的线束走向应尽量布置在门槛饰板内,以获得地毯良好的外观和配合效果。

三、地毯的主要试验

地毯几乎覆盖了所有的底盘零件,是内饰主要的声学零件,主要有以下的试验要求,见表6-4。

地毯主要性能和试验项目　　　　表6-4

主要性能	试验要求
毯面试验	地毯毯面的材料试验
地毯功能性试验	抗磨损、压缩回复、抗水渍及表面损伤、抗霉变生长
散发性能试验	气味、雾翳、甲醛、总碳挥发
吸声性	声学性能
燃烧性	燃烧安全性能

第五节　脚　垫

为了提高乘坐的舒适性,同时避免地毯被各类污物侵蚀,提高地毯清洁度,车用脚垫得到了广泛的应用。

脚垫按其面料风格,大致可分为四类:PVC脚垫、针刺脚垫、簇绒脚垫、圈绒脚垫,如图6-14所示。PVC脚垫、针刺脚垫成本相对低廉,多应用于低档车型,簇绒和圈绒脚垫成本较高,脚感舒适,层次感强,多应用于中高档车型。

a)针刺脚垫　　　b)簇绒脚垫　　　c)圈绒脚垫

图6-14　脚垫面料类型示意图

脚垫背部常用材料有橡胶、TPR、无纺毡、发泡材料等。脚垫的边缘出来方式主要有:直接成型压边、丝线包边和织带包边等。

一、脚垫防滑设计

驾驶员或乘员在驾乘车辆时,脚垫会因为人员出入等外力作用下发生偏移,会与其他零件干涉,例如驾驶员侧,脚垫偏移后可能会与制动踏板干涉,影响车辆制动。因此,脚垫设计时须考虑必要的固定及防滑要求。

固定方式多采用卡扣或是挂钩等方式,防滑则通过脚垫背面增加凸点,以提高与地毯的摩擦系数,提高防滑性能。

现行的凸点类型如图6-15所示。

图6-15　底部防滑处理

二、脚垫性能要求

基于脚垫的使用环境,脚垫的性能要求除满足内饰零件的常规要求外,还需要特别关注脚垫的耐磨性能及抗污、易清洗性能的要求。

第六节 声学饰件

为了提供乘客一个安静舒适的车内环境,需要布置吸声、隔声和隔振的零件。本节所介绍的声学零件主要为吸声和隔声零件,它们一般不可见,外面覆盖有装饰性零件,通常布置在发动机舱、前围板、车内地板和行李舱区域。

一、声学零件概述

根据所设计车型的整车要求,即对整车噪声的级别定义,需要通过合理的布局,对内饰的声学零件进行系统设计。通过控制零件的材料、厚度、密度、尺寸、工艺以及合理的结构设计来达到预计的效果。一般材料的隔声性能随着密度、厚度和材质均匀度的增加而提高。

发动机是主要的噪声源,需要在发动机舱内和乘客舱前沿进行完整的隔声和吸声性能分析。在设计初期,可以通过计算机模拟分析,然后不断改进结构,并对装配性、工艺性和价格进行同步分析,取得最好的性价比。一般发动机舱和前围的零件通过塑料卡扣连接到车身上,如图6-16所示。

道路也是噪声的一个主要来源。为了给乘客一个安静舒适的环境,需要在地板上增加阻尼垫减少振动和噪声。乘客舱地板阻尼垫的大致布置位置如图6-17所示。

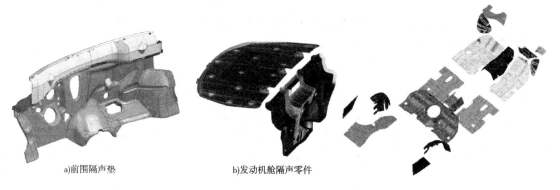

a)前围隔声垫　　　　　　b)发动机舱隔声零件

图6-16　声学零件示例　　　　　　图6-17　地板阻尼垫示意图

二、声学零件的材料和工艺

由于发动机舱内工作环境恶劣、温度高、灰尘大,所以吸声材料需要使用阻燃、耐热、疏水的材料。目前使用得最多的是玻纤毡和轻质泡棉材料,两面覆盖无纺布热压成型。也有的车型使用棉毡热压成型。因为材料的厚度对吸声效果起很大的作用,所以在设计零件时,需要争取最大的材料厚度。为得到一个良好的吸声效果,需要尽可能扩大吸声材料的区域,让发动机被吸声材料所包围,从而隔断从发动机传来的噪声。

在乘客舱内,为了给客户提供尽可能大的空间,需要综合考虑工艺、厚度和面密度等对吸声性能的影响。通过改进工艺和面密度来补偿厚度的损失,可以实现较好的声学效果。

乘客舱内的隔声、吸声零件主要布置在前围和轮罩等区域,这些零件的材料目前主要有两种类型:一种是重涂层加发泡,另一种是棉毡材料。重涂层加发泡材料中重涂层主要起到隔声作用,发泡层起到吸声作用,这类零件的工艺是表皮热压成型,然后进行背面发泡。棉毡材料有双层不同密度棉毡的结构,也有不同厚度等密度的结构。可以通过改变棉毡的密度来平衡隔声和吸声效果。双层棉毡是通过蒸汽热压成型的,不同厚度等密度棉毡是通过逐层铺棉毡层达到等密度的效果。

大多数声学零件采用模压工艺加热复合多层材料。也有用模内发泡的工艺将泡沫层和重涂层复合在一起。而阻尼垫一般由片材直接裁剪得到。

在设计吸声和隔声零件时,通常可使用表6-5中的材料。

隔声零件的材料　　　　　　　　　　　　　　　　表6-5

材　　料	常用厚度(mm)	影响隔声效果的因素
EVA、PVC、EPDM、EVA+沥青混合物,(可填充碳酸钙或硫酸钡来增加密度)	1.5~5	单位面积质量 合适的硬度(不能太硬)
天然纤维,合成纤维,PU软泡,PU硬泡	6~50	增加厚度 降低动态硬度 合适的气流阻力

隔振材料通常采用阻尼类材料,如沥青、橡胶、聚丙烯酸酯、聚丙烯酸等具有较高力学能耗的高分子材料。通过材料的黏性内摩擦将部分机械能转变成热能,从而达到减振、消声的目的。隔振材料一般有天然橡胶、丁腈橡胶和氯丁橡胶等。隔声和隔振零件可以通过磁性和背胶连接到车身上,也可通过烘烤固定在车身上,从而将胎噪和风噪等阻隔在车外。

三、声学零件的主要性能要求

对于声学零件来说,最主要的性能是对声学吸收和隔断的能力,作为内饰零件它们同时需要满足散发性试验要求。

吸声材料的主要试验项目见表6-6。

吸声材料的主要性能和试验项目　　　　　　　　　　　表6-6

主要性能	试验要求
防霉变试验	按标准试验后,不能有任何霉变发生
散发性试验	气味、雾翳、甲醛、总碳挥发
吸声性	满足声学性能试验
燃烧性	满足燃烧安全性能要求
黏结力要求	和其他材料有很好的黏结力,有一定的抗剥离能力

阻尼垫材料的主要试验项目见表6-7。

阻尼材料的主要性能和试验项目　　　　　　　　　　　表6-7

主要性能	试验要求
防霉变试验	按标准试验后,不能有任何霉变发生
散发性试验	气味、雾翳、甲醛、总碳挥发
减振性能	在一定频率内的最低综合损失系数
燃烧性	满足燃烧安全性能要求
黏结力要求	和其他材料有很好的黏结力,有一定的抗剥离能力
收缩率	烘烤前后的尺寸变化

第七节　行李舱饰件

一、行李舱饰件概述

行李舱饰件系统是指覆盖行李舱内地板、侧围、衣帽架、行李舱盖钣金的装饰板及附件。主要是提供一个方便耐用美观的储物空间，满足顾客方便存取货物的需求，并且需要兼顾整车的声学效果。行李舱系统的布置相当重要，因为行李舱空间是衡量车内储物空间的重要指标之一。一些高档车还将能放入两个或三个高尔夫球包等运动器械以及一些休闲度假设施（如野营餐桌、餐椅）作为设计的一个要求。行李舱饰板常用的材料有针刺地毯、无纺布以及工程塑料。行李舱饰件选用的面料必须满足大气暴晒要求和偶尔的清洗需求。行李舱系统还包括行李舱便利网、储物盒等附件。一般情况下三角警示牌和灭火器也装配到行李舱，如图6-18所示。

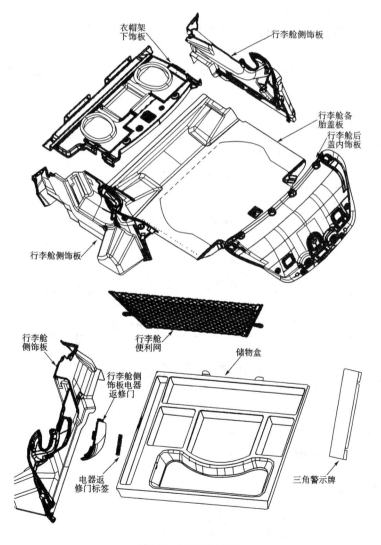

图6-18　行李舱示意图

二、行李舱饰件设计要求

行李舱饰件设计的基本原则是最大限度的设计一个大空间，方便存取货物、整洁美观，同时满足降低噪声的要求。

行李舱零件的材料选择必须满足国家的相关标准，如燃烧性符合《汽车内饰材料的燃烧特性》（GB 8410—2006）标准。

行李舱型面设计不可以有锋利的尖角等危害顾客的风险，必须满足《轿车内部突出物》（GB 1152—2009）标准。

行李舱饰件材料选择，一般选择针刺棉毡、CPP板作为基材，在热压成型过程中复合无纺布。零件型面设计时，需要考虑到原材料的延伸性，应避免深度成型，型面不要有尖角出现，适当的做圆弧过渡，同时需要考虑到不要影响行李舱的容积。此种材料为热压成型，模具相对简单，一般采用铸铝模具，型面设计需要考虑出模方向，最小拔模角度。此种材料属软质材料，零件设计需要考虑有足够的固定点以保持形状和位置，保持和周围零件良好的配合，使得整个行李舱比较整齐。

行李舱地毯，有载重需求，材料选择要求较高。一般选择木粉板、木纤维板等高强度材料作为基材。

为防止行李舱饰件与钣金碰撞发出异响，一般会在饰件背部贴近钣金的位置粘贴毛毡解决。

三、行李舱饰件性能要求

行李舱饰件主要性能及试验项目见表6-8。

表6-8 行李舱主要性能和试验项目

主要性能	试验要求
毯面试验	地毯毯面的材料试验
总成承载能力试验	行李舱需要有一定的承载能力
吸声性	满足声学性能试验
燃烧性	满足燃烧安全性能要求
耐高温性能	满足耐高温，抗变形的能力要求
色牢度要求	满足高能量暴晒后颜色保持的性能

第八节 衣帽架饰板

衣帽架饰板一般指三厢车上，用于覆盖第二排座椅后部、后窗玻璃下部、行李舱上部钣金的装饰板；也包括两厢车上，处于第二排座椅后部、尾门前端、行李舱内上端，用于遮盖行李舱空间，可随尾门打开而旋转的硬质装饰板。

一、衣帽架的概述

衣帽架饰板的主要功能是为所覆盖区域或系统提供美观的遮盖及保护；另外它也是重要的声学零件，用于阻隔从行李舱中传来的噪声；如果衣帽架饰板遮盖下的钣金上集成有许多其他功能件，比如扬声器、儿童座椅固定支架等，衣帽架还需要为这些零件提供通道及遮盖。

衣帽架主要由基板及集成在基板上的子零件组成。基板一般由基材和面料经热压成型而成。市场上也有塑料的衣帽架,一般以日系车居多。在一些中高档车上,随着各种车载装置的增多,越来越多的模块及功能件布置到衣帽架所覆盖的钣金上,相应地,衣帽架上也集成了越来越多相关件。比如:高位制动灯、泄压格栅、线束、儿童座椅固定支架饰盖、扬声器饰盖、空气净化器饰盖、后窗遮阳帘、后排乘客安全带卷收器饰盖等。图6-19所示是比较典型的衣帽架图片。

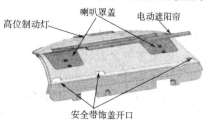

图6-19 衣帽架示意图

二、衣帽架饰板的设计

1. 衣帽架设计目标的制定

不同的整车项目对衣帽架会有不同的要求。这是因为,不同的整车项目在目标客户、车辆销售地区、品牌、车型、定价区间、车体尺寸等各维度的定义上会有差异,这些各维度上的差异,会带来子系统在具体的设计目标及设计要求上的差异。

对衣帽架而言,有几个因素对衣帽架的设计目标影响最大:车型、目标客户、车辆销售地区。不同的车型决定了衣帽架的有无和设计方案。比如说,SUV很少采用硬质衣帽架,因为硬质衣帽架不方便拆卸,对行李舱的空间会造成一定的影响,一般采用可以卷收的软质帘布。三厢车与两厢车上都有硬质的衣帽架,但两者的设计概念完全不同。三厢车的衣帽架是固定的,而两厢车的衣帽架则是可以对尾门开启而打开,并可以拆卸。客户的一些使用习惯、周边环境也是衣帽架设计时必须考虑的因素。比如某些地区的客户喜欢在衣帽架上放置物品(出于安全考虑,在行车状态在衣帽架上放置物品是不容许的),那么对衣帽架刚度就会有额外的要求。而某些气候炎热、日照强烈的地区,由于太阳光可以透过后窗玻璃直接照射在衣帽架上,因此衣帽架对于耐光色牢度、高温下的其他性能就会有更高的要求。

2. 衣帽架设计要求

衣帽架饰板的设计要求主要包括外观、功能、安全性、可制造性、可维修性、环保、误操作、耐久性等。

1) 外观要求

衣帽架作为内饰件,处在客户经常能够见到、接触到的区域,因此,其外观是非常重要的。这里所指的外观包括以下几个方面:

(1) 衣帽架自身的外观,包括造型、颜色、材料质感等;

(2) 衣帽架与周边零件的匹配性,包括造型、尺寸、颜色、材质等的匹配性。

(3) 衣帽架与其他内饰零件一起,给客户所带来的空间感。

对于衣帽架自身而言,应确保在整个设计寿命周期内,在能经历到的各种实际环境下,始终保持颜色、尺寸在整个型面上的一致性,不能有容易引起客户抱怨的外观瑕疵。对于整车内饰而言,应该确保衣帽架在整个设计寿命周期内与其他零件的在造型面、尺寸、颜色甚至材质上匹配。

2) 功能要求

基于前面小节所述的衣帽架的功能,除了外观要求外,衣帽架还应考虑有合适的刚度及强度,以确保衣帽架在客户使用过程中不致遭到损坏,且保证其所覆盖的零件不致遭到损坏。由于衣帽架还担负有减少行李舱噪声向乘客舱内传递的作用,因此,衣帽架的还需要有一定的隔声或吸声的要求。另外，衣帽架还应设计并提供一些功能饰件，比如扬声器罩盖、儿童座椅固定支架饰盖、安全带开口饰盖等。这些零件除了要满足其他对应零件的要求外，还应该满足衣帽架子系统的要求。

3）乘客安全设计要求

良好的后视野会提高行车安全性，因此衣帽架的设计不宜太高，这样可以给客户提供更好的后视野。另外，衣帽架上一般也不宜设计一些敞口的储物装置，以免在行车过程中，由于车辆急减速或事故过程中，放置在衣帽架上的物体往前运动，伤害乘坐在后排座位上的乘客。

安全带饰盖、儿童座椅固定支架饰盖由于直接与安全带及儿童座椅固定支架相连，应考虑其开口的角度及外部圆角，尽量加大饰盖开口处圆角，避免饰盖开口处的锐边挂擦安全带及儿童座椅固定支带，造成安全带及支带磨损，产生安全隐患。

4）可制造性要求

衣帽架的造型等实体数模的设计应该满足现有的制造工艺要求，比如：造型面应尽量设计简单平顺，选择合适的基材及面料，选择合适的拔模角、圆角、冲切面，对于某些有大拉伸的区域，还应考虑合适的拉伸深度。这样不致造成在衣帽架正式生产过程中出现褶皱、无法脱模、圆角处不规则、圆角处面料拉穿、无法冲边等情况。

由于汽车是大规模流水线生产，因此衣帽架的设计还应满足流水线工人对衣帽架安装的要求。比如：衣帽架总成零件的总质量不宜设计过重，设计应尽量考虑减少安装部件、减少安装的动作、确定需要安装的各种卡扣、固定结构等要易于安装，且安装操作力不宜太大。

5）维修及维护设计要求

安装在衣帽架下面的某些模块可能需要维修，比如扬声器、电动遮阳帘、空气净化器等，衣帽架的设计应考虑在这些零件维修的时候，尽可能少的拆卸零件，尤其像后窗玻璃等大的零件，即便是需要拆卸零件，也尽可能采用能够比较容易拆卸的设计，从而尽可能少的减少维修时间，为客户减少维修费用。衣帽架上的各种固定件的拆卸力及拆卸次数都应满足一定的要求。另外，衣帽架还应满足耐脏、耐擦洗的要求。

6）环保要求

现在大家都提倡绿色设计，对衣帽架而言也不例外。绿色设计对衣帽架的设计有如下几项要求：

（1）选择的材料不能含有对人体及环境有害的物质，比如6价铬等材料；

（2）所用的材料应易于回收，且在回收时，不会危害自然环境；

（3）在具体的设计中尽量减少对材料的用量，这不但节省资源，还有利于减轻整车质量，节省燃油。

（4）尽量使用有机挥发物含量低的材料，减少车内乘客有机挥发物的吸入量。

7）误操作要求

尽管从安全的角度，我们不希望乘客在车辆行驶状态下，在衣帽架上放置物品，尤其是比较尖锐的硬物。但客户在实际使用过程中，总会放置某些物品，比如，书籍、雨伞、饮料等。因此，设计中我们还应考虑在此类乘客误操作的情况下，设计仍然能保证衣帽架的正常质量及功能。

8）耐久性要求

衣帽架应确保在整个设计寿命周期内，在客户正常的使用状态下，其功能、性能能基本保持与原有设计状态一致,随着使用时间、使用次数的增多,功能及性能可能虽有下降,但仍处在设定的可接受的范围内。对某些功能件而言,比如儿童座椅固定支架饰盖,在整个设计寿命周期内,在客户正常的使用条件与使用频次下,都应能保持合适的操作力和保持力。

9) 设计界面要求

衣帽架由于与诸多零件或系统有界面关系,不同的界面会有各种不同的要求,在衣帽架的设计过程中,应该充分考虑这些界面的要求,以确保衣帽架系统自身及周边相关零件或系统分别实现各自的功能。与衣帽架系统相关的几个主要界面有:车身钣金、后座椅、立柱、后窗玻璃等。

三、衣帽架主要工艺和材料

1. 衣帽架的主要工艺

目前市场上所用的衣帽架设计概念,从加工工艺的角度,主要有两种:热压成型及注塑成型。热压成型工艺的简要工艺过程:先将基材加热,将基材软化,再将加热的材料在成型模内模压成所设计的造型,在模压过程中,一般会同时将面料复合在基材上,形成表面带面料、背面有基材支撑的结构。

注塑成型工艺的简要工艺过程:直接将塑料粒子加入注塑机中,通过注塑机将塑料粒子熔化成熔液,通过高压喷嘴将塑料熔液注射到模腔中,经冷却定型后,直接形成塑料衣帽架本体。

两种工艺各有优缺点,需要综合考虑。目前用的最为广泛的是热压成型工艺,因为它具有设备投入小、产品设计要求较简单、可以选择不同的基材及面料等优点,被大多数厂商所应用。塑料衣帽架一般在产品制造量比较大的情况下使用,否则,考虑设备投入的话,零件的单件成本价格相对会高。

2. 衣帽架常用的材料

由于衣帽架处于阳光能直接照射到的区域,因此对衣帽架的面料耐光色牢度有很高的要求。而且衣帽架区域温度高,因此还需耐高温。由于客户经常会放置物品在衣帽架上,因此面料还须有比较好的耐挂擦、耐脏及耐清洗等性能。

目前,衣帽架面料主要有三大类:无纺布面料、织物类面料、仿真皮类面料。根据车辆的档次,厂家会选用不同的面料。无纺类面料具有成本优势,但外观、触感一般,大多用在中低档车上;植物类面料成本适中,外观、触感较无纺类面料好,一般用在中高档车上;而仿真皮类面料一般用在豪华车上。

衣帽架面料的选择还与衣帽架型面的复杂程度有关,如果衣帽架的型面比较复杂,需要大的拉伸,则需要选择延伸性能比较好的无纺布面料,对于型面比较简单的衣帽架而言,上述三种面料都可以采用。

对于衣帽架而言,衣帽架的刚度对于其功能的实现非常重要。衣帽架的刚度设计除了与设计结构有关外,衣帽架基材自身的刚度也非常重要。材料的刚度是基材选择的重要参考因素,除此之外,基材的拉伸性能、高温下的尺寸稳定性能、有机挥发物含量、质量、成本等也是重要的参考因素。目前,衣帽架所常用的基材主要有如下几种:PP基复合材料、PU类发泡材料、其他类纤维复合料。

基材的选择非常关键,除了结构设计外,基材的性能决定了衣帽架是否能够满足上述衣帽架性能的要求。

四、衣帽架主要试验

对于衣帽架,通常需要通过以下试验来考察衣帽架是否符合设计要求。

衣帽架主要试验   表6-9

主要试验	考察内容
面料试验	各种环境下的外观、耐久等性能
总成承载能力试验	承载下的变形情况
遮阳帘试验	遮阳帘的功能性要求
吸声性试验	吸声性能
阻燃性试验	阻燃性能
环境循环试验	极限条件下正常功能
基材材料试验	基材刚度、霉变、气味等

第九节 后窗遮阳帘

在某些气候炎热、紫外线强的地区,对照射进各车窗的阳光的遮挡,有助于为客户提供一个相对舒适和私密的车内环境。目前,一个完备的车内遮阳系统包含正副驾驶座前方上端的遮阳板、天窗遮阳板、侧窗遮阳帘、后窗遮阳帘。本节重点介绍的是用于遮挡后风窗玻璃的遮阳帘,尤其是电动后窗遮阳帘。

一、后窗遮阳帘概述

后窗遮阳帘是人们在追求舒适的车内环境的过程中发展起来的。根据帘布展开的方式,遮阳帘可以分为手动和电动两种。手动遮阳帘需要客户自己将帘布展开和收卷,电动遮阳帘则通过电动机驱动实现帘布自动展开和收卷,如图6-20所示。

图6-20 电动遮阳帘示意图

由于手动遮阳帘需要手动操作,且操作比较麻烦,限制了它的使用,逐渐为电动遮阳帘所取代。但是,相对于电动遮阳帘,手动遮阳帘所具有的成本优势,使它现在在一些较低层次的中档车上仍有应用。

电动后窗遮阳帘发展到现在已经是第三代,第一代采用双直臂支撑,该系列产品的缺陷是遮阳帘在展开和关闭过程中整个展开部分不稳定,另外,由于直臂与遮阳帘帘布盖通过开放式的轨道连接,容易由于积灰等原因造成阻滞,其帘布对后风窗的覆盖率一般在70%~90%。第二代电动后窗遮阳帘采用双曲臂结构,克服了双直臂遮阳帘的前两个缺点,得到市场的广泛认可,成为目前的主流技术,但是该产品还是没有解决某些情况下的帘布覆盖率低的问题。在近几年,第三代无曲臂滑轨式遮阳帘出现,该遮阳帘的帘布覆盖率能接近或达到100%,逐渐为众多车厂应用并有可能成为今后市场发展的趋势。

二、后窗遮阳帘的结构

1. 手动遮阳帘

帘布是遮阳帘实现遮阳功能的必要部件,其他结构作为辅助机构协,助帘布实现安全、操作方便、美观的遮阳功能。手动遮阳帘主要由帘布、帘布展开机构、帘布卷收机构、固定机构等四部分组成。

2. 电动遮阳帘

由于要实现帘布的自动展开及卷收,电动遮阳帘在手动遮阳帘的基础上,多了相应的驱动机构,该驱动机构包括电动机、齿轮箱、连杆、支撑臂;另外,为实现某些情况下自我卷收功能,还需要控制模块,如图6-21所示。

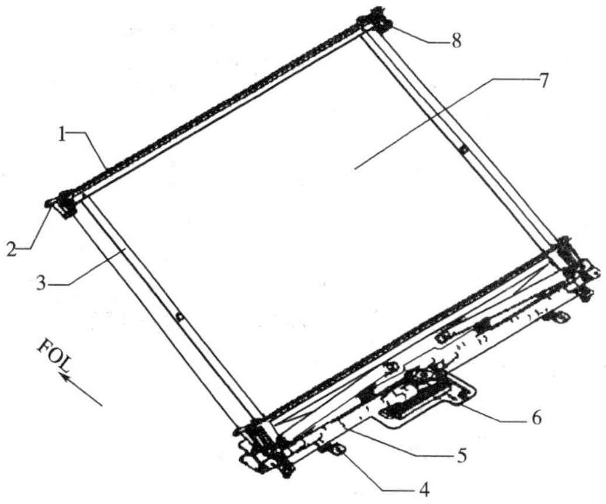

图6-21 电动遮阳帘结构示意图
1-盖板;2-端盖;3-曲臂;4-安装支架;5-支架本体;6-电动机模块;7-帘布;8-滑轮

三、遮阳帘的设计

1. 遮阳帘的主要界面

遮阳帘工作时与许多零件相关,周围环境比较复杂。因此在设计遮阳帘时,要充分考虑其与周边相关零件的设计配合。与遮阳帘设计相关的主要界面有:钣金、衣帽架、后风窗玻璃、顶衬、立柱、电子模块、线束等零件。

2. 后窗遮阳帘设计要求

1)外观要求

遮阳帘处在客户能看到的区域,因此设计并保持一个美观的外观非常重要。一个好的外观与多种因素有关:首先,遮阳帘自身的外观部件应做到造型、颜色都符合客户审美要求,尺寸匹配精细,外观面表面处理精良。其次,遮阳帘的设计还应考虑与其他相邻零件在造型、尺寸和颜色上的一致性。

2)功能要求

遮阳帘的功能要求主要有两个:可控遮光功能和透光功能。

可控遮光功能要求一般用两个指标来衡量:帘布覆盖率和帘布透光性。

帘布覆盖率——一般指遮阳帘在帘布完全伸展状态下,帘布面积与后风窗玻璃透光区域在帘布平面上的投影区域面积的比例。它是衡量遮阳功能好坏的主要指标。

帘布透光性——遮阳帘的透光性跟帘布设计密切相关,一般可以用帘布开孔率来衡量,即帘布上开孔的面积与整个帘布面积的比例。它是考察遮阳帘遮阳性能的另一个因素。开孔率与帘布上开孔的大小、形状、排布等因素相关,在上述因素确定后,开孔率就确定了。理论上,开孔率越小对遮阳功能越好,不过帘布的开孔率应与遮阳帘的透光性综合考虑。

遮阳帘的透光功能要求一般用帘布透光性来衡量。遮阳帘帘布应具有一定的透光性,其目的是不影响车内驾驶员内后视野,以便于车内驾驶员通过内后视镜观察后方状况;也不影响后方车辆驾驶员透光前方车辆的遮阳帘、前后风窗观察更前方的状况。透光性同样跟帘布的设计密切相关,同样可以用帘布的开孔率来衡量。理论上,开孔率越大对遮阳帘的透光功能越好,但须与帘布的遮阳性综合考虑。

3）作动性能要求

遮阳帘整个结构的设计应能确保遮阳帘在整个寿命周期内,在各种预设的使用环境下,作动时保持合适的作动速度,作动平稳、安静,同时避免自身或与其他相关零件产生异响。

4）安全性要求

在使用过程中及事故发生时,遮阳帘的设计应满足法规要求,不能对车内乘客造成伤害。在生产制造过程中,注意使用符合要求的材料。

5）制造维修性要求

遮阳帘的设计应方便工人进行组装,尽量减少组装工人劳动强度,减少组装复杂性,降低组装时间。并要方便拆卸与维修。

6）操作方便性要求

遮阳帘的设计应尽可能让客户操作方便。这些操作的便利性可能涉及操作力、操作距离、操作形式等。

四、后窗遮阳帘主要试验

后窗遮阳帘主要试验见表6-10。

后窗遮阳帘主要试验　　　　　表6-10

试验项目	考察内容	适用范围
电性能试验	车上各种用电环境下正常功能	仅对电动遮阳帘适用
操作力试验	操作力	仅对手动遮阳帘适用
耐久性试验	各种使用环境下,使用寿命内正常功能	皆适用
噪声试验	正常动作下的噪声品质	皆适用
异响试验	静态/动态环境下异响情况	皆适用
振动耐久试验	整车各种路况下正常功能	皆适用
零部件材料试验	材料性能	皆适用
环境循环试验	各种极限使用环境下正常功能	皆适用

第十节　车内照明系统

车内照明灯是用于在夜间方便驾驶员和乘客上下车、提取与存放行李及查阅地图和文件、或用于烘托内部气氛等。常用的车内照明灯有普通礼貌顶灯、阅读灯、进出门礼貌灯、照脚灯、行李舱灯、手套箱灯和气氛灯等。

一、车内照明系统的功能及基本要求

车内照明灯在不同区域有不同作用。下面简单介绍一下各个灯的功能和基本要求。

1. 普通礼貌顶灯

入门级轿车的乘客舱一般只有普通顶灯,大多安装在车内顶衬中部。具体的位置应尽可能让前/后座位的人能够方便地操纵开关。由于使用习惯的不同,欧洲大部分入门级的轿车只考虑前座的使用方便,而常常将灯安装在车顶前面。如 POLO、GOLF、赛欧等。

普通照明灯的灯光要求在我国法规中没有规定,但一般要求它能均匀地照亮整个车内,主要是前后座椅面和地毯。由于整车结构的局限,这类灯的厚度要求尽量薄,它的灯泡大多采用 5~10W 的管型灯泡。

普通礼貌顶灯的开关一般都与灯体集成在一起,我国法规对开关没有具体要求,但几乎所有普通顶灯的开关都有三个工作位置,即:"ON"开(点亮),"OFF"关(熄灭),"DOOR"车门联锁(即当任意一个车门打开时,顶灯点亮,便于乘客上下车照明),如图6-22所示。

图 6-22　普通礼貌顶灯示意图

2. 阅读灯

阅读灯是为了方便驾驶员和乘客在夜间用来查阅地图和文件的照明灯。对该灯的要求是在指定区域,发光强度需满足要求,同时行车中其灯光不能影响驾驶员操作,因此阅读灯的灯光往往设计成圆锥塔形光束,灯光只照射在需要照明的区域。照射范围一般为直径 300~500mm 的圆形比较合适。

阅读灯的开关多数与灯集成在一起,但也有将控制开关单独安装在仪表板或者门饰板的扶手上。这种阅读灯的控制开关只有两个工作位置,即:"ON"(开)与"OFF"(关)。有些车把阅读灯与普通礼貌顶灯做成一体。它既有普通礼貌顶灯的功能,又兼做阅读灯。

阅读灯多安装在车顶中央中轴线,如图6-23所示。也有一些 MPV/SUV 车型会在顶衬的两侧安装阅读灯,如图 6-24 所示。

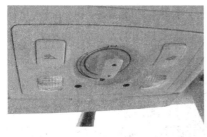

图 6-23　阅读灯在车顶中央示意图　　　图 6-24　阅读灯在车顶侧面示意图

3. 进出门礼貌灯

进出门礼貌灯是为了在夜间车门打开时照亮车门区域地面,方便驾驶员和乘客上下车;它在车门上的安装位置应尽量靠近车门的外侧下方,这样才更能满足进出门礼貌灯的功能,如

图 6-25 所示。

进出门礼貌灯的灯光颜色多采用半面红光半面白光,白光是为驾驶员和乘客上下车提供照明,红光是为了提醒后续驶近车辆的驾驶员注意。进出门礼貌灯没有单独的开关,由车门联锁开关控制其点亮与熄灭。

图 6-25 进出门灯示意图

4. 照脚灯

照脚灯是为驾驶员和乘客上下车时对车内踏脚处提供照明。中高档车会在仪表板下安装踏步灯,高档车会在座椅下部安装照脚灯,为后排乘客提供踏脚处照明。照脚灯没有单独的开关,由车门联锁开关控制其点亮与熄灭,如图 6-26 所示。照脚灯的灯光不允许使驾驶员和乘客上下车时感到炫目,照明区域主要集中在踏脚区域。

图 6-26 照脚灯示意图

5. 行李舱灯

行李舱灯是为乘客存取行李时提供照明,如图 6-27 所示。一般要求其灯光能照亮整个行李舱。行李舱灯通常安装在行李舱上方的钣金上,既便于散热,又可满足照明要求。有时行李舱灯也会安装在行李舱侧饰板上方。行李舱灯的点亮和熄灭是由行李舱盖联锁开关控制的,当打开行李舱盖时,接通电源;关闭行李舱盖时,关闭电源。

图 6-27 行李舱灯示意图

6. 手套箱灯

手套箱灯为乘客在手套箱内存取物品时提供照明。其灯光能照亮整个手套箱。出于散热考虑,此类灯一般采用 5W 或 8W 的灯泡,结构比较简单,主要由灯泡、配光镜和电源线接头组成,如图 6-28 所示。手套箱灯的开关控制由手套箱盖的联锁开关控制。

7. 化妆镜灯

化妆镜灯是为乘客在使用化妆镜时提供照明。主要有两种方式,一种是安装在遮阳板区域的顶衬上,灯的开关由遮阳板的翻转联动开关来控制,如图 6-29 所示;另一种是在遮阳板的化妆镜片的两侧,由化妆镜盖的开合联动开关来控制灯的照明,如图 6-30 所示。

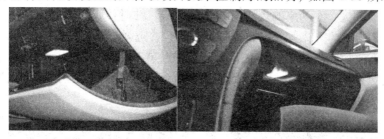

图 6-28 手套箱灯示意图

图 6-29 化妆镜灯示意图(一)　　　　图 6-30 化妆镜灯示意图(二)

8. 烟灰缸灯

烟灰缸灯是为驾驶员和乘客夜间打开烟灰缸时提供照明。当烟灰缸盖被打开,灯自动点亮,用完后关闭烟灰缸盖,灯自动熄灭。它一般集成在烟灰缸总成内,照明时不能有光线散射出,以免造成驾驶员和乘客炫目,如图 6-31 所示。

9. 环境灯

环境灯又称气氛灯,主要是在夜间给特定区域提供照明,如开关按钮、门拉手等。现在一些高档车会用 LED 作为环境灯,行车时投射到

图 6-31 烟灰缸灯示意图

仪表板、副仪表板、门饰板、车顶控制台和变速杆处,烘托气氛,如新君威、Audi A6、BMW 7 series,如图 6-32 所示。

二、车内照明灯设计

车内照明灯由灯体(或灯壳)、配光透镜、光源、开关及按钮、线束和插接件等零件组成,复杂的灯会加上反射镜、延时电路、传感器等部件,提升灯的品质。

1. 光源的选择

对灯而言,光源是最主要的部分,影响着灯的照明亮度和结构设计。目前在汽车上广泛使用的灯泡是玻璃外壳灯泡,使用钨丝作为发光体,这种传统的灯泡在充入卤素后,称为卤素灯泡,可以增强照明亮度和使用寿命。随着先进技术在汽车领域的运用,LED(发光二级管,light-emitting diode)、氙气灯、导光管和导光片已经开始在车辆照明和装饰中运用。

传统灯泡具有技术成熟、成本低的优点。发出的是类似太阳光的七色光,配光容易。但其寿命相对较短,一般额定寿命为200h,有的卤素产品能达到1000h,但成本加倍;而且其发热量大,要求的布置空间大。小功率的灯泡视觉效果发黄。针对传统灯泡的寿命短和颜色单调的缺点,可以通过以下的方式来弥补。首先根据车型档次选择灯泡寿命,同时设计灯体机构时要求灯泡更换方便。针对发热问题,可在 A 表面设计时就开始考虑散热空间。针对灯光发黄问题,可用套滤光膜(小功率)或者配光镜里加滤光色母来弥补。大众奥迪车车内照明灯配光镜加了烟灰色,使光色更柔和。

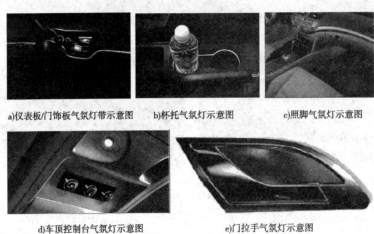

图 6-32 环境灯的应用

LED 光源有很多优点,体积小、技术可靠、寿命长,一般可达 1 万 h;单色光有利于装饰效果的选用;LED 属于冷光源,发热量小,对布置空间要求小。LED 虽是单色光,但光色有波动范围,不利于整个车内灯的光色谐调一致,特别是波段窄的白色和蓝色。使用 LED 作为光源的阅读灯、普通照明灯和环境灯是通过色坐标的值来定义颜色。发光有角度限制,目前常见的是 90°和 120°。配合的电路相对复杂,需要电阻或电容配合使用,帮助平衡电压,稳定电流。电流过大容易击穿二极管。

针对 LED 的一些特点,在设计时应尽量考虑:用波段长的红色、黄色;对于白色和蓝色要提前定义色坐标及公差范围;利用发光角度来配光;严格控制好电路的设计,尽量避免电压不稳和减小电流的波动。

氙气灯能耗小,光照亮度强于卤素灯 3 倍,目前只应用在前照灯和雾灯上。

导光材料主要用于背景灯和环境灯,不直接发光,但能均匀导光,使光更加柔和,烘托气氛,主要用于中高档车的装饰。

图 6-33 所示是常见的传统灯泡的四种形式,具体尺寸可查询灯泡推荐表。

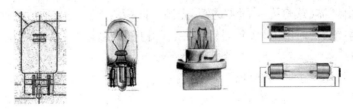

图 6-33 传统灯泡的形式

2. 车内照明灯的光学设计

相对于外饰灯而言,车内照明灯的光学设计较简单。国内没有强制性法规,但一些功能性的照明灯,如阅读灯、化妆镜灯等如果达不到一定的光照要求,就起不到预期效果。对每款车内灯的照明要求都需要表述明确,并提供测试方法。

光学设计需要专业的配光软件,一般由供应商根据灯的作用,完成配光设计,达到客户的要求。光源的改变会影响配光和布置空间,设计时需要先定义是传统灯泡还是 LED 冷光源。在改变光源时充分考虑对配光的影响。

3. 灯的结构设计

灯的结构设计受到造型、内部空间、光源类型、周边零件结构和散热状态的影响。所以在设计初期就要对灯的截面进行分析,以便对造型或结构作出调整。灯体设计包括灯体结构、配光镜和反射镜设计。

灯体的结构设计决定着灯的品质。灯体是光源、电路、开关、按纽、反射镜和配光镜等的载体,所以要考虑灯体的强度,同时它又要与周边的饰板或钣金配合,复杂的灯体要加支架帮助其固定。推荐材料:PC + ABS、PA66,也有用 PP + 20% GF。

配光镜的主要功能是调整光线,可以弱化或加强局部区域的照明。对四周发射光的传统灯泡尤为重要,如图 6-34 所示。推荐材料:PC(透明)。

图 6-34　配光镜示意图

反射镜类似于凹面镜,主要功能是起到聚光作用,将光源的光尽可能集中反射到需要的照明区域。室内灯中常用在阅读灯上,反射镜表面镀铝后效果更佳,可提高 20% ~ 30% 的亮度。推荐材料:PC + ABS、PC;不需镀铝时可采用 PA66。

三、室内灯的主要试验

室内灯提供了所有内饰的照明和装饰光源,一般要求满足表 6-11 所示的要求。

室内灯的主要试验　　　　表 6-11

主 要 性 能	试 验 要 求
连续点亮试验	室温、高温下连续工作一定时间后不变形或配光镜灯体不褪色
表面温度	测量表面温度后,温度不能太高,继续在室温下点灯
振动试验	按一定的频率振动后无异响和碎裂
开关疲劳试验	在高温、低温和正常温度下工作一定循环次数后,不能失效
漏光试验	在暗室中检查灯自身,以及灯和顶衬有无漏光现象
配光试验	对灯所提供功能的光照强度试验
高低电压试验	在高、低电压下均能正常工作

习题与思考

一、选择题（至少有一个选项是正确的）

1. 顶衬和其他零部件搭接方式的设计主要体现在（　　）的设计上。
   A. 顶衬　　　　　　B. 其他零部件　　　　　C. 顶衬和其他零部件两者

2. 遮阳板本体一般采用的材料有（　　）。
   A. PP 吹塑或注塑件　B. PU 发泡件　　　　　C. EPP 发泡件

3. 衣帽架面料主要有（　　）。
   A. 无纺布面料　　　B. 织物类面料　　　　　C. 仿真皮类面料

4. 脚垫的固定方式多采用卡扣或是挂钩，防滑则通过脚垫背面增加凸点，现行的凸点类型有（　　）。
   A. 橡胶颗粒底　　　B. 小钉底　　　　　　　C. 梅花钉底

5. 为了提供乘客一个安静舒适的车内环境，需要布置吸声、隔声和隔振的零件，下面不属于噪声源的是（　　）。
   A. 发动机　　　　　B. 道路　　　　　　　　C. 车内音响

6. 如下图所示，常见的传统灯泡的形式有（　　）。

   A.　　　　　　　B.　　　　　　　C.　　　　　　　D.

7. 遮阳帘可控遮阳功能要求的衡量指标有（　　）。
   A. 帘布覆盖率　　　B. 帘布透光性　　　　　C. 帘布的美观性

二、填空题

1. 根据车的经济性和外观要求的不同，目前常见的顶衬和天窗的连接方式有以下三种：
   (1) 顶衬开口处翻边，顶衬通过自带的连接件与天窗连接。
   (2) ＿＿＿＿＿＿＿＿＿＿。
   (3) 通过增加塑料饰圈连接。

2. 辅助拉手一般可以分为两类：一是：＿＿＿＿＿＿二是：＿＿＿＿＿＿。

3. 脚垫从面料风格及工艺角度讲，大致可分为四类，分别是：＿＿＿＿＿＿、＿＿＿＿＿＿、＿＿＿＿＿＿、＿＿＿＿＿＿。

4. 行李舱饰件设计的基本原则是＿＿＿＿＿＿＿＿＿＿。零件的材料选择必须满足国家的相关标准，如燃烧性要求＿＿＿＿＿＿＿＿＿＿。型面设计不可以有锋利的尖角等危害顾客的风险，必须满足＿＿＿＿＿＿《轿车内部突出物》标准。

5. 对衣帽架而言，有几个因素对衣帽架的设计目标影响最大，分别是：＿＿＿＿＿＿、＿＿＿＿＿＿、＿＿＿＿＿＿。

6. 常用的车内照明灯有：＿＿＿＿＿＿、＿＿＿＿＿＿、＿＿＿＿＿＿、＿＿＿＿＿＿等。

7. 隔振材料一般有＿＿＿＿＿＿、＿＿＿＿＿＿、＿＿＿＿＿＿等。

三、简答题

1. 顶衬一般分为哪两类？它们的结构组成是什么？并分别简述每一类的优缺点？
2. 在顶衬的加工工艺中，孔位及边界的切割主要采用哪种工艺？为什么？
3. 遮阳板挂钩为了卡紧转轴，需要设计一定的弹性结构，一般有哪几种途径？
4. 简述吸声零件和阻尼零件的主要性能及其试验要求？
5. 简述室内灯的主要性能及其试验要求？

四、论述题

1. 拉手的材料是什么？为什么用这些材料？对于有侧气帘的车型，在气帘爆破时会有材料掉落，伤害到乘员。为了解决这一问题，举出可以改善拉手材料和结构强度的方案？
2. 衣帽架的设计要求包括哪些方面？在实际的设计工作中应该如何协调这些要求？
3. 根据帘布展开的方式，遮阳帘可以分为哪两种？目前应用最多的后窗遮阳帘是哪一种？针对目前遮阳帘覆盖率低的问题，提出你认为可行的改进方案？

第七章 乘员约束系统

汽车的安全性研究发展到今天,已形成汽车主动安全性研究和汽车被动安全性研究两大分支,两大分支的研究相互促进和交互深入。

1. 主动安全性

主动安全性是指汽车避免事故发生的能力,通过配备的车载安全装置识别汽车行驶中潜在的危险因素,在突发事件产生之前,通过车距雷达报警系统、智能巡航速度控制系统、脱离行车线警报系统、智能制动等主动安全装置的作用,调整驾驶状态,保持汽车的行驶稳定性,以避免交通事故的发生。

主动安全性的研究主要集中在汽车的操纵稳定性、制动灵敏性和环境事件的视认性方面。通过隔离发动机和传动系统的振动、噪声和热辐射,以及按人机工程要求布置和设计座舱系统,改善驾驶环境、减轻驾驶疲劳、提高驾驶员的应急反应能力;通过改善高速行驶的转向稳定性和紧急制动方向控制的灵敏性,提高操纵系统在突发事件下的性能;通过道路环境与事故识别系统扩充人类在视野上的生理极限,使得在危险因素出现时,预先采取应急措施,避免发生交通事故。主动安全性研究近年来的成果有制动力辅助系统 BAS(Brake Assist System)、电子差速锁 EDS/EDL(Electronic Differential System)、驱动防滑系统 ASR/TCS(Acceleration Slip Regulation or Traction Control System)、车辆稳定辅助系统 VSA(Vehicle Stability Assist)、电子稳定程序 ESP(Electronic Stability Program)以及智能导航系统等。

2. 被动安全性

被动安全性是指在事故过程中,汽车通过车身结构以及各种被动安全装置的作用,最大限度地减少人员所受伤害的能力。通常情况下,被动安全分为两个方面:对车内乘员的约束和对车外行人的保护。

汽车被动安全性研究主要包含三个方面:车身结构的耐撞性研究碰撞生物力学研究以及乘员约束系统和安全内饰件研究。主要内容是依据人体在不同碰撞形态中的伤害机理、人体各部位对碰撞载荷的机械响应特性及其伤害极限,合理地进行车身结构耐撞性设计和乘员约束系统的设计,在保证乘员安全空间的前提下,利用车身结构件的变形吸收能量以减少传递给车内乘员的碰撞能量,同时利用约束系统减轻乘员与车内结构发生二次碰撞造成的伤害;对于车外行人,利用合理的车身结构和行人保护系统,减少保险杠在碰撞中对行人腿部和发动机罩对行人头部造成的伤害。

传统轿车的约束系统以具有一定耐撞性的车身结构、安全带、安全气囊为标志。安全带是乘员保护系统中最早采用的装置,其作用是在碰撞中约束乘员的运动,避免乘员与车内结构的二次碰撞。安全气囊是辅助的乘员约束装置,它与安全带的合理匹配可有效地提高约束系统对乘员的保护效果。另外,座椅、吸能式转向盘、弱化的内饰件等都对缓冲二次碰撞具有重要作用。

本章介绍安全带、安全气囊和转向盘。

第一节 安　全　带

一、引言

汽车座椅安全带是重要的乘员约束系统配置之一,在减轻碰撞事故中乘员伤害程度方面起着重要的作用。

座椅安全带诞生于 1885 年,最初用于马车上,后来用于航空,1922 年出现在赛车上。1966 年日本开始生产安全带,1968 年开始广泛用于汽车上,1968 年美国联邦机动车法规 FMVSS208 要求所有轿车的前排座位必须配有安全带。经过 30 多年的发展,安全带在结构、性能、舒适性和使用方便性方面得到了很大的提高。

安全带对乘员的保护原理是:当发生正面碰撞时,安全带的织带在卷收器的作用下,将乘员"束缚"在座椅上,以避免或减轻乘员在惯性力的作用下继续前行时,头、胸部与转向盘、仪表板及风窗玻璃的碰撞。

二、安全带的典型结构和工艺

1. 安全带的典型结构及其作用

如图 7-1 所示,安全带主要由织带、卷收器、带扣和高度调节器等零件组成。

1) 织带

织带构成安全带的本体,它是一根由化学纤维编制而成的带子,主要材料为尼龙;宽度一般在 46~48mm,厚度为 1.1~1.2mm。织带是安全带的主体,当车辆发生碰撞时,织带在规定的伸长率范围内有效地约束乘员,减小乘员的前移量,从而起到保护成员的作用。

2) 卷收器

卷收器是用于锁止和存储织带,并在增加某些机构后起到特定作用的装置。卷收器按功能可分为:

(1) 无锁式卷收器:在织带全部拉出时保持束紧力的卷收器。

(2) 自锁式卷收器:在任意位置停止拉出织带时,其锁止机构在停止位置附近自动锁止,同时保持束紧力的卷收器。

(3) 紧急锁止式卷收器:是目前应用最广泛的卷收器。在汽车正常行驶时允许织带自由伸缩,当汽车速度急剧变化时,其锁止机构锁止以约束乘员。这种卷收器中装有惯性敏感元件和棘轮棘爪或中心锁止机构,织带缠绕在卷轴上。当汽车正常行驶时,卷收器借助卷簧的作用,既能使织带随使用者身体的移动而自由伸缩,又不会使织带松弛。但当紧急制动、碰撞或车辆行驶状态急剧变化时,卷收器内的敏感元件将驱动锁止机构锁住卷轴,使织带固定在某一位置,并承受使用者身体的载荷。紧急锁止式卷收器又可分为织带敏感式、车体敏感式和

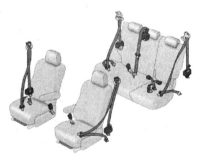

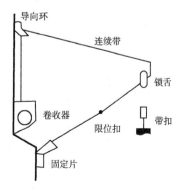

图 7-1　安全带的主要组成和装车位置

对两者均敏感的复合敏感式。

（4）预紧式卷收器：在发生碰撞时，可以预先减少乘员由于织带与乘员躯干之间的松弛而造成的的前向位移量，目前常用的预紧形式有：卷收器预紧、带扣预紧、腰带与卷收器或带扣双预紧等，如图7-2所示。

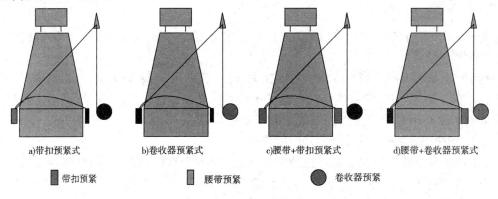

图7-2 安全带的预紧形式

卷收器预紧的基本工作原理如图7-3所示，预紧装置安装在卷收器的侧面，使用火药作为动力。当碰撞条件达到碰撞传感模块的点火条件时，SDM击发卷收器中的气体发生器，产生的气体膨胀力推动齿条移动，从而带动卷收器回卷使织带收紧，从而消除织带与乘员躯干之间的松弛，减少乘员的前向位移量。为了避免回收力过大而造成对乘员的意外伤害，一般预紧式卷收器均带有与气囊相匹配的限力杆，使乘员的胸部压力控制在一定的水平。

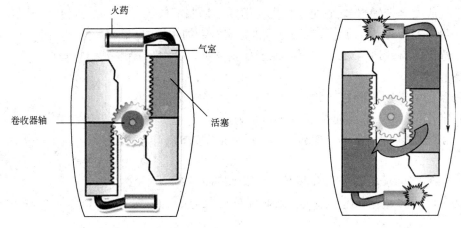

图7-3 卷收器预紧工作原理

3）限力杆

在碰撞过程中，安全带在约束乘员的同时，在乘员胸腹部施加了一定的载荷。为了减轻乘员所受的载荷，通常在卷收器中配有限力杆。当安全带张力超过设计值后，限力杆发生扭转形变，卷收器芯轴回旋数圈使织带张力降低，乘客胸部受力大幅度下降。目前，限力安全带已经从单级限力、双级限力发展到了多级限力，从而更好的改善了碰撞中乘员的胸部伤害指标。

4）带扣

带扣是与织带连接并共同作用约束乘员，且能快速解脱的装置。

预紧式带扣基本原理如图7-4所示。使用火药作为动力，带扣上面与织带相连，下面由钢丝与预紧器内的活塞相连。当碰撞条件达到碰撞传感模块的点火条件时，点火装置击发火药燃烧产生气体充入气室内。活塞在气体的压力下向右移动,通过钢丝绳将带扣向下拉回以消除安全带与乘员间的间隙。在活塞中安装有钢球,使得活塞只能向右移动,防止在安全带的拉力下活塞向左移动。

5) 高度调节器

高度调节器用于在垂直方向(潜在前后或水平方向)调节安全带上固定点的位置,以配合不同身材的乘员对舒适性的不同要求。除了传统的手动调节,目前越来越多的高端车型上已经出现了电动高度调节器,进一步提高舒适性。

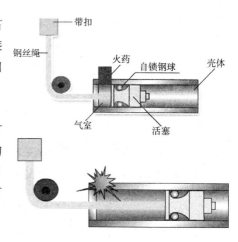

2. 安全带的生产工艺

1) 安全带总成的生产工艺

图 7-4　预紧式带扣工作原理

安全带的卷收器、带扣和高度调节器是三个独立的总成机构。其中,卷收器是核心部件,用于实现安全带的锁止。如图 7-5 所示,卷收器由数十个子零件组成。如表 7-1 所示,安全带的生产工艺主要有压铸、注塑、冲压、冷镦等加工工艺和压铆、超声波等装配工艺。

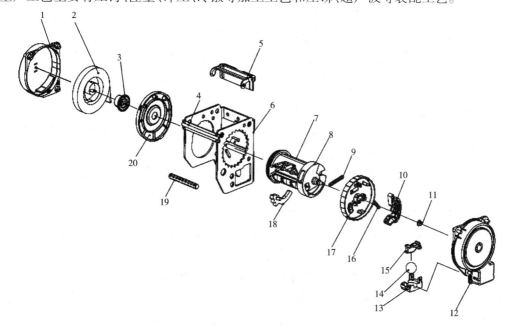

图 7-5　卷收器总成的主要零部件

1-卷簧盖;2-卷簧;3-卷簧芯轴;4-固定杆;5-织带导向件;6-卷收器框架;7-带筒;8-锁止座;9-棘爪复位弹簧;10-带感爪;11-轴承盖;12-敏感侧盖;13-敏感座;14-敏感球;15-车感爪;16-带感弹簧;17-分离轮;18-锁止棘爪;19-织带销;20-卷簧座

2) 织带的生产工艺

汽车安全带织带(以下简称织带)在我国现有执行的标准有 GB 14166、TL-VW470、GM2704M、TL524 54 等,标准的不同对生产工艺、设备和原材料要求有所不同。

织带的材料采用 100%涤纶丝,涤纶丝的高低温性能、耐磨性、阻燃性、抗微生物性能、耐光性能等十分优良,对 TL-VW470 标准来讲一般采用涤纶工业捻丝,而对 GM2704M、TL524 54 标准来讲一般采用高线密度涤纶长丝。

表 7-1 安全带的零件及生产工艺

工艺种类		安全带零件
零件加工工艺	普通冲压	固定杆、固定片、导向环等
	级进冲	卷收器框架、锁体等
	精冲	锁舌等
	下贝氏体淬火	锁舌、导向环等
	达克乐表面处理	锁体、锁爪
	铝压铸	卷带筒、锁止棘爪
	冷镦	螺栓、限力杆
	机加工	心轴
	注塑	端盖、敏感器板等
	包塑	锁舌总成、导向件总成
	纺织	织带
装配工艺	压铆	固定杆与卷收器框架连接
	旋铆	刚性锁架与锁头的铆接
	超声波焊接	锁壳与锁盖的焊接
	缝纫	缝固定片
	烫印	锁壳上烫日期

织带的组织方式一般采用斜纹组织,常见纹路有 5 条斜纹、7 条斜纹、8 条斜纹等织带,对于 TL524 54 标准来说有圆边带单丝纬线及无圆边无单丝纬线两种 5 条斜纹织带。

织带的外观一般要求为:表面光滑,无爆眼、接头、色花、编织边缘处缠线、毛丝、丢纬等缺陷。颜色同样件且目测没有明显色差。

织带的抗拉强度、伸长率及横向刚度根据汽车安全带不同样式采用不同性能要求,如腰带的抗拉强度、伸长率较连续带高;磨损后的性能因不同标准略有所不同。织带丝的选择与编织方式及后整理,都会影响织带的强度、伸长率、横向刚度等性能指标。

织带的生产一般分为整经(筒架)、织造、染整、后整理四道工序,各工序作用不同对成品织带影响也不同。

(1)整经(筒架)工序(图 7-6)是将涤纶工业长丝(PET)整理成经轴,以便生产和控制经纱张力;也可直接将涤纶工业长丝装在筒架上进行生产,通过张力盘调节和控制经纱张力,同样达到整经的目的,并可以降低废品率,提高织带质量,因此筒架送经已逐步得以推广。

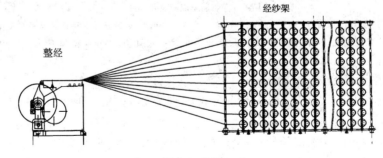

图 7-6 整经

①经纱架是码放织带所需的涤纶丝筒供整理经轴所用的纱架,为保证经纱张力均匀度,通

常采用张力调节装置,较先进是"液态阻尼"张力器,其能吸收张力波动,使经纱张力保持均匀,起自动补偿张力的作用;张力能在允许范围内任意调节,达到经纱张力基本一致。

②整经是将从经纱架来的涤纶丝通过辅助设备(如平衡罗拉、储纱器、毛丝检测器等),再经过整经机人字筘进行整理经轴。

(2)织造工序是将涤纶工业长丝织成由连续的纱线和修整边缘构成的带状织物,并根据图纸和客户的不同要求织成不同组织方式(花纹)的织带,工艺流程如图7-7所示。

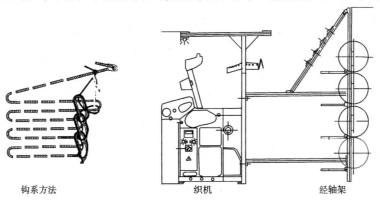

图7-7 织造工艺流程

①经轴架:整理好的经轴放到经轴架上,通过张力调节供织造使用;也可直接将涤纶丝从筒架上通过张力调节器进行织造;

②织造:由织机将经纬纱线用各种交织方法织成机织物的工艺过程。织机一般采用高速无梭织机。

③织带一般采用针投纬织造法:常见是用纬线和辅助线的钩系方式,即纬线和辅助线在每次投纬中互相绕结在一起,对特殊织带采用辅助线和锁边线的钩系方式。

(3)染整工序是将白织带根据客户要求染成不同颜色的织带。通过热定型工艺参数的不同加工,可以满足不同标准的物理指标和外观质量要求,工艺流程如图7-8所示。

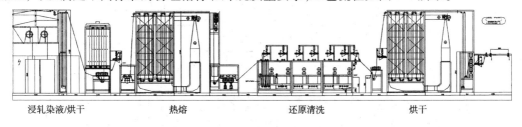

图7-8 染整工艺流程

①浸轧染液:白织带通过染槽进行浸轧吸附染液,染液一般是由分散染料、助剂、水组成的,通常采用两浸两轧以提高染液的渗透性,常常通过轧辊压力来控制轧余率继而对颜色深浅进行调整,对纯涤纶纤维来说一般轧余率控制在25%～35%;染槽中的染液应不断进行循环以保证染液的成分均匀不变,并保持室温,防止染液温度升高而引起染料凝聚。

②烘干:织带经过染槽后进入预烘箱,预烘箱一般采用红外线加热或循环热风加热,预烘箱是将吸附染料后的织带进行烘干,防止湿织带进入热熔箱,引起颜色不稳定;预烘箱温度控制应适宜,循环热风要均匀,以减少染料泳移而引起的色差和织带正反面颜色不一致。

③热熔:烘干后的织带进入热熔箱进行热熔染色,热熔染色是在高温下将染料转化为气态,同时涤纶纤维在高温下表面微空增大,气态染料进入纤维内完成染色过程。热熔温度应根

据不同化学成分的染料而制定,最高不应超过225℃;对热熔进出口速比进行调节来控制织带的伸长率。织带离开热熔区后应应迅速降温冷却定型。

④还原清洗:从热熔箱出来后的织带进入还原清洗槽,将没有进行热熔染色的染料进行清除,以满足不同色牢度的要求。一般用保险粉加烧碱进行还原,应根据不同色深的织带采取不同的添加量,颜色深的添加量大。并可采取辅助还原方法(如超声波)还原清洗。还原槽数量一般为2～3个,可根据不同色深织带进行调整。清洗槽用热水和冷水进行清洗,并通过中和槽对残余还原液进行中和,并进行最后冷水清洗。

⑤烘干:最后进入烘干箱对织带进行最终烘干,并对伸长率和横向刚度进行微调。

(4)后整理工序:进行最终检验并根据图纸要求裁成不同长度的短带,且有良好的裁口,以便适应自动流水线生产,工序流程如图7-9所示。

图7-9 后整理工艺流程

三、安全带系统设计开发中应当考虑的因素

在安全带系统的设计开发中,必须考虑安全带与周边零件的界面关系,这些零件主要包括儿童座椅装置、车身、电子、座椅、副仪表板和装饰板等。安全带的主要界面关系如图7-10所示。

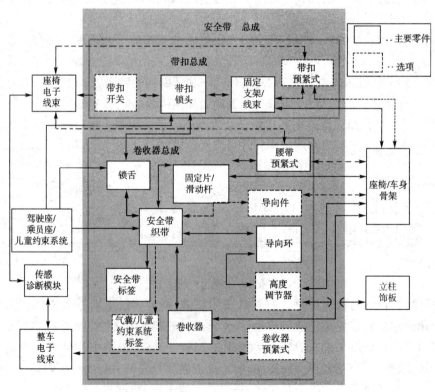

图7-10 安全带的主要界面关系图

对于这些界面都有详细的设计要求,如安装位置、配合间隙、法规要求、人机要求等。

在安全带零件的开发设计中,需要考虑的因素有:安全带的性能、安全带零部件的法规要求、安全带的可靠性、返修性和维护性等。

(1)安全带的性能要求。安全带的性能要求主要包括以下内容:

①乘员保护性能:安全带子系统必须在设计承受的碰撞事故中,保证零件的完整性。在严重的高速碰撞事故中,对碰撞能量进行控制。对于配备气囊的乘坐位置,必须提供限制胸部受力的功能。

②佩戴舒适性:拉出力回卷力应满足舒适性设计要求。

③使用方便性:乘员无需特别说明和指导,即可使用安全带系统相关部件。

④与气囊抑制系统的配合性。

⑤紧急锁止性与抗冗余锁止的性能。

⑥极限温度下的锁止性。

⑦织带抗扭曲与堵塞的性能。

⑧对儿童座椅的约束性:所有乘员位置(除驾驶员位置外)应提供安置儿童座椅的功能。

(2)安全带零部件的法规要求。法规要求主要有:

①《汽车安全带性能要求和试验方法》(GB 14166—2003);

②《汽车安全带固定点》(GB 14167—2006);

③《汽车安全带性能要求和试验方法》(FMVSS209);

④《汽车安全带固定点》(FMVSS210);

⑤《乘员用安全带性能要求与试验方法》(ECE R16);

⑥《乘员用汽车安全带固定点》(ECE R14)。

(3)安全带系统的可靠性:安全带子系统应在整车级耐久要求的试验后仍保证功能和操作的正常。

(4)安全带返修性和维护性:安全带系统的设计,应不需要"特殊工具"来对性能进行诊断、维护和返修;所有紧固件、插接件、密封件必须可循环使用;安全带系统不能阻碍其他零部件的日常例行维护。

安全带的设计从开发流程上分,主要包括整车布置和零部件开发两部分。整车布置包括布置空间分析、安全带走向及舒适性分析和操作使用性分析等。零部件开发主要是针对与外观和整车界面相关的零件开发,其主要核心部件如卷收器、带扣、高调器等通常是沿用不改的。

基于整车布置相关的设计准则见表7-2。

安全带的设计准则表　　表7-2

安全带固定点的定义准则
安全带带扣与乘员的界面关系
安全带卷收器的布置准则
布置在座椅上卷收器的设计准则
非预拉紧安全带带扣与座椅的界面关系
预拉紧安全带带扣与座椅的界面关系
安全带带扣与固定式、折叠式、折平式后座椅的界面关系
安全带带扣与翻动式、折叠与转动式后座椅的界面关系
安全带便于使用的设计准则
安全带柔性固定点的设计准则
位于座椅上的固定片与座椅的界面关系
车身地板上固定片与车身的设计准则

四、安全带的主要试验设备要求

安全带作为被动安全零件,需要许多专用的试验设备进行零部件的设计和产品验证。是否有完整的试验设备以满足各整车厂的性能要求是安全带供应商工程能力的重要体现。

安全带的主要试验设备有:拉出力和卷收力试验机(图7-11)、倾斜锁止试验机(图7-12)、卷收器耐久试验机(图7-13)、锁止灵敏度试验机(图7-14)和抗拉强度试验机(图7-15)等。其中抗拉强度试验机不仅用于测试安全带总成及其零件(如固定片、导向件等)的抗拉性能，还用于测试带扣、高度调节器和织带等零件的抗拉性能。

图7-11　拉出力、卷收力试验机

图7-12　倾斜锁止试验机

图7-13　卷收器耐久试验机

图7-14　锁止灵敏度试验机

图7-15　抗拉强度试验机

其他的试验设备有：用于验证织带耐磨性的六角棒磨损和紧固耐磨试验机、粉尘试验机、盐雾腐蚀试验箱、低温冲击试验机、带扣锁耐久试验机扣带锁开启力和开启行程试验机等。

第二节 转 向 盘

一、转向盘概述

转向盘即通常所说的方向盘。主要由轮毂、转向盘骨架、喇叭按响机构、发泡本体、饰盖组成。此外,根据不同的市场需求和产品定位,转向盘上还配有不同种类的发泡包覆物、安全气囊、多功能开关、各类装饰件等。

转向盘的发展策略:

(1)降低转向盘的质量与成本,例如:骨架的轻量化设计,原材料的全球采购。

(2)性能提高,例如:提高碰撞性能(提高吸能性)。

(3)系统集成,更多的电子功能集成,气囊模块的集成。

(4)减少装配时间,改进装配方式。

二、转向盘的主要功能

转向盘的主要功能:一是实现汽车转向的操作机构;二是转向盘与气囊、转向管柱结合起来,构成约束系统的一部分,在碰撞中实现乘员保护;三是越来越多的转向盘成为多功能开关的载体,实现信息、娱乐、巡航等功能;四是作为内饰的外观件之一,转向盘与座舱系统内的其他外观件匹配,实现内饰整体外观的协调、统一。

1. 转向功能

转向盘是实现汽车转向的直接操纵机构,是汽车转向系统中的重要组成部件之一,汽车转向功能也是主动安全系统的重要环节。乘客将转向意图通过转向盘传递到行驶系统,其主要性能有静态扭转及弯曲强度、轮毂的压缩强度、动态扭矩及弯曲疲劳强度等。

2. 乘员保护功能

在车辆发生碰撞时,转向盘为驾驶员侧安全气囊的爆破提供支撑,避免驾驶员与内饰件的接触,以减轻驾驶员在碰撞中受到的伤害。驾驶员侧安全气囊爆破过程中,转向盘应保持完整的连接在转向管柱之上。与此同时,喇叭按响机构、装饰件等转向盘子零件不能在气囊爆破过程中脱落。

3. 信息娱乐功能

信息技术的飞速发展推动着汽车技术的变革。坐上驾驶座,驾驶员的双手总是自然而然地放到转向盘上,随即开始对车的操控。对于驾驶员来说,转向盘无疑是最便捷的操作部件。轩向盘上越来越多地使用各种多功能开关,既提高了档次又具有提高驾驶安全性的实际意义。除了实现喇叭按响功能之外,配有多功能开关的转向盘还具备了音响、巡航、空调以及娱乐等功能。

4. 外观匹配功能

转向盘是汽车重要的功能件,同时也是主要的装饰件之一。在汽车内饰开发的过程中,必须将转向盘的造型和外观有机的融合到整个内饰的设计当中。转向盘总成的各子零件之间的间隙和面差是影响转向盘外观质量的关键因素,应在开发设计过程中予以充分考虑。

三、转向盘的典型结构和工艺

1. 转向盘的典型结构

转向盘主要由转向盘骨架(Armature)、发泡本体、发泡包覆层、装饰件、喇叭按响机构、多功能开关等组成,其中转向盘骨架主要由轮圈(Rim)、辐条(Spoke)和轮毂(Hub)组成,如图7-16所示。

1) 转向盘骨架

转向盘骨架主要有全钢焊接骨架、钢铝混合骨架、铝合金整体压铸骨架和镁合金整体压铸骨架等四种类型。

（1）全钢焊接骨架。如图7-17所示,全钢焊接骨架的轮圈、辐条及轮毂全部为钢结构,通常轮圈材料为冷拉钢管,辐条材料为冷拉扁钢,

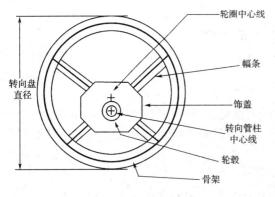

图7-16 转向盘骨架结构示意图

轮毂材料为圆钢。骨架通过焊接轮圈、辐条及轮毂而成。全钢焊接骨架的优点是模具及生产工装开发周期短,结构强度高,缺点是质量大。

图7-17 转向盘全钢焊接骨架

（2）钢铝混合骨架。如图7-18所示,钢铝混合骨架的轮圈和辐条为钢结构,中央辐板与轮圈和辐条的连接通过压铸实现。钢铝混合骨架加工工艺复杂,质量较大。

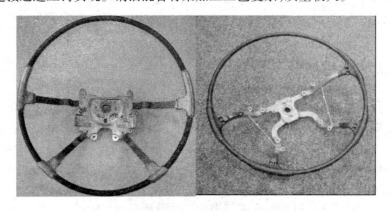

图7-18 转向盘钢铝混合骨架

（3）铝合金整体压铸骨架。如图7-19所示,铝合金整体压铸骨架的轮圈和辐条全部为铝合金压铸。这种骨架的优点是整体强度高,工艺简单;缺点是成本较高（国际铝价动荡）。

（4）镁合金整体压铸骨架。如图7-20所示,镁合金整体压铸骨架为镁合金压铸件,部分骨架需钢质轮毂嵌件。这种骨架以其质量轻且强度高的优点成为转向盘骨架的主要类型。

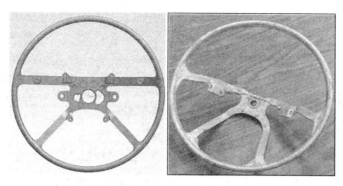

图 7-19 转向盘铝合金整体压铸骨架

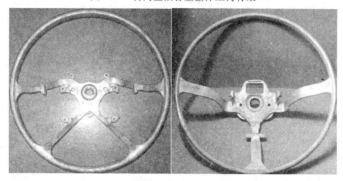

图 7-20 转向盘镁合金整体压铸骨架

2)转向盘本体

如图 7-21 所示,除了少量以实木或 PVC 注塑的方式作为转向盘骨架的包覆物之外,目前国际上常用的转向盘本体的材料主要为聚氨酯发泡。聚氨酯发泡具有以下优点:良好的力学性能,低热导率,优良的抗磨强度,高回弹性等,并可根据客户要求实现不同颜色。

图 7-21 转向盘包覆层

3)转向盘的装饰层

转向盘的装饰层主要有真皮和木纹两种类型,其中木纹又包括实木、实木壳、塑料仿木纹(水转印)等不同类型。

(1)真皮装饰:转向盘轮圈及局部辐条区域用真皮包覆。主要的缝合方式有棒球式及欧式缝法,如图 7-22 所示。有不同的皮纹及颜色可供选择,以满足外观需求。

(2)木纹装饰。

①实木包覆。转向盘轮圈的发泡外表面直接包覆实木,根据不同的外观要求,可以实现局

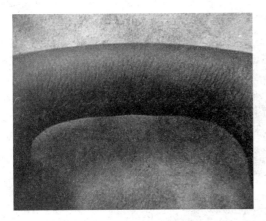 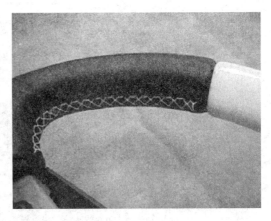

图 7-22 转向盘真皮装饰层

部包覆或整个轮圈包覆,如图 7-23 所示。实木包覆的优点是手感较好,缺点是木材消耗大,机加工费时,在碰撞过程中实木会产生裂纹及碎片。

图 7-23 转向盘实木装饰层

②木壳包覆(Wood Shell)。转向盘轮圈的发泡本体外表面包覆木壳,木壳由实木及多层玻璃纤维复合后热压而成。根据不同的外观要求,可以实现局部或全部轮圈包覆。主要工艺过程如图 7-24 所示。木壳包覆的优点是木材消耗少,外表面是天然的木纹,吸能性好,在碰撞过程中不会产生裂纹及碎片,缺点是模具及工装复杂。

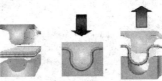 

a)切料并在金属模具中热压成型　　b)用数控机床加工半片木壳的连接处

c)在木壳连接处涂专用胶水　　d)木壳装配到转向盘上并涂装

图 7-24 转向盘木壳热压包覆工艺图

另一种木壳包覆的方式是先将木壳薄片预压成型,在成型件背面注塑 ABS 或尼龙材料。

工艺流程如图 7-25 所示。

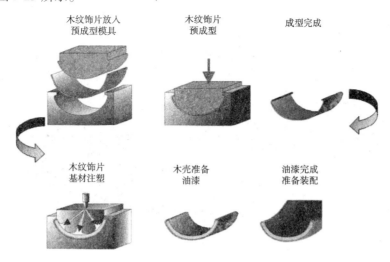

图 7-25 转向盘木壳背面注塑包覆工艺图

木壳包覆转向盘的成品如图 7-26 所示。

③仿木纹塑料包覆。如图 7-27 所示,转向盘轮圈发泡的包覆物以 ABS 为基材,表面通过水转印及涂装实现不同的花纹和颜色,以满足不同的外观需求。这种包覆方式在日韩系的汽车上广为采用。其优点是成本低,缺点为无天然木纹,手感较硬,较凉,质量偏大(视工艺而定),在碰撞过程中会产生裂纹或碎片。

图 7-26 转向盘木壳装饰层　　　　　　图 7-27 转向盘塑料仿木纹装饰层

4)喇叭按响机构

转向盘的喇叭按响机构主要有浮动式按响、按钮式按响、膜片式按响等三种按响方式。

(1)浮动式按响机构。如图 7-28 所示,浮动式按响机构通过整个模块的上下浮动产生按响。浮动式按响机构的具体结构千差万别,但其基本特点是整个气囊盖板区域均可实现按响,因此其显著优点是易操作,在转向盘的任何转向位置均可实现按响操作,缺点是气囊盖与转向

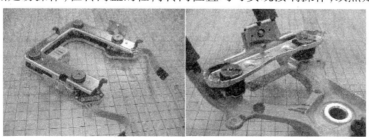

图 7-28 转向盘浮动式按响机构

盘间的间隙难以控制,且部分区域的按响力偏大。

(2)按钮式按响机构。如图7-29所示,通过安装在气囊盖板或者转向盘本体上的按钮来实现按响。优点是气囊盖与转向盘匹配良好(不需预留模块与转向盘之间的按响间隙),且按响力低;主要缺点是在转向过程中很难实现按响操作。

图7-29 转向盘按钮式按响机构

(3)膜片式按响机构。膜片式按响机构一般用于配有安全气囊的转向盘。按响机构置于安全气囊模块之中,通过气囊盖局部(一般是中心区域)的变形来实现按响,如图7-30所示。其优点是气囊盖与转向盘匹配好,按响力低,缺点是耐久性差,气囊盖的变形印记较明显,目前已趋于淘汰。

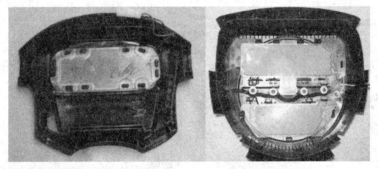

图7-30 转向盘膜片式按响机构

5)转向盘多功能开关

转向盘多功能开关集成娱乐控制(影音系统、音量等)、巡航、速度、空调等多种功能。按信号方式可分为模拟式(图7-31)和数字式(图7-32)两种,数字式在传输的信息量以及速度上,都占有明显的优势,但缺点是成本高。

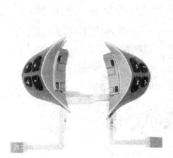 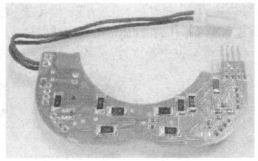

图7-31 转向盘模拟式多功能开关

6）转向盘线束

转向盘线束（图7-33）为喇叭按响机构以及多功能开关提供电流回路，线束两端与时钟弹簧连接构成回路。为了降低成本，也可将搭铁一端与转向盘骨架相连以实现搭铁。线束在转向盘中应合理布置，确保线束在转向盘中不被挤压和切割，避免其他可能损坏转向盘线束而影响喇叭按响和多功能开关的操作的情况出现。线束在转向盘中也常常是噪声的来源，因此应该合理设计线束的固定结构。

图7-32 转向盘数字式多功能开关　　　　图7-33 转向盘线束

7）转向盘徽标

转向盘徽标如图7-34～图7-36所示。

转向盘徽标有集成徽标，独立徽标两大类。其中独立徽标根据所用的基材又分为ABS塑料基材徽标和铝基材徽标。目前，驾驶员安全气囊已经成为乘用车约束系统的标准配置，徽标安装在安全气囊盖板上，需要满足气囊爆破要求，独立徽标在气囊爆破时，不能有伤害乘客的风险。

图7-34 集成徽标

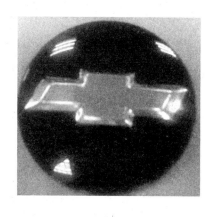

图7-35 ABS独立徽标　　　　图7-36 铝独立徽标

2. 转向盘的加工工艺

转向盘的主要加工工艺有骨架的冲压成型、焊接、压铸工艺，包覆层的聚氨酯发泡工艺以及其他塑料件的注塑工艺。

四、转向盘的外观

转向盘的外观主要指转向盘的颜色、皮纹及光泽度，以及转向盘的间隙和平面度两个方面。转向盘的外观必须满足外观图纸的定义，在生产中应当有稳定的工艺流程保证批量产品满足外观的要求。转向盘的间隙和平面度的设计对转向盘外观质量有重大影响，转向盘各子零件,包括装饰条、多功能开关、驾驶员侧气囊之间的间隙和平面度的设计,常常影响转向盘的外观质量以及功能,在设计过程中应当充分考虑并且验证。

五、转向盘的设计开发中应当考虑的因素

转向盘的设计一般要从零件性能、约束系统性能、人机工程、整车性能、政府法规、功能抗噪性、耐久性、强度要求、返修及安装性能、回收环保等方面进行考虑。

1. 零部件的设计

1)机械结构设计

转向盘总成的机械结构包括:转向盘与转向管柱之间的连接结构、转向盘与驾驶员安全气囊之间的连接结构、转向盘与多功能开关及其附件之间的连接结构、转向盘本体与各子零件之间连接结构以及影响转向盘表面的配合质量的结构等。转向盘总成的结构应避免潜在的设计和功能间的矛盾。此外,结构的兼容性和共用性也是设计中应当考虑的重要因素。

2)线束的布置

转向盘线束的布置包括喇叭按响、多功能开关、安全气囊等的线束布置。转向盘总成设计过程中,对线束应有合理的布置方案,该方案能允许线束通过集线器与车身线束连接。

2. 安全气囊子系统爆破性能

转向盘开关及连接结构要有足够的强度,确保安全气囊在极限环境下爆破时不会脱落或有碎片飞出对乘客造成伤害;爆破过程中以及爆破之后,安全气囊应当完整地连接在转向盘上;转向盘不能影响安全气囊的展开,不能损坏气袋,气囊正常爆破时不能移动或者旋转;应避免在气囊点爆过程中,驾驶员身体被转向盘擦伤、压伤或被暴露在外的锋利边界割伤。

3. 人机工程

转向盘作为驾驶员双手接触最多的零件,转向盘的良好的人机界面自然是最容易为驾驶员所能感受到的,它对驾驶员评价整车的操作性能至关重要。转向盘的人机工程包括转向盘的握感和转向盘的操作便利性。其中,影响转向盘的握感的主要因素包括转向盘轮缘的截面形状、转向盘发泡的硬度以及转向盘轮缘发泡包覆层的表面触感等。影响转向盘操作性能的主要因素包括转向盘上喇叭按响力以及多功能开关的操作位置和操作力。

4. 整车性能

1)振动与噪声

车辆在行驶过程中,车内振动与噪声水平是评判整车性能的一个指标。零部件的异响,会引起驾驶员的厌恶情绪并造成驾驶疲劳。转向盘的设计开发过程中,应考虑其振动与噪声对整车性能的影响,设计时要从结构上避免噪声源的产生与传递。

2)整车安全性能

在发生正面碰撞时,转向盘对安全气囊爆破起到支撑作用,减少驾驶员与内饰的接触。气囊介于驾驶员与转向盘之间,以降低驾驶员在碰撞中可能受到的伤害。转向盘的设计与制造应满足被动约束系统性能期望。

5. 政府法规

转向盘的设计必须满足所在市场的政府法规要求。在我国,涉及转向盘的政府法规主要有:《轿车内部突出物》(GB 11552—2009)、《减轻转向机构对驾驶员伤害的碰撞保护》(GB 11557—1998)、《乘用车正面碰撞的乘员保护》(GB 11551—2003》、《汽车内饰材料的燃烧特性》(GB 8410—2006)等。对于出口车型的开发,也应考虑相应市场的政府法规要求。

6. 耐久性

汽车的运行环境复杂多变,不同的环境将对转向盘的外观、功能以及性能会产生很大的影响。因此,在转向盘设计开发过程中,应进行湿度、温度、光照、粉尘、臭氧、盐雾、振动、动态冲击、电磁冲击等试验,同时,还应考虑转向盘可能接触到的包括汗液、酒精、杀虫剂等食品或化学药品的侵蚀。

7. 强度

转向盘的强度性能直接影响着整车安全。转向盘开发过程中应考虑的强度性能主要包括:抗弯强度、与转向管柱的连接强度、扭转强度等。

8. 返修及安装性

一个好的设计不仅仅有好的外观,优越的性能,其使用的方便性也不容忽视。转向盘的拆装性能对加快生产节拍、降低售后难度尤为重要。转向盘的返修与安装性能体现在转向盘的拆装以及安全气囊的拆装方面。应避免转向盘拆除时使用特殊工具,在不可避免地使用专用拆装工具时,应预留拆装结构。对于配有安全气囊的转向盘,气囊的装配力和拆卸力必须控制在可接受的范围内。

9. 回收环保性

在设计阶段,转向盘及其子零件材料的选取应符合关于汽车禁用物质的管理规定。

六、转向盘的主要试验及设备

转向盘的主要试验包括静态扭转和弯曲强度试验、轮毂压缩强度试验、动态扭转及弯曲疲劳强度试验、振动耐久性试验、躯干模块冲击试验以及表面包覆材料的环境试验等。转向盘的主要试验设备见表7-3。

转向盘的主要试验设备　　　　表7-3

设 备 名 称	试 验 项 目
线性冲击试验机	(1)躯干模块冲击;(2)头型冲击
轮缘滚动强度试验机	轮缘滚动强度
振动台	(1)固有频率;(2)振动耐久
三轴疲劳试验机	扭转/弯曲疲劳
转向盘弯曲、扭转疲劳试验工装	(1)扭转疲劳;(2)弯曲疲劳
扭转强度试验机	扭转强度/永久变形
拉力机	(1)转向盘最小极限扭矩;(2)转向盘扭转变形;(3)轮圈拉力强度;(4)喇叭按响力;(5)拉伸弯曲和撕裂
环境箱	(1)温度稳定性试验;(2)温度交变试验
燃烧试验机	阻燃性
盐雾箱	(1)盐雾;(2)冷凝水
色差仪	颜色
光泽仪	光泽
转向盘摩擦试验工装	摩擦
肖氏L硬度计	肖氏L硬度
肖氏A硬度计	肖氏A硬度
划格刀	划格附着力
万用表	电压降

第三节 安全气囊

一、引言

安全气囊是事故中避免乘员与汽车内饰直接碰撞的辅助手段。安全气囊系统的组成一般包括传感器与电子控制单元、安全气囊模块及其他附件。当传感器感知到碰撞信号后,通过控制单元的运算判断是否引爆安全气囊。引爆安全气囊时,电子控制单元触发安全气囊模块的气体发生器,气体发生器随即产生大量气体对安全气囊充气,使安全气囊瞬间在乘员与内饰件之间产生一个充气气袋,从而避免乘员与内饰件的碰撞。其间气袋由其上的泄气孔排气得到软化,以减轻碰撞中安全气囊对乘员头部、胸部等部位的冲击。

安全气囊在约束系统中提供乘员保护的基本思路是:在发生碰撞后,迅速在乘员和汽车内饰件之间构成一个充气的气袋,通过安全气袋的排气节流阻力吸收乘员的动能,使猛烈的二次碰撞得以减缓,以达到保护乘员的目的。

二、安全气囊的分类、典型结构和工艺

1. 安全气囊的分类

1) 按工作原理分类

安全气囊按工作原理可分为机械式安全气囊、机电式安全气囊、电子式安全气囊三类。各类型的定义和特点见表7-4。

安全气囊按工作原理分类　　　　　　　　　　表7-4

种类	定义	优点	缺点
机械式安全气囊	机械式传感器在车身减速度的作用下直接触发气体发生器,使安全气囊发生作用	(1)结构简单,可靠性高; (2)无电子单元,安全气囊系统总成本低	(1)必须与安全气囊的气体发生器安装在一起,得到的车身减速度信号不精准; (2)信号的采集和分析过程简单,难以判断复杂的碰撞工况
机电式安全气囊	机电结合式传感器的触点在车身减速度的作用下触发安全气囊的气体发生器,使安全气囊发生作用	(1)传感器可安装在车身任何位置; (2)可获得精准的车身减速度信号	信号的采集和分析过程简单,难以判断复杂的碰撞工况
电子式安全气囊	电子式传感器和诊断模块对接收到的车身减速度信号进行分析判断,确定是否触发安全气囊	对碰撞细节判断准确,能精确地控制安全气囊的引爆时间	系统结构复杂、成本高、开发周期长、易受电磁干扰

2) 按作用和安装位置分类

(1) 驾驶员侧安全气囊(转向盘安全气囊)/DAB。驾驶员侧安全气囊是安装在转向盘上的安全气囊,在发生正面或正侧面碰撞时起到对驾驶员头部、胸部的辅助保护作用。

(2) 前排乘员侧安全气囊(仪表板安全气囊)/PAB。前排乘员侧安全气囊是安装在前排

乘员侧仪表板上的安全气囊，在发生正面或正侧面碰撞时起到对乘员头部、胸部的辅助保护作用。

（3）侧撞安全气囊／SAB。侧撞安全气囊一般安装在座椅靠背的侧面，在发生侧面碰撞或翻滚时起到对驾驶员或乘员胸部或头部、胸部的保护作用。

（4）帘式侧安全气囊（侧气帘）／RRAB。帘式侧气帘安装在沿侧旋全长的顶饰和侧围的两侧，在发生侧面碰撞或翻滚时保护驾驶员和乘员的头部。

（5）膝部安全气囊。膝部安全气囊安装在仪表板的下方，在发生正面碰撞时起到对驾驶员和乘员的膝部的辅助保护作用。

2. 安全气囊的结构与主要加工工艺

以驾驶员侧安全气囊为例。图7-37所示为驾驶员侧安全气囊的主要结构。驾驶员侧安全气囊主要由标牌、门盖、气体发生器、气体发生器支架、气袋总成（气袋、气袋压圈、紧固螺钉等组成）、气囊模块支架（又称底座）和紧固件等组成。其中，气体发生器及其支架、气袋总成（气袋、气袋压圈、紧固螺钉等组成）、气囊模块支架构成安全气囊的核心部件。

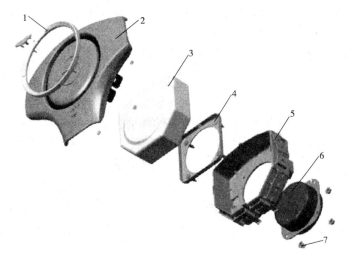

图7-37　驾驶员侧安全气囊的主要零部件
1-标牌；2-门盖；3-气袋总成；4-气袋压圈；5-气囊模块支架；6-气体发生器；7-紧固件

安全气囊的主要加工工艺包括：

（1）气袋的织物工艺。气袋是气囊模块的重要组成部分，其性能优劣直接关系到气囊模块的乘员保护性能，气袋织物的主要控制指标为抗拉强度、延伸性、耐高低温、耐老化、透气性等。

（2）门盖的注塑工艺。门盖材料的选取及其注塑工艺须确保安全气囊在极端温度下引爆时，门盖不能破碎。另外，门盖表面不能有缩痕。

（3）气体发生器的相关工艺。气体发生器是气囊模块中的核心部件，它涉及化工及各类机加工工艺。气体发生器的工艺稳定性直接影响气囊模块的输出特性，从而影响气袋的展开时间与吸能性。

三、安全气囊的关键技术要求

关于安全气囊的引爆时间、角度等关键的技术要求，目前还没有统一的国际标准和法规。SAE、ISO标准体系中主要是试验方法、术语的定义；在FMVSS、ECE法规体系中，主要是针对正面、侧面碰撞等事故形态下提出的乘员保护要求。对于气囊系统的匹配,在产品开发过程中依据各个企业的标准进行,尚无国际通行的规范可资利用。

安全气囊的功能必须能够达到降低乘员伤害指标的目的,同时满足车辆销售地的地方法规要求。

归纳起来,安全气囊的关键技术要求主要包括三个方面:系统匹配特性、爆破特性以及环境稳定性。

1. 系统匹配特性

系统匹配特性主要指安全气囊模块与周边零件的匹配状态。气囊模块必须与周边零件相匹配。气囊及其内部子零件的材料不能与周边结构的材料发生物理和化学反应,其材料特性不能影响周围结构的材料,反之亦然。同时,气囊的安装与拆卸过程必须简单易行,拆卸过程不能损坏周围的零件,安装与拆卸所必须的扭矩不能超过企业标准。

2. 爆破特性

(1) 气囊在接收到引爆信号以后能正常展开,否则不展开。

(2) 在爆破过程中,气袋不能与任何尖锐物体刮擦,气袋内的拉带不能断裂,气袋本身不能有机械损伤。

(3) 气囊的爆破不能导致周边零件的破裂和分离。

(4) 气囊展开前后不能有异位。

3. 环境稳定性

环境稳定性指气囊在其整个寿命周期内的各种环境状态下的性能稳定性。具体包括:

(1) 温度适应性:在企业标准规定的温度范围内的任何温度水平中气囊的性能不受影响。

(2) 耐光照:气囊模块应能承受企业标准规定的累积光照辐射。

(3) 耐湿度/温度:能承受高湿度热老化与温度/湿度的周期变化。

(4) 耐盐雾腐蚀:在一定浓度的盐雾溶液中完成盐雾试验后,气囊的性能不受影响。

(5) 抗振动与冲击:在企业标准规定的温度范围内,气囊模块接受连续的振动与冲击后性能不受影响。

(6) 抗跌落:在室温与正常湿度下,气囊从指定的高度落在金属物上后性能不受影响。

四、安全气囊的试验方法

安全气囊的试验主要包括环境试验、静态试验以及动态试验。表 7-5 列出了主要的试验项目及试验设备。

安全气囊的试验项目和试验设备　　　　表 7-5

试 验 项 目	试 验 设 备	试 验 项 目	试 验 设 备
跌落试验	跌落底板	温度冲击试验	热冲击箱
机械冲击	振动台/夹具	发生器性能试验	静态点爆系统
粉尘试验	粉尘试验机	罐压试验	60L 的密闭容器
温度振动试验	温度箱/振动台	气袋试验	静态点爆系统
气候交变试验	环境箱	静态点爆	静态点爆系统
盐雾试验	盐雾箱	静态点爆,低边界	静态点爆系统
阳光模拟试验	环境箱/光照箱	静态点爆,高边界	静态点爆系统

1. 环境试验

环境试验模拟了气囊在整个寿命周期中经历的环境状况,包括运输、储存、安装和维修。在模拟试验中,采用比现实环境更苛刻的测试水平以加速其老化过程。环境试验后,进行性能测试,记录点爆时间和点爆电流、气袋到位时间和气袋展开的形状。环境试验主要包括:

(1)跌落试验:对气囊模块沿纵/横向指定高度的自由落体试验。

(2)机械冲击试验:对气囊施加一定强度和脉宽的半正旋脉冲。

(3)粉尘试验:将气囊放置于粉尘环境中。

(4)振动与温度试验:在温度循环的同时,对样品施加随机振动载荷。

(5)热湿度循环:对样品进行 30 次以上热湿度循环。

(6)盐雾试验:对样品进行 3 次盐雾喷雾循环。

(7)光照试验:按照一定的辐射光谱分布,对样品进行阳光辐射模拟。

(8)温度冲击试验:对气囊进行 300 次高低温循环。

2. 静态试验

静态试验是按照气囊在实车的安装状态下,在低温、常温和高温环境箱内点爆气囊。具体要求:

(1)气袋展开过程中,气囊应始终保持在与其连接的零件上。

(2)气囊门盖不得妨碍气袋展开,以影响乘员约束性能。

(3)周边零件不得碎裂或者出现导致气袋破损的裂痕。

(4)气袋应当安全预定的方向展开。

(5)气袋展开过程中,无任何可能伤害乘员的碎片或者飞出物。

(6)气袋展开过程中,朝向乘员一侧的气袋布无破裂或者烧灼孔。

3. 动态试验

动态试验主要检验气囊的乘员保护性能,以及气囊与具体车型的匹配状况。动态试验分为实车(整车)试验和滑车试验。两种动态试验在约束系统的开发进程中交互进行。

整车碰撞试验是综合评价汽车整车安全性能的基本试验方法。为满足各个地区的法规和新车安全性能评价体系要求,气囊系统的整车碰撞试验通常包含多种工况,按照整车的开发进程,每个工况需要进行多轮试验。通常,从第一轮试验中获得整车结构安全特性与碰撞波形,用于改进车身结构设计和设置滑车试验环境并进行滑车试验,以改进、优化约束系统。

在进行气囊模块的滑车试验时,必须按照相应车型的实车环境布置滑车。将所有内饰件和部分相关外饰件按照实车环境安装在滑车上,对刚度和强度不足的地方设置辅助支撑。对同一碰撞车速,设置碰撞发生后不同的引爆气囊时间,根据假人伤害指标以及假人与气囊的相互作用情况优化气囊在不同碰撞车速时的乘员保护性能。

动态试验的评价指标一般包括:头部伤害指数,3ms 合成加速度值,转向管柱向上位移量,假人颈部剪切力 F_x、张力 F_z 和伸张弯矩 M_y,胸部压缩变形量和 3ms 合成加速度值,转向管柱向后位移量,大腿压缩力和膝盖滑动位移,胫骨指数和小腿压缩力等。

目前各个国家和地区都建立了自己的新车碰撞测试方法(NCAP,New Car Assessment Program),各个地区的新车碰撞测试有不同的工况和评价指标。对于销售到多个地区的车型,约束系统的开发必须兼顾各种工况下的乘员保护性能。

五、安全气囊的开发中应当考虑的因素

安全气囊的开发需要考虑多方面因素。包括：

(1)子系统和零件性能。

①机械结构设计：主要是与周边零件的连接关系，包括零件的联接界面设计、紧固件的选择，避免产生异响问题的措施等。

②气囊材料的相容性：对于一些塑料件和金属件，需要考虑材料之间可能存在的物理和化学反应，特别是不同温度、湿度条件下的材料特性。

③线束的布置：主要是气囊和整车线束的连接，可以考虑自带线束和整车线束直接连接的方式。线束的路径布置须考虑周边零件的布置环境和线束的固定方式，以及避免线束晃动产生破损、异响等问题的措施。

(2)约束系统的乘员保护性能。针对乘员保护性能的安全气囊开发必须与整车安全性能相结合，确定引爆时间、气囊到位时间、气袋保护区域、气袋形状等。

(3)抗电磁干扰的能力。汽车的电磁环境比较复杂，因此，气体发生器的设计应当考虑其插接件抵抗电磁干扰的能力。

(4)耐久性。在整车生命周期内，气囊的设计应当考虑在光照、温度、湿度、振动以及冲击等条件下的性能稳定性。

(5)可靠性。在整车生命周期内，气囊在正常状态下，必须能按照控制模块的指令引爆。

(6)安装性。安全气囊必须具有合理的安装结构，便于安装，降低总装节拍和成本。

(7)售后维修。气囊的拆卸一般要求不使用特制的工具，尽量少拆卸其他零件。

六、安全气囊和预紧式安全带的日常处理与报废

在正常的储存与使用条件下，安全气囊产品没有任何特别的不稳定性，其使用保证期为自产品生产日起10年。

安全气囊系统操作规范：

1. 安全气囊模块及其零部件的标签

安全气囊模块、安全气囊的气体发生器和气袋上均带有条形码标签，安全气囊模块上还有警示标签，部分安全气囊的气体发生器插头部位还配有封口标签。部分带线束的安全气囊在线束上也有条形码标签。对于用于试验、不带引爆功能的安全气囊模块，还应带有注明"无活性(INERT)"的标签。安全气囊模块及其各子零件的条形码标签与模块或零件是一一对应的。条形码标签的主要作用是产品的精确追溯。安全气囊模块的警示标签位于安全气囊的显要部位，一般显示以下内容：

(1)安全气囊模块的制造公司信息。

(2)安全气囊模块的基本警示要求：请勿将本装置打开，不得将其安装到其他车辆中，否则会导致失效或造成人身伤害。只允许专业人员进行产品维护。

2. 禁止事项

以下禁止事项必须严格执行，如不遵守可能造成严重伤害！

(1)禁止未经系统培训的人员更换、拆装、修理带有爆炸功能的安全气囊模块及气体发生器。

(2)禁止覆盖和堵塞未经引爆的气体发生器的排气孔。

(3)禁止拆解未经引爆的气体发生器或对封闭的气体发生器金属外壳进行破坏,比如:钻孔、切割等其他机加工。

(4)对于装有导线且未经引爆的安全气囊模块,禁止拖拽导线。

(5)禁止以不当方式搬运未经引爆的安全气囊模块,以防发生误爆。

(6)禁止在未经引爆的气体发生器的排气孔处插入异物。

3. 正确的握持手势

驾驶员侧安全气囊模块保持竖直状态,右手放在端盖上(注意手不要接触接电极)。乘员侧安全气囊模块保持竖直状态,导线或接电极向上,左手放在端盖上(注意手不要接触接电极)。

4. 对安装和储存的要求

安全气囊模块、气体发生器及预紧式安全带必须储存于干燥的环境中,远离热源、水或其他腐蚀性化学物质;储存环境温度为常温,储存和使用的环境温度不得高于85℃。建议安全气囊模块采用单独区域存放。对于储存和安装环境,一般情况下不需要进行特殊处理。但储存场地必须符合国家及地方法规的要求,必须配备足够的灭火器或其他灭火设备。储存和装配过程应严格管理,应指定专人负责,气囊的保管、装配、检测、试验人员不要穿戴会产生静电的服装、鞋帽、手套等;与安全气囊安装和检测相关的设备必须具有良好的接地;接地应采用独立的接地线路,接地线路应符合防雷接地要求。

5. 销毁

安全气囊模块只有通过引爆后才能转化为非危险品。安全气囊模块只能在允许的条件下,由专业人员操作才能被销毁。安全气囊模块或气体发生器必须经过引爆后方可报废。

习题与思考

1. 安全带限力装置的作用是什么?
2. 安全气囊的种类有哪些?
3. 什么是侧气囊的保护区域?
4. 转向盘的设计要点有哪些?

第八章 内饰零件常用材料和工艺

内饰零件的材料和工艺具有多样性和复杂性的特点。随着客户要求的不断提高,以及轻量化和绿色环保的需求,各种新材料和新工艺也不断应用于汽车内饰零件上。本章对内饰零件的常用金属和非金属材料及其工艺进行阐述。

第一节 内饰材料

一、内饰金属材料

汽车内饰材料中金属材料占有较大的比重,按质量计算,金属材料占内饰总材料的30%~40%,较大的零件有仪表板横梁和座椅骨架。内饰的金属件还包括转向盘骨架、气囊壳体、安全带卷收器壳体、安全带高度调节器支架等,以及一些辅助支撑作用的小支架,如图8-1所示。

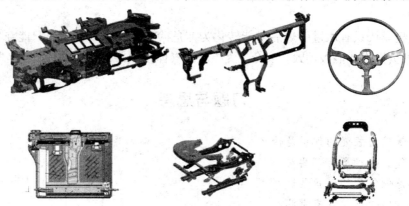

图 8-1 内饰金属零件

随着汽车轻量化需求,轻量化金属材料将扮演越来越重要的角色。目前,可分两大类:一类是高强度材料,如高强度钢、高强度不锈钢、结构钢、高强度铸铁和粉末冶金等;另一类是轻质材料,如铝合金、镁合金、钛合金、金属基复合材料等。在内饰金属材料中,碳钢和有色轻金属材料应用广泛,下面分别介绍碳钢和有色轻金属。

1. 碳钢

1)碳钢材料及应用

内饰金属材料中碳钢应用最多,其中主要以软钢和高强度钢为主,如图8-2所示。冲压用普通低碳钢包括:DC 钢号系列、SPCC/SPCE 等钢号系列、SPHC/SPHE 等钢号系列、St 钢号系列等。这些钢材的特点是低碳($w_C < 0.25\%$),一般只有五种元素即 C、Si、Mn、S、P(碳、硅、锰、硫、磷)。此外,用铝-硅脱氧镇静工艺中,必然在钢中含有 Al,当 $w_{Al} \geq 0.020\%$ 时,还有细化晶粒的作用。高强度低合金钢是在低碳钢中加入了 Nb、Ti、V 元素进行微合金化,产生碳化物细小粒子的析出、晶粒细化、固溶等强化机理,使钢材在低碳条件下也能大幅提高强度。

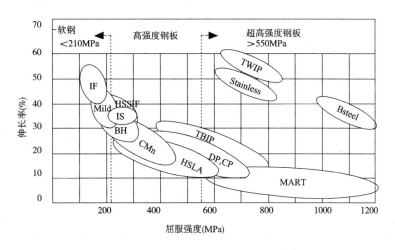

图8-2 汽车用钢伸长率和屈服强度之间关系

碳钢在内饰中主要应用于仪表板横梁和座椅骨架,如图8-3所示。

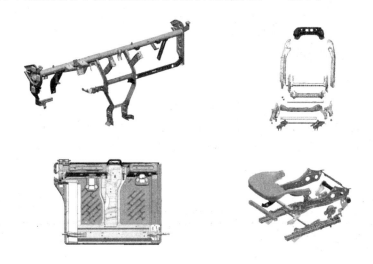

图8-3 钣金冲压焊接仪表板横梁和座椅骨架

2)碳钢制造技术

在完成设计开发之后,另一个重要的技术就是制造技术。就高强度钢的成形来说,世界主流技术主要有四种:一是激光拼焊板技术;二是连续变界面板材技术;三是液压成型技术;四是高强度钢热成形技术。内饰主要应用的是前三种,故主要针对它们进行说明。

(1)激光拼焊技术。激光拼焊技术是利用"裁缝"的原理,根据汽车零件设计的要求,把不同厚度、不同强度和不同镀层种类的钢板(或同种类的其他金属板)通过激光焊接成一块整体板,然后再进行冲压加工的工艺技术。与传统点焊工艺的产品相比,激光拼焊板最显著的优点是减少了零件数量和材料消耗,降低了整车质量,改善了刚性,降低了成本,简化了装配工艺,提高了产品质量,因而得到了越来越广泛的应用。汽车零部件采用了激光拼焊技术后,可以使车身减重24%,零件数量减少19%,焊点下降49%,生产时间缩短21%。

(2)连续变界面板材技术。激光拼焊板之所以能够得到日益广泛的应用,是基于利用材料的不等厚度满足零件不同截面的性能要求,而连续变界面板材技术则大有取代激光拼焊板

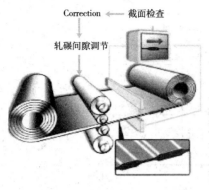

图 8-4 TRB 技术

之势。利用该技术可直接生产可变截面厚度的钢板卷料(Tailor Rolled Blanks,简称TRB),减少了拼焊环节,更有利于提高零件的性能和降低生产成本。连续变界面板材技术是指首先将截面厚度变化规律输入计算机,工作过程中,轧辊间隙在计算机的控制下自动进行调整,使钢板的厚度按预定的要求呈周期性变化,如图8-4所示。这一技术所加工出产品的特点是厚度没有突变,不容易发生应力集中而在产生变形过程中开裂,可广泛用于车身、底盘零部件。

TRB技术在内饰的仪表板横梁上应用最早,也最典型。上海通用车型上应用较广,在别克新君威、新君越和英朗等畅销车型上应用广泛,如图8-5所示,新君威车型的管材分为两段,壁厚从2mm变化到1mm,过渡区长度为100mm,英朗车型的管材分为三段,壁厚从2mm变化到1mm,再变化到1.35mm。此技术应用使减重达到20%~30%。

a)新君威/新君越车型管材　　　　　　b)英朗车型管材

图 8-5 连续变界面板材激光焊管

(3)液压成型技术。液压成型技术是指把管状或板状材料放在密封的模具中,再把流体介质(水、油等)引入管件的内腔或板件与模具的内腔,通过增加液体的压力,使工件在常温下变形,经过膨胀、压缩和成型三个阶段,最终成为所需零部件形状,如图8-6所示。

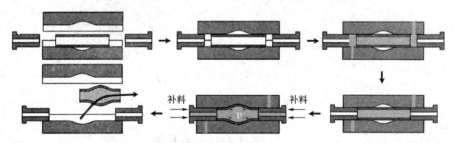

图 8-6 液压成型工艺流程

使用液压成型技术制造的零件,可将原来因加工工艺所不能及而必须分割成数个部件进行加工的零件改以单一的零件代替,减少了零件组合的工作,同时也增加了车体的刚性,从而达到减轻质量、降低成本的目的。据统计,液压成型件比冲压件平均成本可降低15%~20%、模具费用降低20%~30%。成型后的零件可减重30%。典型的液压成型汽车零部件有T形接头、发动机支架、底盘、排气系统与悬架系统等结构件。

液压成型技术在内饰上的应用,主要是仪表板横梁和座椅骨架。雪佛兰景程仪表板横梁的管材就采用液压成型工艺,如图8-7所示,改善了设计空间,满足了不同的使用功能,提高了轻量化水平。值得一提的是,随着国内液压成型技术及装备的发展,在中小液压成型件的制造上,成本优势比较显现。

2. 有色轻金属

1) 铝合金

铝材料的很多特点使其适宜于在汽车上应用：①质量小，仅为钢材的 1/3，因而可提高车辆有效载荷比例；②强度、韧性高，接近于钢；③耐腐蚀性能好，氧化铝是天然的防腐屏障，不需涂层或衬套，不污染运输货物；④易于挤压成型；⑤低温性能优异；⑥物理性能优良，包括优良的表面反射性能和热传导性能、无磁性、不产生火花、无毒等；⑦良好的可再生性。铝合金的材料体系，如图 8-8 所示。汽车常用的材料主要是 5~7 系的型材和板材。

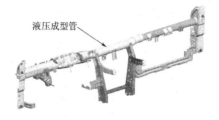

图 8-7 景程仪表板横梁液压成型管

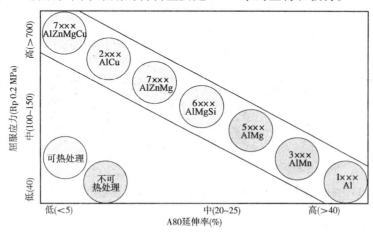

图 8-8 铝合金材料体系图

随着轻量化的发展，铝合金在内饰的应用将逐渐增加，尤其在中高档车型上。

2) 镁合金

镁合金作为最轻的金属结构材料，具有较好的比强度、比刚度、电磁屏蔽性能及减振性能，有利于环保和资源丰富等优点，已经在汽车、交通和航空航天等许多领域得到广泛的应用，被誉为"21 世纪绿色工程材料"。另外，镁及其合金具有优良的阻尼减振性能，镁合金零件的使用可以大大降低汽车及机械设备的噪声污染。镁合金在汽车上大量使用可以减轻车的自身质量，从而降低车的油耗，达到节能的目的。目前，世界镁合金产业以每年 15%~25% 的幅度增长，在汽车制造等行业中镁合金的使用迅速增加。

内饰应用的镁合金主要是压铸镁合金，压铸镁合金以其轻量化的优势正在吸引越来越多的人来研究其应用。压铸镁合金在上海通用内饰的应用主要是仪表板横梁和转向盘骨架，如图 8-9 和图 8-10 所示。对于转向盘骨架，涉及转向盘的振动性能，而轻量化的骨架有利于满

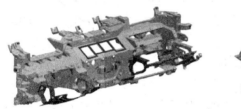
a) 凯迪拉克赛威车型仪表板横梁

b) 别克君越车型仪表板横梁

图 8-9 压铸镁合金仪表板横梁

足性能的要求,所以压铸镁合金几乎成了转向盘骨架的标准材料。

我国是世界上最大的产镁国之一,镁资源存储量占全球总储量的22.5%,我国有数百家镁厂的年生产能力在1000t以上,总的生产能力可达10万t/年,说明我国镁产业在原材料成本上有着极大优势,中国在全球压铸镁合金市场中占的份额为20%~25%。随着我国镁合金工业的发展,资源优势会逐渐转化为产品优势。尤其值得指出的是变形镁合金将大有可为,美国、日本和欧洲都在研究,中国各个方面也在加强研究,在逐步优化其材料及制备工艺后,其应用和成长空间巨大。以仪表板横梁为例,根据现有研究信息,镁合金板材仪表板横梁,较钢制仪表板横梁减重达到60%,如图8-11所示。

图8-10　压铸镁合金转向盘骨架

图8-11　镁合金板材焊接仪表板横梁

二、内饰非金属材料

内饰的非金属材料主要有塑料,复合材料,织物及皮革等。

1. 内饰塑料

随着21世纪科技的发展、新材料及新成型技术的不断进步,如今人们对汽车提出了质量轻巧、节油高速、安全、环保、美观等一系列高标准要求,低成本、轻量化已成为汽车工业设计的主流导向。塑料制品因具备抗腐蚀、隔热、耐磨、减振、消声等优良性能及低廉的价格、简单的加工工艺,正逐步替代传统金属及一些合金材料,用作汽车内饰件、外饰件、车体和机罩下部件。

在汽车开始追求轻量化的时候,塑料便在这一领域找到了它的用武之地。在我国,车用塑料制品作为当今汽车制造业的重要组成部分,始于20世纪90年代中后期轿车工业的发展。由于原材料不断涨价,能源紧缺,汽车材料供应商正在寻找新的解决方案,目前一些新型车除座椅外,顶饰、仪表板等内饰件几乎全部采用塑料制造。

1) 内饰零件常用塑料

国外汽车内饰塑料采用最多的是PU、PVC、ABS和PP,这几种树脂,日本占汽车内饰件用树脂的80%;西欧汽车内饰件多采用PU,约占内饰件的80%。近年来,由于PP的改性及生产工艺的进步,已部分取代ABS和PVC。

(1) 改性PP材料。车身塑料材料中,目前使用最多的是改性PP系列材料。使用部件包括仪表板、车门内饰板、装饰面板等大型内饰部件和保险杠、散热器面罩、挡泥板等外装部件。以改性PP为主的聚烯烃材料已经占到车用塑料使用量的50%以上。改性PP材料在使用中特别注重以下特点:

①高流动性。目前改性PP材料的熔融指数往往达到20~30g/10min,这样,可以提高产

品的熔接痕强度,降低表面熔接线。为了保证改性 PP 材料制品表观颜色的要求,对改性 PP 基础材料的选择也有更严格的要求,需要使用专门合成的 PP 材料满足改性要求。

②性能要求合理化。对于不同部位的产品,材料性能要求更为合理。例如,仪表板使用的改性 PP 已经达到了 2000MPa 的弯曲模量和 $40kJ/m^2$ 的冲击强度,而门护板则要求在 $5kJ/m^2$ 左右的冲击强度即可。这样可以有效控制成本,并满足制品性能要求。

③密度成为重要指标。为了有效降低材料成本和质量,在材料性能严格要求的同时,材料密度也成为一项重要的指标。目前,国内乘用车塑料材料的价格已经占到塑料零部件价格的 1/2,因此材料密度对于制品成本控制具有重要的作用。

上述几个方面的要求往往是相互限制,因此对于材料的配方设计、制品加工等都提出了比以前更为严格的要求。同时,随着材料合成技术和加工技术的进步,部分内饰产品也开始用纯 PP 材料,进一步降低了材料成本。

(2) ABS 类材料。ABS 的品种多,表面处理效果好,价格低,因此在内饰材料中一直广受欢迎。由于 ABS 耐候性差,目前乘用车中已经广泛使用高耐候的 AES、ASA 等材料作为 ABS 的补充。当产品需要表面处理时,例如水转印膜、喷涂时,采用 ABS;不需要表面处理时,选用 ASA、AES 等。

(3) SMC 等玻纤增强材料。SMC 综合性能远超过其他工程塑料,并且是可以在线涂装的材料,在商用车车身开发中一直占有重要的位置。

其他热塑性玻纤增强工程塑料也由于强度高,在实际使用中得到了广泛的应用。

(4) 聚氨酯泡沫塑料。聚氨酯泡沫塑料具有质轻、强度高、导热系数低、耐油、耐寒、防振和隔声等特点,成为汽车的一种主要内饰材料。聚氨酯泡沫塑料在汽车上一般用于制造汽车坐垫、汽车仪表板、扶手、头枕等。其缓冲材料大部分都使用半硬质聚氨酯泡沫塑料制品。

内饰各大子系统常用材料的应用情况见表 8-1。

内饰各大子系统常用材料的应用情况 表 8-1

子 系 统	零件分类	常 用 材 料
仪表板和副仪表板	本体	改性 PP,ABS/PC,增强 ABS,SMC
	发泡层	PU
	表皮	PVC,TPO
	附件	ABS,ABS/PC,改性 PP,PA,增强 PA,钢,EPDM
座椅	骨架	金属(钢材、镁铝合金)
	发泡层	PU
	包覆	织物,PVC,真皮
门内饰板	本体	改性 PP,ABS/PC,复合材料(麻纤维板、木粉板、棉纤维板)
	装饰件及附件	ABS,ABS/PC,改性 PP,PA,增强 PA,钢
	发泡层	PU
	包覆	织物,PVC,真皮
立柱饰板		PP,改性 PP
顶衬	基材	浸树脂的再生棉或玻璃纤维、聚苯乙烯泡沫材料板、麻纤维板材
	填充层	聚氨酯或聚烯烃树脂
	包覆层	PVC,织物

2)汽车用内饰塑料的发展趋势

随着汽车向小型化、轻量化方向的发展,塑料在汽车上的用量日益增加,汽车内饰件对材料提出了更高的要求。从世界各国对汽车内饰塑料材料的研究情况来看,主要有下面几个发展趋势:

(1)开发复合型材料。汽车上使用复合材料的零件主要是仪表板、门护板、顶衬、地毯、座椅及包裹架护板,它们基本上是由表层(塑料、织物、地毯)、隔声减振部分(泡沫或纤维)和骨架部分组成,这种形式的零件除满足一定的使用功能外,又使人感到舒适美观,而且由于该种材料生产工艺简单、成本低廉、适用性强而发展得比较迅速,它将是今后汽车内饰材料的主要发展方向之一。

(2)以聚丙烯塑料为主。据英国应用信息(AMI)报告,到 2000 年为止,轿车零部件消耗的热塑性塑料仍然以年均超过 6% 的速度递增,而由于 PP 价格低廉且性能优越,所以汽车内外饰件的发展将以 PP 为主,现在市场上使用的 PP 零件占市场份额的 42%,且可望以每年 8% 的速度增长,特别集中的汽车内饰方面。

(3)向安全性方面发展。在现今交通事故不断、乘客安全受到威胁的情况下,部分内饰零件的安全性检验已纳入议事日程。比如,仪表板上表面的头部冲击试验、其下边缘的膝盖撞击试验、座椅靠背的身体冲击试验等,均要求被检验的内饰塑料不能碎裂,更不能碎片四溅或出现棱角伤人。因此,汽车内饰零件不仅要求舒适美观,更要求能保护乘客安全。

(4)材料通用性。为了有效合理利用能源及原材料、降低汽车成本,不同类型轿车内饰件使用的材料可以归结到统一使用的几种材料上,这样事必会扩大这几种原料的生产规模,无论是在材料质量方面还是在成本方面都是最经济的。

这种统一包括基础材料和填料使用类型的统一,以方便回收增值。目前,内饰用塑料材料已经向着聚烯烃材料的方向统一,主要是改性 PP、PE 材料、聚烯烃弹性体等。车用材料的回收已经成为一项法规性项目,塑料材料由于回收方便,可以在这方面做出一定贡献。

(5)内饰空间的环境保护。目前,由于内饰附件已经基本塑料化,塑料制品在加工装配过程和使用过程中,会挥发出大量的有机物(VOC),有效降低 VOC 已经是内饰材料的一个重大课题。目前,国内外许多材料厂商都在致力于开发生产低气味、低挥发性改性材料和环境友好型黏结剂等,以满足车身内饰的环境保护要求。例如:抗菌面料的研究推广;水性油漆替代溶剂型油漆等。

(6)低成本材料方案。塑料制品的价格优势主要表现在生产效率高,加工装配简单。但是塑料本身是一种石油化工产品,其单价受原油价格影响较大,并呈逐年上涨趋势。目前,塑料原材料的价格已经占到塑料零部件价格的 50% ~70%,因此找到低成本高性能的材料替代方案成为提高产品竞争力的关键因素之一。

3)塑料废弃物的循环利用

随着人们对环境保护意识的增强以及所面临的全球性能源和原材料危机,如何处理与利用好废旧塑料将是摆在世人面前的一大难题。废塑料的回收是进行再利用的基础。回收的难度在于废塑料数量大、分布广、品种多、体积大,给回收造成很大困难。

目前,国外在废塑料回收方面已积累了不少经验,他们把废塑料的回收作为一项系统工程,政府、企业、居民共同参与。回收循环管理体制的核心就是尽量减少回收环节,各厂家在建立销售网点的同时也要考虑建立回收网点。厂家负起回收利用自家生产的产品废旧物品的责任,在回收自家生产的废旧物品时,原标准零部件及其材料性能就容易把握,可以充分有效地再生利用,能够确保再生产品的性能。同时,还可以减少热回收,减少烦琐程序和环境污染。由于产品的模块化,使再生利用部分的技术研究开发方向更加明确。

为进一步利用废塑料,回收的废塑料往往需要进行分离,采用的分离技术主要有密度分离、溶解分离、过滤分离、静电分离和浮游分离等。日本塑料处理促进协会的水浮选分离装置一次分离率就可达到99.9%以上,美国DOW化学公司也开发了类似的分离技术,以液态碳氢化合物取代水分离混合废塑料,取得了更佳的效果。美国凯洛格公司与伦塞勒综合技术学院联合开发出溶剂性分离回收技术,不需人工分拣,即可使混杂的废旧塑料得到分离,该法是将切碎的废旧塑料加入某种溶剂中,在不同温度下溶剂能有选择地溶解不同的聚合物而将它们分离,应用的溶剂以二甲苯为最佳,操作温度也不太高。对一些新的分离技术如电磁快速加热法、反应性共混法等也有不少报道,电磁快速加热法可回收分离金属-聚合物组件,反应性共混法能实现对带涂料层废弃保险杠的回收分离。另外,国外已开发出计算机自动分选系统,实现了分选过程的连续自动化。瑞士的Bueher公司用卤素灯为强光源照射下,经过4种过滤器的识别,由计算机可分离出PE、PP、PS、PVC和PET废塑料,直接使用或与其他聚合物混制成聚合物合金,这些产品可用于制造再生塑料制品、塑料填充剂、过滤材料、阻隔材料、涂料、建筑材料和黏结剂等,这是一种简单可行的方法,实现了重复使用。

无论是从充分利用地球资源角度,还是从环境保护的立场来看,都必须积极开展汽车废旧塑料的回收利用技术工作的研究。材料回收利用技术工作还应当配合环保法规的制定和废旧材料回收体系的建立,因此也是一项系统工程。

2. 内饰织物

1) 内饰装饰织物概述

汽车工业是产业用纺织品的最大用户,在各类车用纺织品中,车内装饰产品所占比例最大。汽车内饰纺织品主要用于汽车内座椅、门饰板、顶饰覆盖面料等,是集装饰性与功能性于一体的技术性织物,是艺术和纺织技术相结合的产物,它的原材料选用、织物设计紧密地与车型、性能、内饰风格等因素联系在一起,直接影响着汽车的舒适、美观、安全、环保、成本。

2) 内饰装饰织物的结构

对汽车内饰织物的分类通常是根据汽车用纺织品的加工方法进行的,主要可以分为三大类,即机织物、针织物和非织造布。

(1) 机织物:由相互垂直排列即横向和纵向两系统的纱线,在织机上根据一定的规律交织而成的织物。最早的车内装饰织物主要以机织物为主,该织物在物理性能上的可塑性及价格上的优越性,长期在汽车内饰领域占统治地位。机织物有多种分类方法,按组成机织物的纤维种类分为纯纺织物、混纺织物和交织物,按组成机织物的纤维长度和细度分为棉型织物、中长织物、毛型织物与长丝类织物,按组成机织物的组织结构分为平纹、斜纹、缎纹与其他组织。各种不同的分类方法与各类织物材料相结合可以使机织物类型变换繁多。

(2) 纬编针织物:是将纬线由纬向喂入针织机的工作针上,使纱线有顺序地弯曲成圈,并相互穿套而成,纬编中,纱线是从机器的一边到另一边做横向往复运动(或圆周运动),配合织针运动就可以形成新的针织线圈。纬编针织物纱线走的是横向,织物的形成是通过织针在横列方向上编织出一横列一横列的上下彼此连接的线圈横列所形成的。一横列的所有线圈都是由一根纱线编织而成的。纬编织物近年在汽车内饰中的得到广泛使用,花型潜力较大,生产非常灵活。

(3) 经编针织物:是采用一组或几组平行排列的纱线,于经向喂入针织机的所有工作针上,同时进行成圈而成。经编是在经向上的一组经纱做纵向运动,配合织针运动形成新的针织线圈。纱线在经编织物中是经向编织的,就像机织物的经纱一样,由经轴供纱,经轴上卷绕有大量平行排列的纱线,与机织中的经轴类似。纱线在经编织物中的走向是经向的。在一个横列中形成一个竖直的线圈,然后斜向移动到另一纵行,在下一个横列中形成另一个线圈。经编面料具有非常灵活的工艺,同时又可形成自己的特色产品,生产效率高。

(4)非织造布:又称非织布、非织造物、无纺织布、无纺织物或无纺布。非织造布是指通过机械的、化学的或热加工的方法,将短纤维、长丝或多孔膜黏合或缠结起来,加工成的片状或网状材料。非织造布的分类方法很多,按纤网的形成方法可分为干法成网织布、聚合物挤出成网非织造布和湿法成网非织造布;按纤网的形式可分为机械加固式非织造布、黏合加固式织造布和叠层非织造布。非织造技术是纺织工业中最年轻的一种加工技术,但由于这种加工方法可大大地简化工艺过程、降低成本、提高劳动生产率,因此在短短的几十年中,非织造工业得到了迅猛发展,并呈现出高速增长的势头。

3)内饰织物的生产工艺

内饰织物的生产工艺大致有以下几个过程:

(1)织造:将原材料按客户要求编织成面料。

(2)染色:通过染料与纤维发生物理化学或化学反应,也可以采用化学方法在纤维上直接染色,而使整个纺织品成为有色物体的加工过程。其染色过程大致可以分成吸附、扩散、固着三个阶段。

(3)后整理:按照工艺要求对面料进行整理定型加工,满足客户的要求。

4)内饰织物的材料

织物的纤维按其来源可分为天然纤维和化学纤维。

天然纤维是指自然界生长形成的纤维,包括棉、麻类的植物纤维;毛、蚕丝等动物纤维和石棉等矿物纤维。天然材料一般以柔软舒适为特点,同时往往也具有吸汗及非常好的手感、弹性、保暖性。在车内往往可以体现出高品质的车内装饰效果和亲和力。

化学纤维:以天然或合成高聚物为原料,经化学和机械加工而成的纤维,可以分为人造纤维和合成纤维两类。

人造纤维以天然纤维素、蛋白质、无机物为原料加工而成。人造纤维素纤维包括粘胶、醋酯纤维、天丝;人造蛋白质包括酪素、大豆纤维;人造无机纤维包括玻璃纤维、金属纤维、碳纤维、陶瓷纤维。

合成纤维包括:涤纶(聚酯)、锦纶(聚酰胺)、腈纶(聚丙烯腈)、维伦(聚乙烯醇缩甲醛)、丙纶(聚丙烯)、氨纶(聚氨酯)。

5)内饰装饰织物美学及性能指标

车内装饰织物作为一种特殊的产业用纺织品不仅有其美学要求,还有它的性能要求。

纺织品不仅为汽车座椅提供优美的外观、柔软和温暖的手感,也为顶衬提供了总体的舒适性和装饰性。在美学方面,内装饰必需作为一个整体来考虑,汽车及其内装饰应该向它的最终用户传达一个总体的概念和思想,如:"豪华型"、"优雅型"、"时尚型"或"运动型"等。另外还要考虑市场定位,根据消费对象的不同,图案、色彩、所用的材料和织造方法都会有所不同。尤其是近年来,汽车在国内的迅猛发展,汽车内部的装饰,特别是车座的颜色、图案,已经成为消费者最关注的方面。

车内装饰织物在性能方面有很多的要求,主要有:抗拉强度、伸长率、耐磨性、气味性、可燃性、易清洁性、雾化、柔软性、耐光色牢度、防霉性等,这些性能要求都是对织物在内饰中的普遍要求。目前许多织物新材料的研发对这些特性要求的提高都起到了很大的作用。而目前对环境的要求提高,更要求织物具有易清洁性,纺织品的设计在这方面还有待于进一步提高。

6) 内饰装饰织物在车内的应用

汽车内部装饰织物主要应用在座椅、顶衬、地毯、门饰板及行李舱饰板等。

座椅织物在汽车内部覆盖面较大,通常也在门饰板上使用。目前纺织纤维材料不但具有价格低、强度高、装饰性好等特点,并且提高了乘坐的舒适性。通常,根据车型档次的不同,面料选用也有所不同,车内的面料应该具有与内饰相协调的外观效果及优良的品质。

顶衬几乎是车内使用织物最大的零件,顶衬不仅起到装饰的作用,更有使车体内外保温、减振、吸声的效果。通常根据车型和档次级别的不同,选择不同品种的顶衬饰面材料。通常使用具有良好的手感和外观、结构结实的面料。

3. 内饰皮革

近几年在国内汽车生产中已经大量使用皮革,皮革多用在高档汽车的座椅上,由于皮革是天然产品,所以,在一张动物皮上,不同部位皮的使用特性是不同的,因动物各个部位的机能不同,其组织结构和性能也不同。相对来说,背的部分表面相对细致,所占面积较大,使用价值高。腹部及四肢部分皱纹较多,表面粗糙,相对使用价值低。

由于皮革的天然性,皮革表面有很多的缺陷,大致有:

(1) 皮革的伤残:如伤疤,干裂等。

(2) 皮革的松面:皮革表面的松弛现象。

(3) 皮革的折痕:皮革表面不平的皱纹。

目前车内皮革的使用情况一般分布在座椅上,在一些特别高档的车内,也有选用在门饰板、仪表板及副仪表板上。

在汽车内饰中,座椅使用皮革往往是高档车的象征。随着人们生活水平的不断提高,用皮革装饰汽车的情况越来越多,汽车坐椅用皮的发展前景很好。

第二节 内饰零件常用工艺

丰富的材料类型,决定了内饰工艺的多样性。

注塑工艺,发泡工艺,表皮成型工艺,表面装饰工艺是内饰零件的主要工艺。

一、注塑工艺

注塑工艺又称塑料射出成型(Injection Molding)工艺。它是将熔融塑料材料压挤进入模腔,经由熔融、射出、保压、冷却等循环制作出所设计形状的塑料零件的一个循环制程。

典型的注塑成型过程如图 8-12 所示。

注塑工艺是非常复杂的加工过程,温度、压力、时间、速度和位置被称为注塑工艺的五大要素。其中,温度包括料筒温度、材料温度、模具温度、环境温度等工艺参数;压力包括注塑压力、保压压力、锁模压力等工艺参数;时间包括注塑时间、保压时间、冷却时间、干燥时间等工艺参数;速度包括射出速度、开闭模速度、脱模速度等工艺参数;位置包括浇口位置、顶出位置等工艺参数。任何一个或几个工艺参数设置不合理,就可能导致塑料制品的缺陷。

注塑缺陷不仅会导致单个制品的外观质量,变形会直接导致零件尺寸和形位偏差,造成零件之间配合不良,还有些缺陷会导致零件机械性能下降,影响零件的功能和寿命。常见的注塑缺陷如图 8-13 所示。

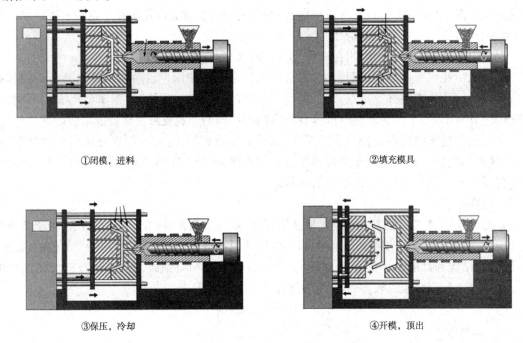

图 8-12　注塑工艺过程示意

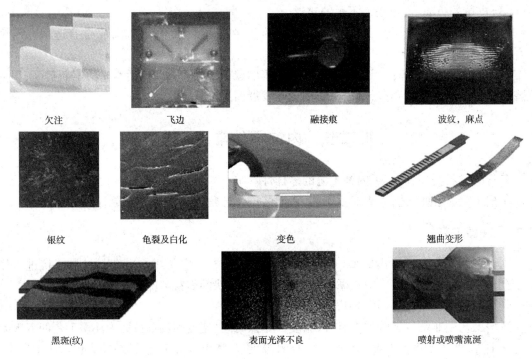

图 8-13　常见的注塑缺陷

模流分析可以有效预测大部分的注塑缺陷、优化模具设计及工艺参数,甚至对零件的结构设计提出优化方案,因此被汽车零部件供应商广泛采用。关于模流分析的具体应用见第九章。有些整车厂甚至在产品开发的过程中,设置了模流分析和模具评审节点,以保证最终塑料制品能满足要求。

为了满足客户日益提升的需求,随着注塑设备与工艺能力的不断发展,一些新工艺在传统注塑工艺的基础上衍生出来并得到广泛应用,例如:可以降低原材料消耗和改善注塑缺陷的气辅注塑;实现包覆材料与塑料完美复合的低压注塑;实现不同颜色或不同材质在同一塑料制品上的双色注塑;可以减重15%以上注射成型微孔发泡等。后文提到一些表面装饰工艺也与注塑工艺有关,详见后文"四、表面装饰工艺"。

二、发泡工艺

发泡成型是使塑料产生微孔结构的过程。很多塑料原材料都能通过发泡工艺制成泡沫塑料,常用的树脂有聚苯乙烯、聚氨酯、聚氯乙烯、聚乙烯、酚醛等。

发泡成型根据发泡原理可以分为两种:

(1)化学发泡。将化学发泡剂受热分解或两种组分的材料混合后发生化学反应而产生的气体,使塑料熔体充满泡孔。

(2)物理发泡。物理发泡是在塑料中溶入气体或液体,而后使其膨胀或气化发泡的方法。物理发泡适应的塑料品种较多。

常见的聚氨酯发泡通常采用化学发泡,其生产工艺一般为室温发泡,成型工艺比较简单。成型方法通常采用浇注成型工艺,就是将各种原料混合均匀后,注入模具或制件的空腔内发泡成型。浇注成型按其浇注方式可以分为开模发泡和闭模发泡两种,这两种发泡方式也是汽车内饰件最常用的发泡方式。

开模发泡是指在打开模腔的状态下浇注发泡材料,闭合模腔后发泡成型。其优点是宽容性高,设计自由度大。

闭模发泡采用与注塑工艺类似的工艺流程,即将发泡材料注入闭合的模腔发泡而成,优点是工艺稳定性高,设备投入低,但不便于工艺参数的调整。

发泡工艺的工艺流程一般如下:

确定配方→精确计算制品的体积和发泡材料用量→清理模具、涂脱模剂、模具预热→称料→搅拌混合→浇注→熟化→脱模。

三、表皮成型工艺

软质内饰零件的表皮成型工艺除了传统的采用聚氯乙烯 PVC 片材和 ABS 骨架的阳模真空成型和 PVC 搪塑外,近年来又开发出整体性能更好的聚氨酯喷涂成型(简称 PU SPRAY 或 PU 喷塑)和生产成本较低的热塑性聚烯烃(TPO)阴模真空成型等新工艺。此外,真皮手工包覆的仪表板本体在豪华商务轿车上的应用也较多。

本文重点介绍表皮的几种典型工艺(即搪塑、喷塑和真空成型工艺)和真皮包覆工艺。

1. 搪塑

搪塑是通过旋转搪塑模具,使塑料原料在离心力和热的作用下,均匀地涂布、熔融、黏附于模腔的整个表面成形,经冷却定型而制得表皮的工艺过程。

搪塑的工艺过程及机理如图 8-14 所示。

搪塑表皮材料主要有 TPU 和 PVC 等,其中由于 PVC

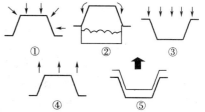

图 8-14 搪塑成型的工艺过程
①-模具预热;②-旋转加料;③-粉料熔化成型;④-冷却定型;⑤-开模取件

具有成本低、易着色、制品表面光滑、耐久和绝缘等特性,因此是汽车工业上应用最早最多的塑料之一。目前搪塑仪表板表皮通常以 PVC 搪塑粉为原料,通过旋转搪塑成型得到。

搪塑成型工艺的优点主要有:

(1)搪塑成型工艺可加工制造出形状复杂的制品,尤其适用于制造大型、特大型制品或具有特殊结构要求(如多层结构)的制品。

(2搪塑成型工艺适用于多品种、小批量塑料制品生产,并且不同尺寸和形状的模具可在同一设备中运转,从而可以生产出不同规格的产品。

(3)搪塑成型工艺是无应力加工过程,所得制品不易开裂,没有接缝,而且相对于吸塑等加工方法而言,搪塑成型制品厚度均匀性较好。

(4)采用搪塑成型工艺原材料利用率较高。

搪塑成型工艺的缺点主要有:

(1)搪塑成型工艺对材料的粒度、热稳定性能、熔融性能等方面要求较高,因而其价格相对较贵。

(2)搪塑成型工艺只适用于制作中空制品或壳体类制品,且要求制品壁厚变化不大,即制品壁厚不能相差悬殊或突变;除了体积较小的发泡制品外,利用搪塑成型也不可能得到实心制品。

(3)搪塑成型工艺能耗大,成型周期较长,劳动强度大。

(4)搪塑成型工艺的模具制作周期长、不易修改、成本高。

2. 聚氨酯喷塑

聚氨酯喷塑是相对较新的软质仪表板表皮制造工艺。其工艺过程是:聚氨酯的两组分(聚醚和异氰酸酯)在经过精确计量后,再经高压混合反应,然后被喷涂到镍壳模具上,反应后聚氨酯附着在镍壳上成为一张表皮。在此过程中,两种聚氨酯组分的混合反应属于不可逆的化学反应,反应生成的制品物理和化学性能稳定,不易受外部环境条件的影响,因此材料具有良好环境适用性能。表皮的厚度一般可以通过喷涂的时间和流量来调节和控制。该工艺过程中,喷射混合头一般由机器人操纵,为了便于机器人在很小的空间内灵活地移动,通常要求喷涂混合头的结构紧凑、体积小。聚氯脂喷塑的工艺过程如图 8-15 所示。

这种工艺的优点主要有:出色的手感及外观质量,很好的耐候性能,出色的低温性能(对于仪表板上无缝安全气囊门的设计,这项性能非常重要),优异的雾翳及气味性能,很好的环保性能(不含 PVC)以及出色的色彩设计自由度。(可以很容易实现双色或多色仪表板的设计,而不需要喷漆后处理)。

主要存在的缺点有:较高的原材料成本,喷塑过程中表皮的厚度不均,回收性能差(由于是复合材料制皮工艺)。另外,考虑到喷头操作空间的限制,对于局部圆角的设计存在局限性。

3. 真空成型

目前在汽车内饰中,搪塑成型和喷塑成型的表皮已得到了普遍应用,一些仪表板上还使用了真空吸塑成型的表皮。用于仪表板表皮的真空成型,通常有阳模真空成型和阴模真空成型两种。其成型工艺步骤:首先将塑料板材夹持固定在真空成型模板上,待塑料成板材加热到玻璃化温度后,在真空成型模内抽真空,使板材紧贴在真空成型模型腔内成型,最后充分冷却并脱模。

阳模真空成型:阳模真空成型工艺过程如图 8-16b)所示。本成型工艺对于制造壁厚和深度较大的制品比较有利。制品的主要特点是:模腔壁贴合的一面质量较高,结构上也比较分明细致。壁厚的最大部位在阳模的顶部,而最薄部位在阳模侧面与底面的交界处,通常最后成型。

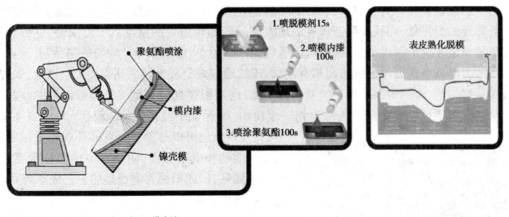

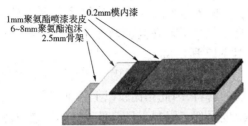

图 8-15 喷塑成型工艺过程
1-喷脱模剂;2-喷模内漆;3-喷聚氨酯;4-表皮熟化脱模

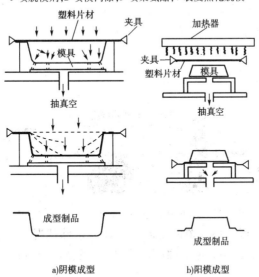

图 8-16 真空成型工艺过程

随着现代汽车设计师对仪表板的颜色、光泽和皮纹一致性以及造型的复杂程度要求的不断提高,传统的阳模真空成型工艺已经难以满足这些要求。因为阳模真空成型的表皮,其原材料表面带有皮纹,且皮纹会根据拉伸的情况变浅或者消失,表面的视觉效果也会因光泽度的变化而改变。为此,一种相对较新而且经济的工艺技术——阴模真空成型即模内压纹(In – Mold

Grain，简称 IMG)技术便应运而生。该技术在很大程度上弥补了这些缺点，可以避免皮纹的变形或者消失。

阴模真空成型：阴模真空成型过程如图 8-16a)所示。阴模真空成型生产的制品与模腔壁贴合的一面质量较高，结构上也比较分明细致，壁厚的最大部位在模腔底部，最薄部位在模腔侧面与底面的交界处，而且随模腔深度的增大制品底部转角处的壁厚就变得更薄。因此阴模真空成型不适于生产深度很大的制品，但适合生产圆角小、皮纹和光泽均匀的制品。

用于阴模真空成型的模具表面刻有皮纹，皮纹通过真空成型转压到表皮上。因此，表皮上的皮纹是均匀的，不随表皮拉伸量的变化而变化，这是阳模真空成型工艺难以做到的。此外，阴模真空成型还可以和复合工艺结合到一起使用，既保证了经济性，又保证了表皮的外观质量，其外观质量可以与搪塑表皮的外观质量相媲美。在生产周期和成本方面，阴模真空成型技术要比搪塑工艺要好，但比阳模真空成型的工艺成本要高。

4. 真皮包覆

随着人们对于汽车内饰审美要求的不断提高，真皮包覆工艺在高档轿车上被越来越多的应用，如图 8-17 所示。

图 8-17　真皮包覆工艺在高档轿车上的应用

真皮包覆工艺采用天然动物皮革作为仪表板表皮的材料，因此相比较以上各种工艺，其表皮成型自由度受到了限制。目前最普遍的工艺方法是将皮革缝合后采用手工包覆。其具体过程如下（图 8-18)：

(1)注塑仪表板骨架；
(2)将预先切割好的泡棉粘贴到仪表板骨架上；
(3)在缝制好的皮革背面以及仪表板骨架上喷胶；
(4)手工包覆表皮；
(5)真空复合（该过程也可以省略）；
(6)修边和检查。

图 8-18　真皮包覆工艺（将皮革缝合后采用手工包覆）

以上工艺是目前仪表板真皮包覆的主流。在某些特殊情况下，例如带有真皮包覆配置的车辆产量很小时，则可以采用先使用临时表皮发泡，然后揭掉临时表皮再采用手工包覆的方法。

由于真皮的特殊性，因此该工艺也对仪表板外观造型有一些限制。最主要的体现在以下几点：

(1)棱边的圆角不如一般工艺锐利，因此易造成与周边零件的匹配从视觉上不是很理想。
(2)在很多造型面的过渡处需要缝合，否则会起皱。
(3)由于真皮包覆粘合工艺的限制，在包覆区域不易采用过渡凹陷的型面，这样容易导致皮革脱胶。

除了在造型方面的约束，真皮工艺在环境方面也有较高的要求。由于天然皮革的特性，当皮革遇水再干燥后容易起皱或者收缩，因此对于真皮仪表板的运输与存放都有一定的要求。

因此在考虑仪表板的真皮包覆工艺可行性时，除了价格因素以外，也要结合以上各方面进行权衡。

四、表面装饰工艺

木质或者仿木质材料是轿车内装饰的主要材料之一，镶嵌在仪表板、中控板（副仪表板）、变速杆头、门扶手、转向盘等地方。中高档轿车在内饰上配置木质材料以显示豪华气势，中低档轿车在内饰上配置仿木质材料以提高档次。因此，目前流行木质或仿木质内饰，以体现轿车的装饰高档化。轿车内饰木质材料一般是指胡桃木和花梨木，多用胡桃木，因为这些木材的优点是纹理优美、坚韧，不会变形。因此，一些高中档轿车用胡桃木做内饰材料，配上真皮面料座椅、丝绒内饰面料等，相辅相成，尽显一种优雅与华贵的气氛。

我们常常在乘用车内看到很多胡桃木效果的内饰零件，例如仪表板和副仪表板上的装饰板，以及门饰板上装饰条、转向盘等。其纹理清晰，立体感强，常使人认为这些装饰件都是实木制作，其实绝大部分都是在塑料零部件的表面附合一层带木纹效果或其他效果的装饰膜，由于贴合紧密，效果逼真，表面耐磨耐刮性能强，所以堪与实木效果媲美。

除了木质或者仿木质材料之外，现在还有如镀铬、金属漆之类的亮点，且已成为内饰装饰的重点。加入了这些元素后，提升了车内的豪华感、庄重感。镀铬、金属漆的工艺非常关键，表面粗糙、易被刮落是不能被接受的。对金属漆之类的材料，更需要考虑到这些特性。只有真正有品位又高质量的材料才是客户所需要的。

对于木质或者仿木质材料装饰面板，要达到木纹效果，多使用的工艺有模内装饰、水转印以及真木等工艺，下面做简要介绍。

1. 模内装饰工艺

模内装饰是一项在模具内铺设预印刷图案的薄膜，在塑料件注塑过程中，直接将薄膜覆在零件上的工艺。需要依照零件的形状来决定的膜的拉伸要求。

模内装饰可分为模内转印注塑和模内嵌件注塑两种。

1）模内转印注塑

模内转印注塑（In-mold Decoration，简称 IMD），此工艺是将装饰膜直接铺设入模具，用于装饰较为平整、装饰膜无须过多延展的零件。

IMD 的设备示意图如图 8-19 所示。

IMD 工艺是在零件注塑过程中直接进行表面装饰，节省了工序和人工费用，而且生产节拍快，自动化程度高，生产过程环保。但是需要额外设备投资（送膜装置、真空泵等）；且无法对零件进行局部装饰，薄膜的直接拉伸变形率低，只适用于装饰表面平整的零件；而且需要在无尘环境中进行生产。

2）模内嵌件注塑

模内嵌件注塑（Insert Molding），也是模内装饰工艺的一种，此工艺是将装饰膜预先成型、裁切，放入模具后再注塑附合。适用于需装饰的型面弯曲较大，对装饰膜拉伸要求较高的零件，模内嵌件注塑工艺示意图如图 8-20 所示。

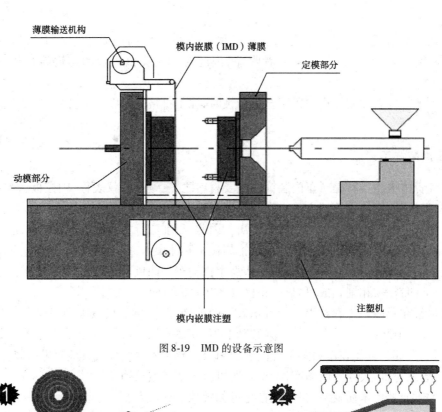

图 8-19 IMD 的设备示意图

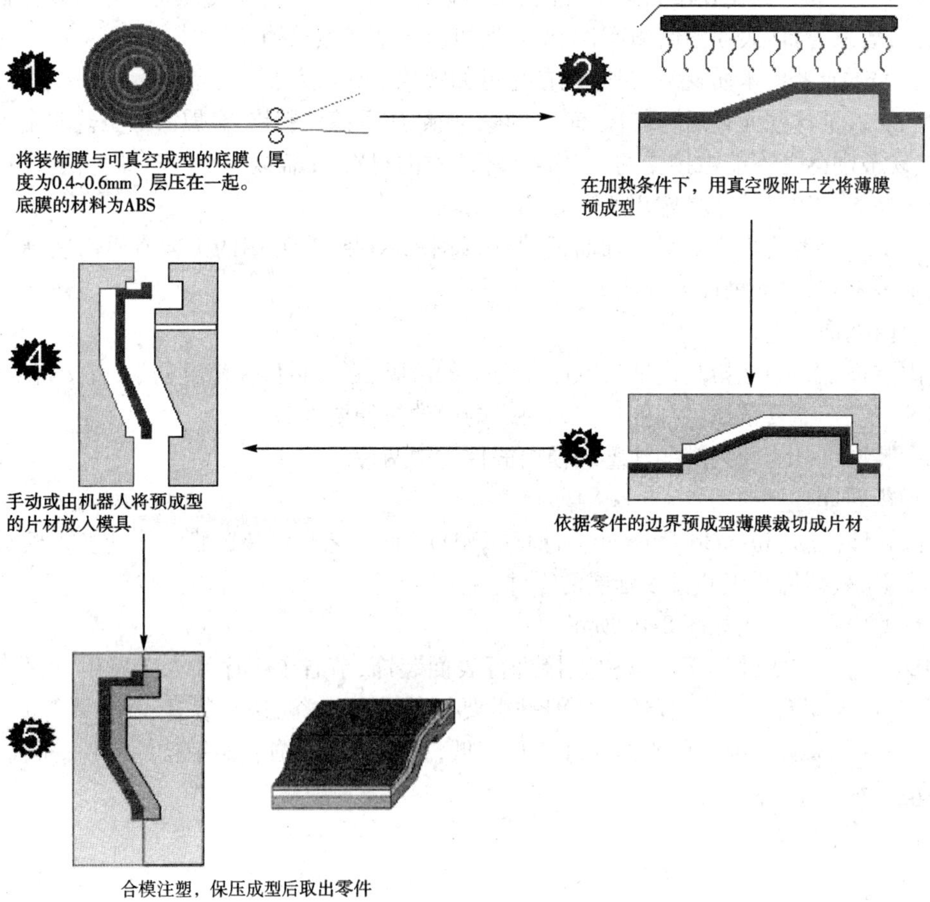

图 8-20 模内嵌件注塑工艺示意图

模内嵌件注塑工艺的优点是：与 IMD 工艺比较，可对深度更深的零件进行装饰；与水转印工艺比较，设计图案的变形量更小；可应用金属薄膜；标准注塑模具即可支持模内嵌件注塑工艺；可对零件进行局部装饰；生产过程环保。

模内嵌件注塑工艺的缺点是：需要额外设备投资（真空吸附，裁切设备等）；对底膜有材料要求。

2. 水转印

水转印英文可描述为"Water Transfer Printing"或"Hydrographic""Cubic"。它是一种将预印刷图形花纹的薄膜转印至塑料零件上的工艺。

以下就其中几项重要的工序的要求和原理加以介绍。

1）基材

对于应用水转印工艺的零件，其基材表面要求光滑平整，不允许存在划伤、顶杆缺陷、气印、缩印、留痕、毛口、起皮等缺陷和油污、分离剂、脏斑等其他污迹；在零件设计时，要留意素材的外露表面不能有分模线；另外，从成本及生产节拍角度考虑，不使用涂装，而尽量使用色母来控制零件底色，在注塑时直接调配完成。

基材的材料最好能够采用 ABS 或是 PC + ABS 等非结晶性树脂，对转印薄膜和油漆有良好的结合力。而结晶性树脂，如 PP/PA/POM/PE 等则需要加喷一层结合剂，才能得到良好的附着力，因此加工成本较高。

另外，水转印和喷涂的工业化生产必须是固定在夹具上进行的，所以在基材上必须有用于能固定在夹具上的装夹位置。

2）印刷

印刷机理如图 8-21 所示。

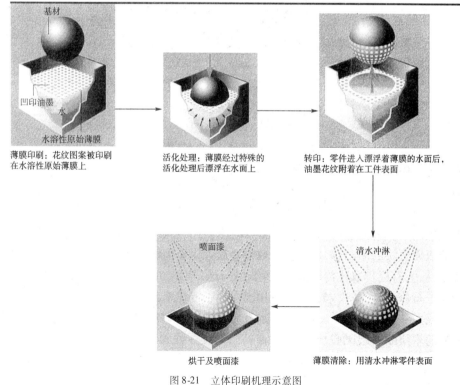

图 8-21　立体印刷机理示意图

3) 薄膜

薄膜是由两层物质组合而成,一是水溶性薄膜构成的载体,二是采用凹板印刷的表面带花纹的油墨。

薄膜上的花纹多种多样且可以根据客户的要求进行特殊的设计。主要分为木纹(目前内饰应用最多的胡桃木装饰即为此类)、石纹、技术型花纹(运动型轿车多应用此类)、抽象性花纹等几大类。薄膜须存放于恒温恒湿的条件下。

4) 表面涂装

表面涂装的作用:一是为确保零件的物理性能,转印图印的花纹(油墨),虽然经过水干燥变得坚固并且和基材有良好的附着力,但是也容易变伤,并且抗化学性不良,故需要深层进行保护;二是可以提高外观效果,调整光泽度(通过涂装达到高光、低光、亚光等效果),改善触感(达到软触效果)等。

3. 真木工艺

真木工艺是以真实木质作为表面装饰的一种工艺,木质片材成型后经过注塑、打磨、上色、涂装、干燥、铣削、抛光等多道工序,制成具有真实木质外观效果的装饰件,达到提升内饰品质的目的。基于天然材质的固有特性,每一个真木零件都有其独特花纹,加上木质表皮的质感和立体感,真木零件被视为高档的象征,被广泛用于豪华车型上。凯迪拉克 SLS 的真木装饰如图 8-22 所示。

图 8-22 凯迪拉克 SLS 的真木装饰

真木工艺工序多,报废率高,对于木质片材的原产地也有特殊要求,大多需要进口,因此零件成本昂贵。图 8-23 所示是传统真木制品的工艺示意图。

近年来,一种新工艺在真木工艺中逐步得到应用,这就是 PUR 注塑喷涂。即通过注塑工艺将漆膜包覆到真木表面,取代原本繁复的多道涂装工艺。PUR 漆膜厚度薄且均匀,甚至可以做出木质表面真实的凹凸感,加上生产效率要远远优于传统工艺,以及在环保和工艺稳定性方面的优越性,大有逐步取代传统真木工艺之势。但 PUR 工艺也有缺点,制品难以通过后道工序对制品进行修补,设备投入和模具费用也会高于传统工艺。

同其他表面装饰工艺一样,真木工艺也有局限性,曲率变化较大的难以成型表面,在铣削处会有外露的木质断面层(通过喷涂黑漆修补),而且零件开发的周期也比较长,因此,在车型开发过程中,需要在项目早期引进真木零件供应商,参与设计,进行工艺可行性的分析,及时提出对造型面建议,避免由于后期的更改,而影响项目整体进度。

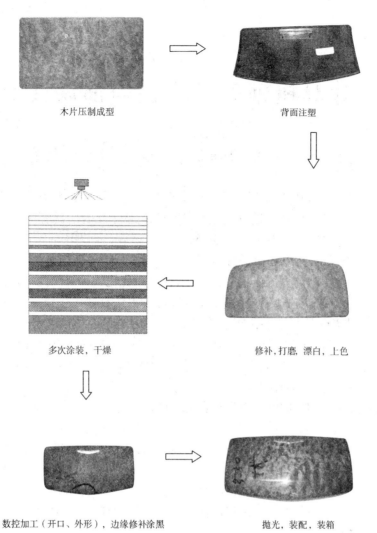

图 8-23 传统真木工艺示意图

习题与思考

1. 碳钢制造技术主要有哪几种？其中，在内饰上应用的三种工艺各有什么优点和特点？
2. 汽车用内饰材料有哪些发展趋势？
3. 搪塑、聚氨酯喷塑、阳模真空成型和阴模真空成型这四种表皮成型工艺各有什么优缺点？
4. 内饰常用的表面装饰工艺有哪些？分别有什么特点？
5. 注塑工艺的五大要素是什么？注塑缺陷对内饰件有什么影响？

第九章 计算机辅助工程在内饰设计中的应用

第一节 计算机辅助工程和虚拟评估概述

计算机辅助工程,即CAE是指利用计算机对产品和工程的工作状态进行模拟仿真,分析计算产品、工程的性能和可靠性并进行优化设计。CAE技术结合了计算力学、计算数学和工程科学及计算机科学及技术,起源于20世纪50年代。随着计算方法的扩充和完善、软件的发展和计算技术硬件技术的进步,80年代中期后,CAE技术开始了大规模的商业应用。CAE的常用软件包括有限元软件、计算流体软件、电磁场软件和优化软件等。这些软件可以对结构、振动噪声、安全碰撞、流体流场以及电磁等性能进行模拟仿真和优化设计。在汽车内饰开发中,CAE技术已可以实现对大部分结构、安全、振动噪声性能的高置信度预测。

为了有效地缩短车辆开发周期,保证产品性能和质量,CAE技术在车辆开发中得到广泛应用。车辆开发作为一个复杂的同步工程体系,对CAE技术运用的要求已经不局限于仿真能力的提高和仿真领域的拓展,如何在项目周期内系统的运用CAE技术对各种性能进行评估,支持工程设计工作的有序顺利开展,成为开发能力的的重要体现。虚拟评估技术和流程在这样的需求下应运而生。

虚拟评估是指在车辆开发过程中,应用各种CAE技术对整车或者子系统的结构、振动噪声、安全性能、拆装性、制造性等进行的基于非物理样件的技术评估和设计优化。图9-1所示为内饰座舱系统在开发过程中通常进行的虚拟评估内容,可以看出虚拟评估的内容涵盖了客户、业务链上下游等多方面的要求。虚拟评估与设计指导相辅相成,和物理试验、制造验证一起构成了开发验证的主要内容。

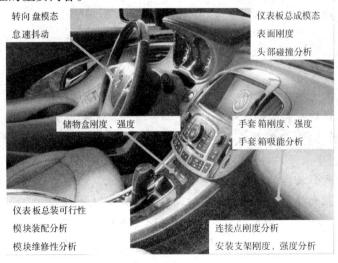

图9-1 仪表舱零件的虚拟评估内容

图 9-2 所示为内饰系统开发的虚拟评估流程,它依附于整车开发流程,工作重点在产品解决方案开发阶段,对方案的可行性进行评估,并优化产品的结构设计。

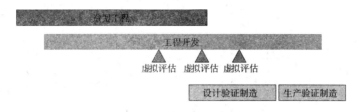

图 9-2 整车开发过程中的虚拟评估

虚拟评估的采用,使得整个开发周期缩短和设计质量得到有效保证;合理的虚拟评估工作安排能够使设计的工作量前移,明显降低设计改动的风险;并且有机会通过优化分析降低产品成本;针对仿真置信度较高的项目,物理试验的轮次能够明显减少,甚至可以使用仿真手段取代物理试验。图 9-3 显示了开发资源在传统和采用虚拟评估两种开发过程中的投入情形。

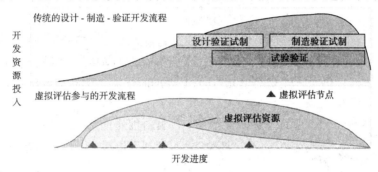

图 9-3 两种开发过程的资源比较

第二节　性能虚拟仿真

内饰系统的性能可以归纳为结构、安全、振动噪声和人机操作性等。从客户需求角度看,这些性能来源于法律法规、感知质量、安全可靠等要求。本章将主要介绍针对结构、安全、振动噪声的虚拟评估。

一、仿真技术简介

有限元法是对结构、振动和碰撞性能进行仿真的常用 CAE 方法,它通过将连续体视为有限数目单元的集合,从而使分析对象具有有限的自由度,以求解连续体的力学问题。大型汽车公司一般采用通用的商业软件进行仿真工作,以保证分析结果的准确性。这些商业软件包括 Nastran、OptiStruct/HyperWorks、Abaqus、Ls-dyna 等。针对不同的分析类型,各个软件的优势,或者说侧重有所不同,如 Nastran 和 OptiStruct/HyperWorks 是解决线弹性问题的常用软件, Abaqus 在非线性大变形问题仿真中的优势较明显,Ls-Dyna 则是安全碰撞分析最常用的分析软件。

图 9-4 表达了一个 CAE 任务的标准工作流程:在确认问题的分析方法和模型内容后,CAE 工程师使用有限元前处理软件将设计方案进行网格划分、建模;然后输入材料性质以及施加边界约束条件和载荷,通过有限元求解器的计算实现对性能的模拟预测。

问题分析方法确定是CAE工程师开始一个仿真任务时要进行的关键工作步骤,它直接决定了所采用的分析方法是否能够反映所要评估的物理现象。对具有规范开发流程和开发能力的汽车开发公司,其仿真部门应该建立基于系统技术规范和经验教训的标准分析任务。

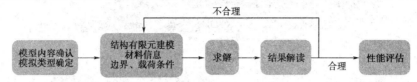

图9-4 CAE任务的标准工作流程

有限元建模通常是CAE任务中工作量最大、最耗时的内容。它是指CAE工程师利用有限元前处理软件,如Hypermesh/Hyperworks、MSC. Patran等,将产品的设计方案转化为有限元模型。在汽车内饰虚拟评估中,壳单元由于其较好的计算精度,并且能够有效的控制模型规模和计算资源需求,是模拟大部分塑料薄壁件和钣金件常用的单元类型。

有限元建模的另外一个主要工作是表达零件的连接关系,如螺钉、螺栓、金属件间的点焊和缝焊、塑料件间的卡扣等。螺钉、螺栓、点焊通常可以采用刚性单元实现,点焊还可以采用对应零件的多节点自由度耦合来表达,焊缝可以通过壳单元或者直接使用刚性连接单元表达;卡扣连接通常采用刚性连接单元表达。值得注意的是如果想要输出某些特定部位的载荷传递信息,就需要在设置连接单元时注意其单元方向,必要的时候需要建立局部坐标系。图9-5所示为点焊和卡扣连接的有限元表达方式。

 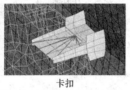

图9-5 点焊和卡扣连接的有限元表达

材料性质的需求取决于分析问题的类型:针对准静态刚度问题,材料的弹性模量和泊松比是最少的输入信息;如果变形过大,材料的应力-应变曲线则成为必需的输入。针对安全碰撞问题,如GB 11552中规定的头部碰撞试验仿真,由于材料的变形发生在极短的几十毫秒内,考虑一定应变速率的材料应力-应变曲线则是必不可少的输入,图9-6比较了某PP类材料在应变速率分别为准静态和100两种情况下的应力-应变曲线,可以看出随着应变速率的增加,材料的刚度明显上升。模拟分析时如果只采用准静态材料曲线,由于结构刚度被低估,导致初始接触刚度变小;如果内部结构复杂,接触的顺序和吸能情况会与真实情况严重不一致,从而导致分析结果与实际性能的关联性无法判断,失去了模拟分析对设计的评估指导作用。

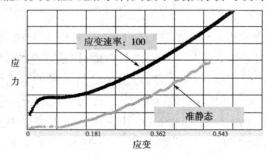

图9-6 某PP材料在不同应变速率下的应力-应变曲线

分析模型中的约束都是理想约束,而物理试验则经常出现紧固不到位、单向约束等情况,为了保证分析模型中边界条件尽可能与真实情况一致,除了认真了解试验的边界条件和选用合适的边界约束方式外,应尽可能的消除物理试验中边界条件的不确定性。

通过选用合适的分析类型,如静态线弹性、静态非线性、线性动态、瞬态非线性等,将计算模型投入到合适的有限元求解器中,即可得到模拟仿真结果。

针对仿真结果的后处理,最重要的步骤是判断仿真结果的合理性:CAE 工程师需要通过观察变形和运动动画、应力-应变数值等结果,判断结果是否符合工程常识,如果模拟结果与工程师预估结果有明显差异,应该首先找到合理解释,然后再进行下一步的结果提取。在模拟结果通过了合理性判断后,详细的分析结果可以被提取出来,结合分析能力水平就可以实现对产品性能的虚拟评估。

针对不能够满足性能要求的情况,需要对结构设计进行改进分析。改进思路因问题的不同而不同,例如针对结构强度不足问题,CAE 工程师可以依据仿真结果判断出问题根源是结构刚度不足导致的变形过大,还是由于局部特征不合理导致的应力过高。然后设计工程师和CAE 工程师可以从提高结构刚度和增强局部强度两个方面提升设计,然后再进行模拟仿真直至满足性能要求。

二、结构性能仿真

结构性能是系统和零部件的刚度、模态、强度、疲劳耐久性的统称。结构性能除了能够直接提供客户满意的感知质量外,还通常是振动噪声、安全和可靠性的基础指标,例如转向盘的自振频率如果设计得不合理,通常会引起客户对怠速抖动的抱怨;电子、空调模块安装频率过低通常会导致振动噪声、异响的问题,严重的会导致零件功能失效和破坏。内饰各系统具有一些普遍的结构性能要求,主要有以下几个方面:

1. 刚度性能

刚度性能:其要求通常来源于客户感知质量期望和安装制造需求。

感知质量要求是针对客户能够接触或使用到的区域和需要操作的零件,客户期望这些区域或者零部件不要太软。针对这一要求,CAE 工程师模拟系统或者零部件的刚度性能,通过与要求值对比评价性能好坏。图 9-7 所示是某车型行李舱盖板受压模拟的变形云图。

安装制造也对零件刚度有要求,其实际意义在于紧固零件时不希望零件太软,零件能够承受安装力而不产生过大的变形,从而带来安装可靠性、尺寸甚至强度问题,图 9-8 所示为某车型仪表板骨架上安装电子模块的刚度分析模型,评估支架在最大安装载荷下其变形是否在弹性范围内,以满足安装可靠性要求。

图 9-7　某车型后行李舱盖板受压变形云图　　图 9-8　某车型仪表板骨架电子模块安装刚度分析模型

2. 模态要求

模态要求：模态的定义包括自振频率和振形两个基本概念。

图 9-10 显示了一个矩形板结构在受到宽频激励下结构某点响应的频域信号，可以看出在某些特定频率的动态激励下，结构响应会有明显放大，这些特定的频率即为结构的自振频率；同时结构在这些特定激励下的变形总是依照图 9-9 中 MODE 1 ~ MODE 4 的形式来进行，这些特定的变形模式称为对应自振频率的振形。模态分析通过对结构自振频率和振形的模拟分析，来避免结构与激励源发生动态响应，从而避免振动噪声和疲劳强度问题。

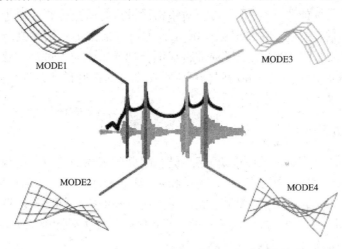

图 9-9 矩形板的自振频率和振形

内饰系统在整车环境下会受到各种各样的动态激励，这些激励按来源可以归纳为路面激励、动力总成激励和其他激励（如空调风扇）等。为避免内饰系统零件与上述激励产生共振进而导致振动噪声甚至疲劳破坏，零件的自振频率就要尽量避开激励能量集中的频域。频率要求是普遍性要求，主要零部件（如仪表板总成、空调和电子模块等）都应该考虑。利用有限元模拟仿真可以实现对内饰零部件模态的准确评估，结构件低阶模态的试验结果与分析结果差距通常在 1 ~ 2 Hz 之间。图 9-10 显示了某车型副仪表板总成的第一阶整体模态振形。

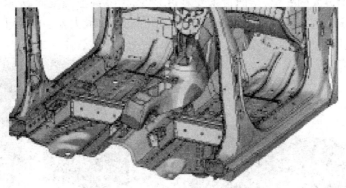

图 9-10 某车型副仪表板总成第一阶整体模态振形

3. 强度要求

强度要求：强度是结构抵抗外载荷产生破坏的能力。内饰零件的强度要求主要来源于法律法规和客户期望。

针对涉及到安全性能的零部件，如座椅、安全带等，国家标准规定了强制性的强度要求，如

《汽车座椅、座椅固定装置及头枕强度要求和试验方法》(GB 15083)、《汽车安全带安装固定点》(GB 14167)等。CAE 工程师通过对这些试验进行仿真分析,判断设计方案是否满足性能要求。

整车厂和座椅供应商都会针对座椅的强度进行虚拟评估,但两者所进行的模拟分析侧重点稍有不同:座椅供应商仿真分析的主要目的是评估座椅本身设计的合理性,而整车厂侧重于评价集成状态下座椅与车身连接点区域的强度。为此,在整车厂对座椅的仿真分析模型会对车身环境进行更多的考虑,而座椅供应商通常将安装点直接进行约束或者包含少部分车身零件后再进行约束,这样的做法有助于其开发系列平台化的座椅结构而不必局限于具体车型的应用。图 9-11 所示为座椅集成级和零部件级强度仿真的模型示例,考察座椅在承受相当于 20 倍自重载荷下座椅和车身连接附近零件的强度性能。

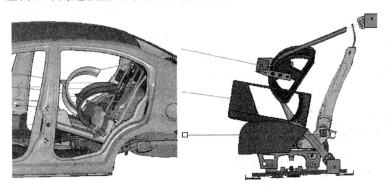

图 9-11　座椅集成级和零部件级强度仿真模型

客户期望内饰零部件在无意的超出正常范围的操作和使用情况下不轻易出现破坏情况,例如储物盒、手套箱在开启状态下客户会不小心按压门盖导致结构受到过大的载荷。如果滥用力强度设计过低,零件会因为客户的无意操作经常发生破坏,就会引起客户的严重反感和抱怨。为了避免此类问题,CAE 工程师通过模拟零件在适当滥用力下结构是否会发生破坏,并进行结构优化来来避免设计风险。图 9-12 所示为某车型的副仪表板扶手在全开位置考虑滥用力的强度模拟结果。

三、碰撞安全性能仿真

车辆安全性是消费者和政府法律法规高度关注的重要性能。各个国家和地区有强制法规来约束车辆达到最低程度的乘员保护性能以及子系统必须满足的要求,否则不能获得销售资格;另外还有新车评价机构和保险机构通过多种的试验评价体系对车辆进行安全评级,方便消费者的了解和选择。

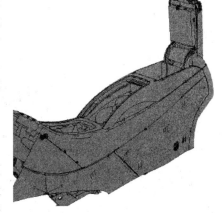

图 9-12　某车型副仪表板扶手的滥用力强度

整车的安全性能是指在整车碰撞过程中车辆给予乘员保护的能力。安全集成能力是整车开发能力的重要组成部分,各汽车开发公司均设有安全集成团队负责这一工作。安全集成能力涉及到车身、底盘、动力总成、内饰、电子等多个系统的性能设计及其匹配集成,本书对这一部分内容的虚拟评估内容不作阐述。

针对内饰系统本身的安全性能,各个政府和地区颁布了相应的法规标准进行规范和要求,这些标准在本书的相应子系统章节有较具体的介绍,其中部分标准要求属于结构强度的要求,如座椅、安全带固定点强度等;部分要求属于结构耐撞性要求,如 GB 11552 中的头部碰撞试验;还有些标准对乘员伤害指标进行了要求,如 FMVSS201U。针对安全标准中结构强度的虚拟评估请参见上节中关于强度的仿真分析内容,本节将从结构耐撞性、乘员保护两个方面介绍内饰系统的安全碰撞性能虚拟评估。

1. 结构耐撞性

《轿车内部凸出物》(GB 11552)提出了头部碰撞试验的要求。头部碰撞试验采用直径165m、6.8kg 的摆锤式钢球来模拟人头部以 24km/h 的速度对头部碰撞区域进行撞击(其中安全气囊区域采用速度为 19km/h),要求钢球大于 80g 的加速度不能够持续 3ms 以上。图 9-13 所示为头部碰撞试验样件和设备照片。

图 9-13 头部碰撞试验样件和设备图片

针对此试验的模拟属于瞬态分析,考察的是仪表板在瞬态冲击过程中的结构响应,即结构变形、吸收能量的性能,又称结构的耐撞性。结构的耐撞性不单是内饰法规标准的要求,同时也是提供乘员保护的基础指标。如何在有限的变形空间、距离中实现能量的合理吸收,从而降低乘员所受的加速度、力载荷和侵入量,从而降低乘员伤害是结构耐撞性设计的关键。

图 9-14 所示是某车型副仪表板头部碰撞分析模型和仿真结果。在钢球的整个运动行程中,其减速度源于钢球和结构相互作用过程中结构提供给钢球的持续接触刚度。在整个碰撞过程中钢球侵入量的大小是决定减速度大小的重要因素:侵入量越大,钢球越有可能获得更小的减速度;但侵入量过大也表示结构经历较大的结构变形,从而增加了结构断裂的风险。

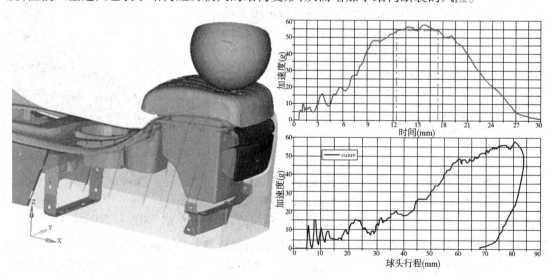

图 9-14 某车型副仪表板头部碰撞分析模型和仿真结果

结构在整个时间历程上提供给钢球的接触刚度也决定了减速度曲线的形态,图 9-15 显示了两种类型的减速度曲线,曲线 A 表示钢球在整个行程所受阻力变化平滑,通过增大结构变形可以有效降低钢球的减速度;曲线 B 代表钢球所受阻力变化剧烈,减速度突变较大。针对曲线 B 的不合格情况,需要通过细致的零件吸能情况研究,了解钢球的动能在相应时间点上转化为哪些关键零件的内能,进而通过削弱这些零件结构来平滑接触刚度是改进的主要思路。

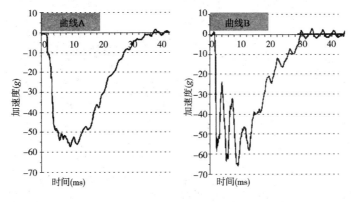

图 9-15　两种类型的头部碰撞减速度曲线

结构的耐撞性是提供乘员保护的基础指标,因此也是内饰其他零部件(如手套箱、门饰板等)开发时需要重点考察的性能。图 9-16 所示是门饰板考虑侧撞性能的关键部位,这些部位的选取依照乘员胸部、腹部、髋部可能和门饰板接触的原则来选取。为了在早期对门饰板结构耐撞性能进行评估,CAE 工程师利用钢球替代假人模型,模拟乘员在侧面碰撞时和门板的相互作用,预测乘员关键部位在侧面碰撞中所受的载荷。图 9-17 所示是某车型门饰板两种设计方案的侧撞模拟获得的载荷位移曲线,可以看到曲线②代表的设计方案使得钢球拥有更大侵入量,整个行程中所受载荷明显小于曲线①代表的设计方案。

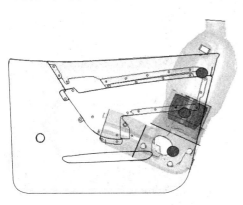

图 9-16　门饰板碰撞性能考察区域

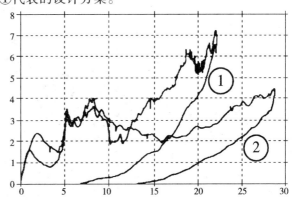

图 9-17　某车型门饰板胸部接触区域侧撞性能模拟结果

2. 乘员保护

内饰系统安全性能要求内饰零部件在发生车祸时最大化降低乘员的伤害指标。在真实的车辆事故,如车辆翻滚中,乘员头部可能会接触到内饰零部件进而造成乘员伤害。为了降低此种伤害,美国从 1995 年起通过 FMVSS 201U 对顶饰区域头部碰撞的头部碰撞指标 HIC(d)(Head Impact Criteria)进行约束,即自由运动头型 FMH(Free Motion Headform)按规定速度撞击目标点时,HIC(d) 须小于 1000。图 9-18 表述了 HIC 和 HIC(d) 的物理含义和计算公式。目标点定义考虑了在碰撞过程中所有乘员头部可能接触到的位置,图 9-19 所示是某车型进行 FMH 碰撞模拟时

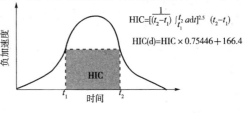

图 9-18　HIC 和 HIC(d) 的物理含义和计算公式

选取的目标点位置。

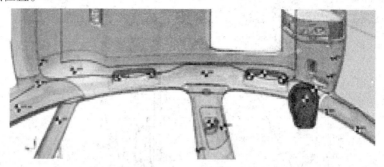

图 9-19　某车型 FMH 碰撞模拟时选取的目标点

同 GB 11552 的头部碰撞性能一样,对顶饰区碰撞性能的模拟也属于瞬态分析,考察的是瞬态冲击过程中的结构响应,即结构变形、吸收能量的性能。不同的是前者结果评价以分析直接得到的信息为依据,后者的评估还需要将分析得到加速度信息转化为头部碰撞指标 HIC(d)。

图 9-20 所示是某车型 A 柱的三个设计方案,图 9-21 所示是通过对 FMH 碰撞进行模拟得到的 FMH 加速度曲线。可以看出改进方案一的加强筋方案明显增加了初始阶段的接触刚度并使得整个行程中 FMH 所受阻力变化幅度减小,改进方案二的造型面外移加强了这一改进趋势,从而结构的初始变形阶段能够吸收更多的 FMH 动能,减小 FMH 的加速度峰值和使得加速度在整个行程中变化趋于平缓。

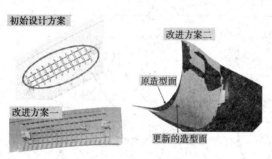

图 9-20　某车型 A 柱设计方案

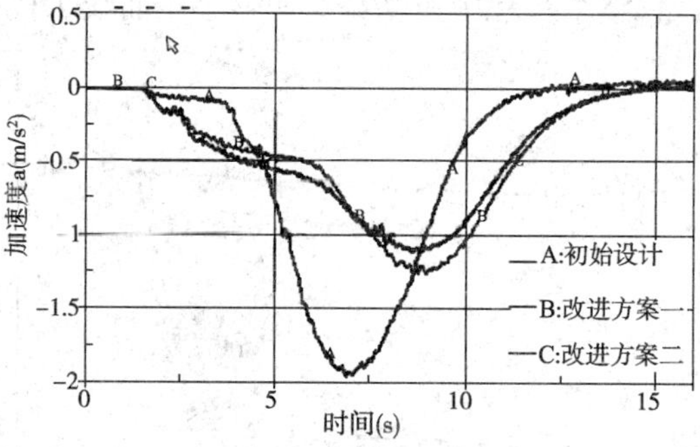

图 9-21　某车型 A 柱设计方案 FMH 碰撞模拟结果:时间-加速度曲线

安全气囊是重要的汽车被动安全装置,在汽车碰撞过程中对乘员保护起了关键作用。本书第七章介绍了气囊的具体技术要求,从子系统设计的角度考虑,气囊展开应该满足设计展开姿态的要求,并且不能导致周边零件的连接失效和断裂破坏。早期的安全气囊展开模拟偏重于乘员保护,采用均匀压力表征气囊内部的压力分布,这种方法能够较好的模拟气囊展开一定幅度后和乘员的相互作用,但缺乏对气囊展开过程,尤其是展开初始阶段的模拟仿真。因此模拟气囊与内饰周边零件在展开过程中的相互作用和乘员位置不当(out-of-position)时乘员与气囊的相互作用一直是气囊展开模拟具有挑战性的领域。

2004 年 LSTC 公司提出了微粒流法(Corpuscular Approach)来模拟气囊展开过程,这种方法基于分子动力学原理,将气体分子考虑为不可压缩的微粒子,同时考虑了气体分子之间以及气体分子与气袋间的接触作用。这种方法提供了一种对气囊展开全过程力学性能的模拟手段,图 9-22 所示是对某车型侧气帘零件级试验展开过程的气帘展开形态仿真与试验对比结果。

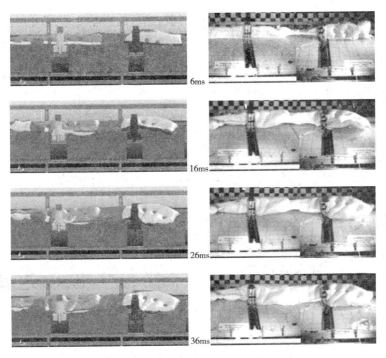

图 9-22　侧气帘展开模拟：模拟与试验结果的展开形态对比

四、振动噪声性能仿真

消费者对车辆舒适性的要求越来越高，多数消费者喜欢在乘坐和驾驶车辆时享受到安静和平稳，使得振动噪声性能成为车辆开发过程中需要重点考虑的性能。市场上也有越来越多的车型把振动噪声性能作为同竞争对手区别的关键特点来对待，如上海通用汽车的别克君越车型提倡"图书馆级"NVH 性能，使其拥有了胜出同级别车型的重要品质。

同安全集成性能一样，振动噪声性能也涉及到车辆各个系统性能的设计和匹配，整车振动噪声性能的虚拟评估包括各种路面激励和动力总成系统工作激励下关键部件如座椅、转向盘的振动水平和乘员舱内噪声水平的模拟。汽车振动噪声工程将噪声分为结构噪声（Structure-borne Noise）和空气噪声（Air-borne Noise），图 9-23 所示是某车型前排噪声的声能贡献组成，可以看出在低频区域，结构噪声占据主要部分，随着频率的升高，空气噪声成为主要的噪声。

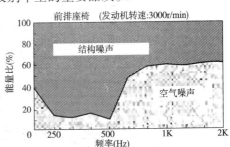

图 9-23　结构噪声和空气噪声对某车型前排噪声贡献

基于振动噪声的频域特性，图 9-24 列出了振动、结构噪声、空气噪声虚拟评估经常采用的分析方法及对应频域。内饰系统是重要的噪声传递路径，因此是汽车振动噪声性能开发中的关键系统，其中前围、地毯、顶衬、门板等零部件的噪声阻隔作用尤为重要。

内饰系统对噪声的阻隔作用主要体现在隔声和吸声两个方面。隔声作用是指阻止声音从一个区域传递到另外一个区域的能力，通常使用入射声功率和出射声功率的比值即声传递损失 STL（Sound Transmission Loss）来表示；吸声作用是指介质降低声音反射的能力，使用吸收声功率与入射声功率的比值即吸声系数来表达。

在内饰系统的振动噪声性能开发中,前围、门板、地板的声学处理相似,主要以隔声为主,吸声为辅;顶衬、座椅的声学处理相似,以吸声为主。内饰系统的NVH虚拟评估主要是分析上述零部件的声传递损失或者吸声系数是否达到设计要求。

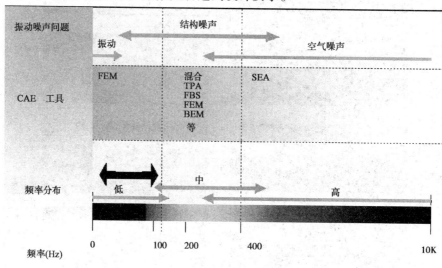

图9-24 振动噪声模拟仿真中常用的分析方法及对应频域特性

统计能量分析法(Statistic Energy Analysis)是汽车开发中振动噪声性能模拟常用的方法,主要对中高频的噪声传递性能有较高的预测精度。CAE工程师在零部件开发早期依照设计参数,如厚度、密度、孔隙率、流阻等,预测出零部件的声传递损失,及早的发现设计方案和布置空间的问题,保证整车的振动噪声性能。图9-25所示为上海通用某车型的的地板声传递损失模拟和试验对照结果。可以看出在400Hz以上,模拟结果与试验结果吻合良好。

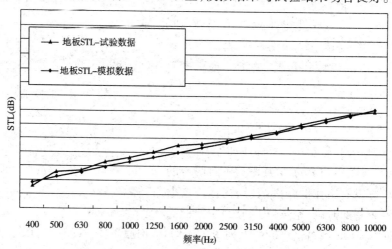

图9-25 某车型地板的声传递损失分析与试验结果对比

振动噪声性能提升的另一个很重要的方面是对异响的控制。车辆系统异响的来源多种多样,既可以是由于零部件间的间距设计不合理,也可以是不合理的材料边界关系,同时还有可能是装配制造产生的零件松懈、预变形等。对异响的模拟是非常挑战的工作,近几年有人利用相邻零件的相对运动是导致异响的重要原因这一原理来预测结构设计是否合理,即两个相邻有接触关系的零件,在振动载荷下如果边界存在较大的相对运动就有可能产生异响。这一方法虽然不能够直接预测出噪声的响度,也无法考虑不同材料和工艺造成的不确定性,但也为结构设计方案的评估提供了一个关于异响风险的早期判断,成为异响预测的有益尝试。图 9-26 所示是某车型仪表板考虑标准道路振动激励下的异响风险位置预测结果。

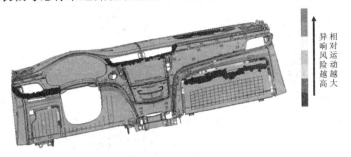

图 9-26　某车型仪表板异响风险预测图

第三节　装配性评估

装配性是虚拟评估中关于制造可行性评估的重要内容,它是指在设计阶段识别和解决零部件装配过程中可能存在的问题,从而保证零部件快速、高效、低成本并且符合人机工程的安装过程。装配性评估的内容包括零件静态是否干涉,零件动态安装可行性,工具和操作空间,以及安装的人机性等内容。

静态干涉检查是装配检查最基本的内容,通过零部件数据在整车环境数据下的检查,零部件间的干涉问题可以比较容易的被发现。

零件的动态安装分析是指通过对零部件的安装路径进行模拟,考察零件安装路径上是否有零件干涉问题。座椅、仪表板的进门分析,仪表、烟灰缸、储物盒等模块的安装路径分析都是内饰虚拟评估中常见的动态安装可行性分析内容。图 9-27 所示是某项目仪表动态安装分析过程的两幅截图:通过在 CAD 软件中设好零件的安装轨迹,工程师可以从 CAD 软件获得仪表在整个路径上的姿态,进而可以检查仪表是否和周边零件有干涉现象发生。图 9-28 所示是某项目 C 柱饰板的动态装配分析结果:通过运动模拟 C 柱装配时的旋转过程,发现某个卡子与钣金孔有干涉现象。工程师通过修改卡座的位置,并且加长腰形孔参数来避免了装配时的干涉风险。

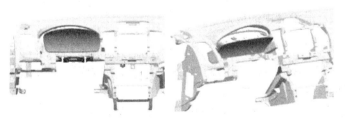

图 9-27　仪表动态安装分析过程截图

对工具和操作空间的检查包括:检查装配过程中工具是否有合适的角度接触零件;工具及工具操作所需运动空间是否和周边环境干涉;针对需要手工安装的零件,应考察手部或手指等的操作空间是否足够。

装配人机性考察了安装过程中人的姿态、劳动强度是否符合一般的人机要求。图 9-29 所示为某车型工人安装行李舱盖板的模拟,结果显示工人需要大幅度弯腰才能完成安装操作,人机性较差。

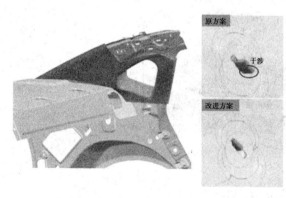

图 9-28 C 柱饰板的动态装配分析结果　　图 9-29 安装行李舱盖板的人机性能模拟

第四节　塑料件的注塑分析

塑料件的注塑分析已成为开发塑料制品、优化模具设计及产品加工的最有效途径，它是利用仿真软件（如 Moldflow、C-Mold、Z-Mold 等），在计算机上对整个注塑过程进行模拟分析，包括填充、保压、冷却、翘曲、纤维取向、结构应力和收缩，以及气体辅助成型分析等，使设计者在设计阶段就找出未来产品可能出现的缺陷，从而提前发现问题和解决问题，为优化产品设计和模具设计提供参考，提高一次试模的成功率。

使用注塑分析在注塑模设计中的作用有以下几方面：

（1）优化塑料产品设计。能够优化塑料制品的最小壁厚，优化产品结构，降低材料成本，缩短生产周期，保证产品能全部充满。

（2）优化模具结构设计。通过注塑分析，可以得到最佳的浇口数量与位置、合理的流道与冷却系统；并对型腔尺寸、流道尺寸和冷却系统尺寸进行优化，在计算机上进行试模和修模，大大提高模具质量，减少修模次数。

（3）优化注塑工艺参数。通过注塑分析，可以确定最佳的注射压力、保压压力、锁模力、模具温度、熔体温度、注射时间、保压时间和冷却时间，以注塑出最佳的塑料制品。

一、注塑分析在产品设计中的应用

在设计阶段采用注塑分析软件来模拟注塑成型过程和成型后的制件缺陷形式，可以在前期防患于未然，缩短产品设计全过程周期（特别是模具制造周期），降低模具费用，提高企业在市场上的产品竞争力。

注塑分析包括填充分析、保压分析、冷却分析、翘曲分析等。

1. 填充分析

填充分析，顾名思义就是通过对填充过程进行模拟得到填充参数（注射时间、注射压力、保压/填充切换）、熔体前端温度、浇口处的剪切速率、零件内部的剪切应力、熔接痕、气穴等。以熔接痕为例，不好的熔接痕位置可能会导致零件功能缺陷，如在开发某车 A 柱卡子座时，曾出现侧气帘点爆试验过程中在熔接痕处断裂失效（图 9-30），图 9-31 表示通过更改产品的设计，应用注塑分析得到的新的熔接线位置，从而实现了熔接痕向不受剪切力的方向转移，保证了零件的功能要求;同时通过注塑分析找到可以接受的熔接线的位置或者消除熔接线。

2. 保压分析

保压分析可以计算注射压力、浇口冷却时间、锁模力、体积收缩、缩印深度,利用保压分析不但可以优化模具设计参数,保证注塑件填充过程平衡,还可以通过分析得到缩印的分布和深度,通过进一步的优化结构设计避免后期产品缺陷。图9-32表示通过注塑分析得到缩印深度,确定了缩痕深度超过0.1mm的位置,从而在前期确定了改进的方向。

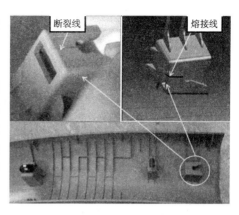

图9-30　A柱卡子结构在熔接线位置功能失效图片

3. 冷却分析

冷却分析可以分析冷却液的流速、型芯和型腔的温度、冷却液温度、冷却液的雷诺数等,主要是针对模具冷却系统的设计优化,这里不作详述。

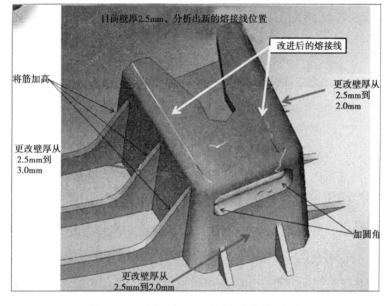

图9-31　更改产品设计,分析出新的熔接线位置

4. 翘曲分析

翘曲分析可以分析零件在各个方向上的变形,分析收缩、冷却以及零件的分子取向等因素对各个方向上变形的贡献,是内饰件设计中常用的优化手段之一。对于内饰零件,如立柱、手套箱门、门饰板等形状较平坦的零件,在注塑过程中由于材料在各个方向上的收缩不同可能导致零件超差,装配时引起与周边零件高低不平、间隙不一致等问题。图9-33所示是某项目初期A柱饰板做翘曲变形分析的结果,在最恶劣的位置收缩达13mm,后来在该位置增加加强筋,改变浇口的位置到离变形位置更近,使零件实际翘曲变形减小到要求范围内。

二、如何看注塑分析报告

注塑分析的前期输入正确性非常重要,直接影响到后面的分析结果的可信性。但对于内饰工程师或零部件产品工程师来说,学会怎么看注塑分析报告,怎么判断结果是否附合产品设计和工艺要求是关键。下面的清单举了对关键参数如何去判断,如何去优化,供工程师参考。

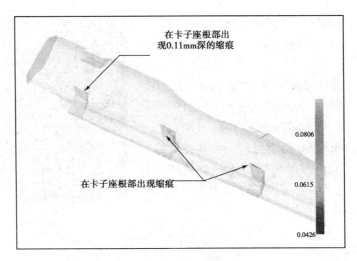

图 9-32 注塑分析得到缩印的分布和深度

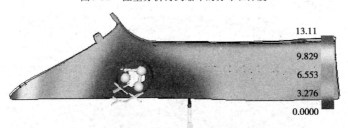

图 9-33 A柱翘曲变形分析

(1) 检察填充/保压转换时填充百分率是否在95%~99%之间。如果转换压力通常在填充率小于95%时,产品可能打不满。如果转换压力在填充大于99%时,产品可能跑飞边。通过调整转换压力可以优化填充百分率,确保零件能按时打满且不出现飞边。

(2) 第一阶段注射压力:通常最大值为69MPa。注射压力过大,产品可能跑飞边、有残余应力或打不满。

(3) 压力分布及填充平衡:压力分布要均匀,填充平衡。压力分布不均会导致材料收缩不一致,残余应力高并且有些地方可能出现断层情况。

(4) 前端温差:温差不能超过16℃(30°F)。温差大会导致残余应力,从而导致翘曲变形。

(5) 浇口处剪切率:浇口处剪切率不能超过材料最大允许值(TPO——100000,ASA、ABS——50000),超过材料最大允许剪切率会导致材料降解不能达到预期效果。

(6) 填充末端(95%时)壁上剪切力:剪切力不能超过材料最大允许值(TPO——0.5MPa,ASA、ABS——0.3MPa)。超过最大值会导致产品外观问题。

(7) 熔界线位置和长度:使熔接线长度最小化。可能的话,水平的熔接线比垂直的好,同时要审核熔接线处的前端温度。温度低会使得熔接线外观难于控制,温度低的熔接线处强度比温度高的差。

(8) 气泡:将所有气泡赶到产品边缘,位于产品边缘的气泡可以排气,避免产生表面气泡,不能排气的气泡可能导致该区域气体灼伤。

(9) 第二阶段压力:大于或等于80%注塑压力。达不到此最小值会导致保压不够,进而导致外观缺陷。

(10) 第二阶段(保压)时间:大于或等于100%浇口冷却时间。如果保压时间小于浇口冷却时间,产品会因保压不足导致表面质量缺陷。

（11）最大锁模力:不能超过用于生产使用的设备最大吨位。设备吨位较小时会导致产品飞边。

（12）最大缩印深度值:目标值是0.1mm。如果超过0.1mm,缩印在非皮纹面上是可见的。

（13）型腔、型芯壁上温差(模温):温差不能超过16℃,平均值接近设定值。否则会导致残余应力不均从而导致产品翘曲变形。

（14）型腔型芯最大模温差:温差不能超过11℃。型腔型芯温差过大会导致翘曲变形,模具设计上可以考虑增加冷却水管或增加冷却水流动速率加以改善。

（15）型腔、型芯进出水温差:温差不能超过3℃(5°F)。温差过大说明流动方式、速率或管路设计不正确,需要改进能够为产品提供适当的热导率。

（16）型腔、型芯最小雷诺数:对于湍流水,雷诺数至少为10000。雷诺数小于10000不能保证是湍流水,如果不能保证是湍流水,系统热量传导效率会降低。

习题与思考

1. 结构和碰撞仿真分析的一般步骤包括哪些？每个步骤的工作内容是什么？
2. 结构耐撞性仿真和结构准静态刚度仿真的材料信息需求有什么区别,为什么？
3. 举例说明结构刚度性能要求来源于那些方面。
4. 什么是结构的耐撞性？结构耐撞性的设计要点是什么？
5. 描述FMVSS201U中HIC(d)的定义。
6. 描述内饰NVH性能开发对零部件的要求。
7. 装配性分析包括哪些检查内容？

附录 A 内饰常用名词术语表

A

A 面（A 级曲面，外表面，Alias，A Surface）

安全带（保险带，Seat Belt，Safety Belt）

安全气囊（安全气袋，Airbag，SIR-Supplemental Integrated Restraint）

B

表皮（表面层，Skin）

本体（包含表皮、发泡层和骨架，Substrate）

壁障（障壁，Barrier）

杯托（杯架，Cup Holder）

C

车顶控制台（顶置副仪表板，Roof/Overhead Console）

储物盒（杂物箱，Storage Box）

除雾隔栅（Demister/Defrost Grille）

出风口（Register，HVAC/Air Outlet）

D

顶衬（顶饰，顶衬饰板，顶篷，顶棚，Headliner，Roof Liner）

带扣（带扣锁、锁扣、插锁，Buckle）

端盖（侧盖，End Cap，Side Cover）

第 5 百分位人体模型（5% 人体模型，5% 假人模型，5% Manikin）

F

风窗下横梁（Cowl Panel）

副仪表板（中央通道，Floor Console）

转向盘（方向盘，Steering Wheel）

发泡（海绵，Foam）

仿真（模拟，Simulation）

发生器（增压器，Inflator）

辅助拉手（辅助把手，Assist Handle）

发动机盖（发动机罩，Hood）

G

骨架（基板，基材，基体，芯材，Substrate，Base，Frame）

工程准则（工程原则，Criteria）

隔声（隔音，Insulation）

H

滑道(轨道,滑轨,Slider)
化妆镜(Vanity Mirror)

J

界面(接口,Interface)
A柱下饰板(铰链柱饰板,Hinge Pillar Trim,A Pillar Lower Trim)
驾驶座(驾驶席,Driver)

K

溃缩(溃退,Collispe)

L

立柱饰板(柱饰,侧壁饰板,Pillar Trim,Side Wall Trim)
喇叭饰盖(喇叭罩盖,Speaker Grille)

M

门内饰板(车门护板,Door Trim Panel)
门内拉手(门内把手,Pull Cup Handle)
门槛饰板(地毯压板,Sill Plate,Carpet Retainer)
开门把手(Door Release Handle,ISRH-Inner Side Release Handle)
面密度(克重,Mass Area/Density)

N

内饰最终模型(Hard Property,USBII-Univeral Seating Buck)

P

片材模塑材料(SMC-Sheet Molded Compound)

Q

前排乘员侧(副驾驶座,副驾驶席,Passenger)
前围板(Dash Panel)

S

上体(上饰板,Upper Trim Panel)
锁栓(插销,Latch)
伸长率(延伸率,Elongation)
手套箱(杂物箱,Glove Box)

T

凸出物(突出物,Intrusion)
涂装(油漆,Paint)
调角器(Adjuster)
踏板支架饰件(Mod Plate Trim)

W

雾翳(成雾,雾化,Fogging)

X

行李舱(行李箱,后备箱,车厢,Trunk)
行李舱门槛饰板(行李箱门槛饰板,尾门槛饰板,Trunk Sill Plate)

吸声(吸音,Absorb)
吸声系数(吸音系数,Absorb Coefficient)
线束(Wiring Harness)

Y

仪表板(仪表盘,IP-Instrument Panel)
仪表板横梁(CCB-Cross Bar Beam,Beam Assembly,Tie Bar)
仪表板上装饰板(IP Upper Trim Panel,Demister Grille Trim)
仪表板静音板(Hush Panel)
仪表面罩板(仪表盘饰板,仪表罩,Cluster Trim Panel)
衣帽架(衣帽板,搁物板,后窗饰板,Rear Window Trim,Parcel Shelf)
预紧式卷收器(预拉紧,预收紧卷收器,Pre-tensioner)
阴模(凹模)真空成型(Female Vacuum Forming)
烟灰缸(烟灰盒,Ash Tray)
衣帽钩(衣钩,Coat Hook)

Z

噪声(噪音,Noise)
造型设计(造型,Styling)
主断面(典型断面,典型截面,Typical Section)
整车厂(主机厂,OEM)
中央扶手(副仪表板扶手,Console Armrest)
中高档(中高级,Mid-luxury)
真空成型(吸塑成型,Vacuum Forming)
座椅(坐椅,Seat)
织带(Webbing,Strap)

参 考 文 献

[1] 杜子学,等. 汽车造型[M]. 北京:人民交通出版社,2005.
[2] 李卓森,等. 现代汽车造型[M]. 北京:人民交通出版社,2005.
[3] 周一鸣,毛恩荣. 车辆人机工程学[M]. 北京:北京理工大学出版社,1999.
[4] 汽车工程手册编委会. 汽车工程手册——设计篇[M]. 北京:人民交通出版社,2001.
[5] 黄世霖,张金换,王晓冬,等. 汽车碰撞与安全[M]. 北京:清华大学出版社,2000.
[6] 盛美萍,王敏庆,孙进才. 噪声与振动控制技术基础[M]. 北京:科学出版社,2005.
[7] 温日学. 北京 GB 14166—2003 宣贯会论文.
[8] 废塑料的回收和再生利用[EB/OL][2006-5-7]http://www.plasticschina.net